Предавања за Евангелието по Јован

Стапките на Господа II

Др. Церок Ли

„Осана во највисоките!"
Среде восклиците на одобрување од страна на толпата, **Исус влегува во местото на Своето страдање.**

Начинот На Влегување (Јован 12:12-15)
Во согласност со пророштвата од Стариот Завет, токму пред Неговото страдање, Исус влегол во Ерусалим јавајќи на осле.

Палмово Дрво (Јован 12:13)
Палмово дрво, симболот на победата

Градот Ерусалим, виден од Црквата на Солзата (Лука 19:41-44)

Знаејќи дека Ерусалим ќе стане центарот на војувањето и неслогата, предвидувајќи го уништувањето на Храмот, Исус бил длабоко нажален.

Ѕидот На Плачот (Матеј 24:2)

Исто како што Исус прорекол, остатоци од Ерусалимскиот Храм, по уништувањето од страна на Римската армија во 70 година пред Христа.

Карпата На Агонијата (Лука 22:44)

Ноќта пред да го земе крстот, Исус, во агонија ревносно се молел во Гетсиманската градина. Карпата врз која Исус се наведнал во молитва, сеуште постои во својата природна состојба.

Станица 2

Станица 3

Станица 4

Станица 5

Станица 6

Станица 7

Станица 8

Станица 10

Станица 11

Улицата На Болката

Виа Долороса, на латински значи „Патот На Тагата", или „Патот На Страдањето." Од локацијата каде што Исус бил осуден од страна на Пилата, па сѐ до Голгота, каде што Тој бил распнат и до гробницата каде што бил погребан—растојанието изнесува околу 800 m—и е означено преку 14 станици.

Додека камшикот за камшикување ја полеваше

Неговата света крв и додека

Неговата крв ја боеше земјата,

Исус погледна кон душите

Кои што ќе ги спаси од смртта, па го продолжи

Својот пат на страдањето

изразувајќи само благодарност за тоа.

Станица 9

Станица 12

Станица 13

Станица 14

Станица 1

Станица 1 – Локацијата каде што Исус бил осуден од страна на Пилата
Станица 2 – Локацијата каде што Исус ја примил круната од трње и виолетовата наметка, па потоа бил исмеван
Станица 3 – Локацијата каде што, носејќи го крстот, Исус паднал за прв пат
Станица 4 – Локацијата каде што Исус ја сретнал Девицата Марија која што тагувала
Станица 5 – Локацијата каде што Симон од Киренија го земал крстот наместо Исуса
Станица 6 – Локацијата каде што жената наречена Вероника Му го избришала лицето на Исуса
Станица 7 – Локацијата каде што Исус по втор пат паднал
Станица 8 – Локацијата каде што Исус ги утешил жените од Ерусалим
Станица 9 – Локацијата каде што Исус по трет пат паднал
Станица 10 – Локацијата каде што Римскиот војник Му ја соблекол облеката на Исуса
Станица 11 – Локацијата каде што Исус бил закован на крстот
Станица 12 – Локацијата каде што Исус умрел на крстот
Станица 13 – Локацијата каде што Јосиф од Ариматеја го донел Исусовото тело и го завиткал во ленено платно
Станица 14 – Локацијата каде што Јосиф од Ариматеја го погребал Исуса

Црквата на Светата Гробница (Јован 20:1-8)
Црквата направена на местото каде што бил Господовиот гроб

Црквата на Петровото Првенство
(Јован 21:12-14)
Локацијата каде што Исус по трет пат им се појавил
на учениците и каде што јадел заедно со нив

Статуата на Исус и на Петар
Со истиот нежен поглед со којшто го погледнал Петра, Господ не погледнува и не прашува, „Дали Ме сакаш?"

Карпата на Вознесение

Исус... уништувајќи ја силата на смртта стана првиот плод на воскресението и го заврши провидението за спасението...

...пата за којашто се ...ува дека се наоѓа на ...ицата од каде што Исус ...несол на Небесата

Капелата на Вознесението
Црквата сместена на Елеонската Гора за чијашто локација се верува дека е местото од коешто Исус се вознесол на Небесата

Горната Соба (Дела 2:1-4)
Местото каде што, по Исусовото вознесение на Небесата, Светиот Дух се спуштил врз учениците, на денот од Педесетницата

Додека Го чекаме
второто доаѓање
на Господа, кој што
по приремата на убавото место
во Небесата за нас,
уште еднаш ќе се врати…
јавајќи на облакот на славата,
среде одобрувачките возкликнувачки
звуци на архангелите и на трубите…

Стапките на Господа II

Предавања за Евангелието по Јован

Стапките на Господа II

Др. Церок Ли

Стапките на Господа II:
Предавања за Евангелието по Јован од Др. Церок Ли
Објавени од страна на Урим Книги (Претставник: Johnny H. Kim)
73, Шиндаебанг Донг 22, Донгјак Гу, Сеул, Кореа
www.urimbooks.com

Сите права се задржани. Оваа книга или некои нејзини делови, не смеат да бидат репродуцирани во било која форма, да се чуваат во обновувачки систем, или да бидат пренесувани во било каква форма или преку било какви средства, електронски, механички, преку фотокопирање, снимање или на некој друг начин, без претходна писмена дозвола од страна на издавачот.

Авторско Право © 2020 од Др. Церок Ли
МСБК (ISBN): 979-11-263-0638-1, 979-11-263-0636-7(set) 04230
Преведувачко Авторско Право © 2013 од страна на Др. Естер К. Чанг. Употребено со дозвола

Прво Издание март 2020

Претходно објавено на Кореански во 2009 од страна на Урим Книги во Сеул, Кореја

Уредено од страна на Др. Геумсун Вин
Дизајнирано од страна на Уредувачкото Биро на Урим Книги
Отпечатено од страна на Prione Печатење
За повеќе информации ве молиме контактриајте ги: urimbook@hotmail.com

Забелешка На Авторот

Следејќи Ги Неговите Стапки...

Одејќи по трагата на Господовите стапки за време на моето поклоничко патување до Светата Земја, јас дојдов до сините води на Галилејското Море. Почувствував како да сум пропатувал 2,000 години наназад, до времето на нашиот Господ. Не можев да поминам ниту преку едно камче или прамен од тревата, без да бидам импресиониран од неговото значење. Кога и да ги затворев моите очи за момент, чувствував како да можам јасно да го чујам гласот на Господа. И гледајќи ја патеката од прашина која што се подигаше од нозете на поклониците ации кои што чекореа следејќи ги Господовите стапки, минатото и сегашноста се заплеткуваа во една смеса и јас чуствував како да стојам на самото место каде што Господ го извикувал Своето свештенствување. Можеби сето тоа беше резултат на мојата искрена желба да ги следам Неговите стапки.

Постојат Четири Евангелија во Библијата, кои што ги следат чекорите кои што Господ ги има направено во текот на Неговото свештенствување. Овие Евангелија се: Евангелието по Матеј, Марко, Лука и Јован. Меѓу Четирите Евангелија, Евангелието по Јован, напишано од страна на Јован – кој што бил толку близок со Господа да бил наречен „Саканиот Ученик," и кој што прв со сé се соочувал – во себе го носи најдлабокото духовно значење. Токму Евангелието по Јована повеќе од јасно покажува дека спасението доаѓа само преку Исуса Христа и дека Тој е вистинскиот Син Божји.

Секој пат кога ги читам Евангелијата јас станувам обземен со емоции. Специјално кога го читам Евангелието по Јована, и кога Светиот Дух ќе ме просветли со длабокото духовно значење на Словото кое што во него е запишано, јас не можам а да не го споделам тоа со секого кого што го познавам. Исто како што Господ го замолил Петра „Нахрани ги Моите овци," јас исто така се чувствував обврзан да ги нахранам сите верници со длабоките духовни тајни најдени во Евангелието по Јована. Поради оваа причина, во јули 1990 јас почнав да ги предавам 221-те серии на проповеди за Евангелието по Јована.

Предавањата за Евангелието по Јован: Стапките на Господа I & II впечатливо го отсликуваат ликот на Исуса од пред 2,000 години, виден низ очите на Јована, кој што лично го посведочил животот на Исуса. И проаѓајќи низ времето на вечноста, тајните за почетокот на времето, како и информациите за потеклото на Исуса, за Неговата љубов и провидение кои што на крајот доведоа до нашето спасение, сите ни беа откриени.

Било да Тој бил во Храмот, среќавајќи се со луѓето, или пак по планините или полињата, Исус ги поучувал луѓето употребувајќи илустрации од секојдневниот живот, така што секој можел лесно да го разбере. Неговите пораки воглавно биле за Бога, за Неговата должност како Спасителот и за вечниот живот. Иако високиот свештеник на Фарисеите не можел да го разбере духовното значење на Неговите пораки, добрите луѓе како што бил Никодим, Самариќанската жена кај бунарот во Сичар и Лазар, нашле нов живот низ Господовите пораки. Споделувајќи ги пораките за животот кои што не можеле никаде на друго место да бидат чуени, Господ им донел утеха и надеж на болните, на сиромашните и на запоставените. Сепак оние луѓе кои што одбиле да ја разберат Божјата љубов му го свртеле грбот на Исуса, поради тоа што Тој не бил сличен на месијата кој што тие го очекувале. И на крајот, истите овие луѓе повикале за Неговото распетие на крстот. Што ли мислите дека поминувало низ Исусовиот ум кога Тој бил обесен на крстот?

Кога ќе ја сватиме жртвата која што ја направил Исус – издржувајќи ги сите оние болки и тортури, бидејќи крстот бил единствениот начин да се исполни Божјото провидение – единствено што можеме е да му се поклониме во понизност. Уште од Неговото раѓање, па преку знаците и чудата кои што ги изведувал, преку пораките кои што ги пренесувал, сè до Неговото страдање на крстот и конечно до Неговото воскресение, секоја активност што ја извел Исус била значајна. Кога ќе го сватиме духовното значење кое што лежи позади секој настан, тогаш ние можеме навистина да ја разбереме длабоката љубов која што Бог ја има за нас.

Тајните за вечниот живот кои што можат да се најдат во Евангелието по Јована, се применуваат на нас и денеска. Ако ги отвориме нашите добри срца и го прифатиме Словото ние ќе можеме да откриеме едно неверојатното богатство и ако ние живееме во согласност со Словото, тогаш Бог ќе ни одговори на нашите молитви и ќе ни даде неверојатни благослови и сила.

Би сакал да им оддадам специјална благодарност на Гемсун Вин, Директорот на Уредувачкото Биро и на персоналот кој што вредно работеше на објавувањето на оваа книга и се надевам дека секој кој што ќе ја прочита оваа книга, ќе ја доживее големата Божја љубов. Исто така се молам да вие следејќи ги стапките на Господа и живеејќи во согласност со Неговите учења ги примите одговорите на сите ваши молитви и да Бог ви подари неверојатни благослови одозгора!

Февруари 2009
Џерок Ли

Како Настанало Евангелието По Јована

1. Нешто Во Врска Со Авторот На Евангелието По Јована

Авторот на Евангелието по Јована бил апостолот Јован. Иако во самото Евангелие по Јована не е спомената кој би можел да биде авторот, ние можеме многу лесно да заклучиме дека авторот всушност е апостолот Јован. Ова можеме да го заклучиме од фактот дека Господовиот „Сакан Ученик" (Јован 13:23, 19:26, 20:2, 21:7, 20), Јован го има доживеано Господовиот живот од прва рака.

Јован бил син на Заведеј и Салома и тој му бил помладиот брат на Јакова. Заедно со неговиот брат Јаков, Јован бил еден од првите кои што постанале Исусови ученици. Поради својот жесток темперамент Јован бил наречен „Синот на Громот". Сепак тој бил многу сакан од страна на Господа што ја добил шансата да ја посведочи Исусовата духовна трансформација на Планината на Преображението и да ја оживее Јаировата ќерка. Кога Исус бил заробен од страна на Евреите и кога сите други ученици биле избегани поради стравот, Јован останал со Господа сè до моментот кога Тој умрел на крстот. Поради тоа што Исус ја видел веродостојноста на Јована, Тој му ја доверил девицата Марија, неколку моменти пред да умре на крстот.

По сведочењето на Исусовото воскресение и примањето на Светиот Дух, Јован станал изменета личност. Тој го посветил својот живот на ширењето на Евангелието (Дела 4:13) и ги поминал последните негови години во Ефес. Потоа, за време на суровата тиранија од стрна на императорот Домицијан, Јован бил протеран на островот Патмос. Островот Патмос, кој што во целост е составен од гранит, претставува неплодна почва каде што питката вода е навистина реткост, а вегетацијата едвај да може да преживее.

Во текот на денот, под надзорот на Римските војници, Јован бил приморан да работи во еден каменолом, во навистина тешки услови. А во текот на ноќта, трпејќи ги студот и гладот, Јован ја предавал целата своја енергија на молитвата. Дури и денеска, ако ја посетиме пештерата за која што се кажува дека во неа Јован секојдневно се молел, можеме да ги видиме отпечатоците од рацете на Јована кои што ни укажуваат на тоа колку биле тешки условите кога тој бил таму. По смртта на Домицијана, Јован се вратил во Ефес и таму умрел. Во неговите записи, вклучувајќи го тука и Евенгелието по Јована, Првото, Второто и Третото Послание по Јована, како и книгата на Откровението, Јован ја споменува љубовта преку 120 пати, поради што често е нарекуван „Апостолот на Љубовта".

2. Зошто Е Напишано Евангелието По Јована

Во Јован 20:31, апостолот Јован јасно предочува зошто го запишал Евангелието по Јована.

> *„А овие се запишани, за да поверувате дека Исус е Христос, Синот Божји и да преку верувањето можете да го имате животот во Неговото име."*

Во тоа време многу Евреи го мразеле Исуса и цврсто одрекувале дека Тој е Христос, за да на крајот дури и го убијат на крстот. Но во согласност со она што од прва рака го има посведочено апостолот Јован јасно сведочи дека Исус е вистинскиот Син Божји и дека Тој е Христос.

Темата на Евангелието по Јована е „Христос, љубовта,

животот и Светлината на светот." Тој ни кажува за Христа кој што дошол на овој свет за да ни даде љубов, Христа кој што дошол да го осветли светот и да го избави од темнината и Христа кој што му ја покажал на светот Божјата љубов преку тоа што се жртвувал Себеси.

3. Што Го Прави Евангелието По Јована Толку Специјално

Генерално Трите Евангелија кои што го забележуваат свештенството и учењата на Исуса – по Матеја, Марка и по Лука – се слични по содржина, структура и перспектива; поради што овие Евангелија се наречени Синоптични Евангелија. Сепак постои нешто што дефинитивно го разделува Евангелието по Јована од другие Евангелија.

Како прво, Синоптичките Евангелија го забележуваат свештенството на Исуса насочено претежно кон Галилеја, како главна сцена на настаните. За разлика од нив Евангелието по Јована го забележува свештенството на Исуса кое што воглавно се фокусира на Ерусалим и Јудеја.

Како второ, Пасхата во Синоптичките Евангелија е спомената само еднаш (Матеј 26:1-5; Марко 14:1; и Лука 22:1-2), додека Евангелието по Јована ја спомнува Пасхата три пати (Јован 2:13, 6:4, и 11:55), означувајќи дека

Исусовото свештенствување во целост траело три години.

Како трето, Синоптичките Евангелија се фокусираат на кралството на Небесата, додека Евангелието по Јована се фокусира на односот помеѓу Исуса и Бога и на вечниот живот (Јован 3:16, 5:24, 11:25, и 17:2-3).

Евангелието по Јована ни објаснува за потеклото на Исуса Христа и како Тој бил со Бога уште од почетокот, па фразата „Јас сум ---" многу пати се појавува низ текстот на Евангелието по Јована. Фразата како што е, *„Јас сум лебот на животот"* (Јован 6:35), *„Јас сум Светлината на светот"* (Јован 8:12), *„Јас сум патот и вистината и животот"* (Јован 14:6), *„Јас сум добриот Пастир"* (Јован 10:11), и *„Јас сум вистинската лоза"* (Јован 15:1) јасно ни укажуваат кој е Исус. Многу настани како што е првиот знак кој што Исус го извел на свадбата во Кана, или Неговата посета на Самарија и многу други кои што не биле забележани во Синоптичките Евангелија, се забележани во Евангелието по Јована.

Она што специјално можеме да го видиме во Евангелието по Јована е записот за тоа како Исус кажува, *„Вистина, вистина ви кажувам,"* во многу случаеви. Ова на читателот силно му ја нагласува апсолутната вредност на Божјото Слово.

Содржина

Забелешка На Авторот

Предговор

Глава 11

Исус Го Спасува Лазара ■

1. Лазаровата Смрт (11:1-16) ■ 3
2. Лазар Излегува Од Гробот (11:17-44) ■ 15
3. Заговорот Да Се Убие Исус (11:45-57) ■ 28

Глава 12

Победничкото Влегување Во Ерусалим ■

1. Марија Се Подготвува За Исусовиот Погреб (12:1-11) ■ 39
2. Влегувањето Во Ерусалим (12:12-36) ■ 47
3. Учењето На Месијата (12:37-50) ■ 63

Глава 13

Последната Пасхална Вечера ■

1. Исус Им Ги Мие Нозете На Учениците (13:1-20) ■ 77
2. „Еден Од Вас Ќе Ме Предаде" (13:21-30) ■ 94
3. „Нова Заповед Ви Давам" (13:31-38) ■ 102

Глава 14

Исус, Патот, Вистината И Животот

1. Исус Ги Теши Учениците (14:1-15) ■ 109
2. Ветувањето За Помошникот, Светиот Дух (14:16-31) ■ 123

Глава 15

Исус Е Вистинската Лоза

1. Параболата За Лозата И За Гранките (15:1-17) ■ 139
2. Светот И Учениците (15:18-27) ■ 156

Глава 16

Помошникот, Светиот Дух

1. Доаѓањето И Свештенствувањето На Светиот Дух (16:1-15) ■ 167
2. Пророштвото За Исусовата Смрт И За Воскресението (16:16-24) ■ 175
3. Исус, Кој Што Ја Имал Победата Над Светот (16:25-33) ■ 183

Содржина

Глава 17

Исусовата Посредничка Молитва

1. Молитвата За Земањето На Крстот (17:1-5) ■ 193
2. Молитвата За Учениците (17:6-19) ■ 200
3. Молитвата За Верниците (17:20-26) ■ 213

Глава 18

Исус, Кој Што Страдал

1. Јуда Искариот, Оној Кој Што Го Предаде Исуса (18:1-14) ■ 225
2. Исус Застанува Пред Првосвештениците (18:15-27) ■ 236
3. Исус Застанува Пред Пилата (18:28-40) ■ 245

Глава 19

Исус На Крстот

1. Пилат Ја Одобрува Смртната Пресуда (19:1-16) ■ 261
2. Исус Е Закован На Крстот (19:17-30) ■ 275
3. Исус Е Погребан Во Гробницата (19:31-42) ■ 290

Глава 20

Исус, Кој Што Воскреснал

1. Луѓето Кои Што Дошле Да Ја Посетат Празната Гробница (20:1-10) 303
2. Луѓето Кои Што Се Сретнале Со Воскреснатиот Господ (20:11-23) 312
3. „Дали Поверува Поради Тоа Што Ме Виде?" (20:24-31) 321

Глава 21

Господовата Љубов За Своите Ученици

1. Господ Се Појавува Кај Галилејското Море (21:1-14) 329
2. „Ме Сакаш Ли?" (21:15-25) 338

Епилог

Глава 11

Исус Го Спасува Лазара

1. Лазаровата Смрт
(11:1-16)

2. Лазар Излегува Од Гробот
(11:17-44)

3. Заговорот Да Се Убие Исус
(11:45-57)

Лазаровата Смрт

За време на Неговото јавно свештенствување Исус лечел секакви болести; па дури и некои вродени недостатоци. Не само како на пример во случаевите како кај синиот на вдовицата од Наин и кај ќерката на водачот од синагогата Јаир, туку Тој дури и подигал мртви луѓе назад во живот (Лука 7-8).

Исус дури го вратил во живот и човекот кој што веќе бил закопан во гроб во текот на четири дена и кој што веќе мирисал на распаѓање—Лазар од Витанија. Исус секогаш делувал во согласност со Божјата волја. Кога ќе погледнеме на овој настан кога Тој го воскреснал Лазара од мртвите, во тој чин можеме да откриеме едно специјално провидение од страна на Бога.

Фамилијата На Лазар Живеела Во Витанија

„Беше болен некој си човек Лазар од Витанија, од селото на Марија и на нејзината сестра Марта. Тоа беше братот на онаа Марија кој што го помаза Господа со миро и ги избриша нозете Негови со својата коса. Па така сестрите испратија глас до Него кажувајќи Му, 'Господи, ете оној кого што го сакаш е болен.'" (11:1-3)

Приближно едно 3 километри југоисточно од Ерусалим, во едно мало гратче наречено Витанија, живееле еден брат и две сестри: Марта, Марија и Лазар. Кога Исус патувал до Витанија, Тој често ја посетувал нивната куќа.

Лазаровата сестра Марија е позната по тоа што истурила миро врз Исусовите нозе. Всушност овој настана се случил по воскреснувањето на Лазара. Во времето кога било напишано Евангелието по Јована, овој настан бил нашироко познат, така што Марија била претставувана како „онаа која што го помазала Господа со миро." Луѓето многу често прават забуни и ја заменуваат оваа Марија со Марија Магдалена, но тие биле две потполно различни личности.

Од пред некое време, кај Лазара се јавиле некои проблеми и тој паднал болен. Дури и по подолгиот временски период наместо да станува подобро, неговата ситуација му станувала сè полоша и полоша. Марта и Марија веднаш испратиле глас до Исуса, бидејќи знаеле дека Исус може да ја излекува секоја болест.

„Господи, ете оној кого што го сакаш е болен." Гласникот кој што бил испратен до Исуса не кажал која била болната личност. Тој само кажал „оној кого што го сакаш." Марта и Марија знаеле дека тоа било сето она што требало да го кажат и дека Исус веднаш ќе знае на што мислат. Гледајќи го сето ова, можеме да заклучиме дека оваа фамилија имала еден многу близок однос со Исуса. Што би можела да биде причината за ваквата блиска врска? Сето тоа се должело на фактот што Марија толку многу го сакала Исуса.

Дури и пред Лазар да падне болен, Марија толку многу го сакала Исуса и му служела на секој можен начин. Сакајќи да му се оддолжи за милоста што ѝ го покажал патот на вистината и на вечниот живот, таа секојдневно барала било каква работа што требала да биде сработена за Него и вредно и верно му служела. Посведочувајќи ја Мариината прекрасна трансформација, нејзината фамилија исто така многу го засакала Исуса и исто така сакале да направат сé што е можно, да му служат Нему.

По почнувањето на Неговото јавно свештенствување, Исус не можел на мира ниту да јаде, ниту да се одмара. Тој секогаш бил опкружен со голем број на луѓе и немал можност ниту за миг да се одмори. Знаејќи го ова, Марија и нејзините сестра и брат секогаш се прашувале, „Како би можеле да направиме да на Исуса му биде што поугодно?" Па така кога Исус бил во близина на нивната куќа, тие секогаш го поканувале да ги посети и се труделе да му служат најдобро што можат (Лука 10:38).

Тие верувале дека Исус е Божјиот Син и споделувале сé што имаат со Него. Тие секогаш му служеле и го сакале без да очекуваат било што за возврат, а Исус го знаел тоа. Исус исто така многу ги сакал. Мариината фамилија исто така многу го сакала Исуса и затоа ја примиле Неговата љубов. Тоа бил клучот кој што ја отворил вратата за добивањето на Божјата благодет и благослов, за оваа фамилија. Настанот на Лазаровата смрт, повикувањето на Исуса од страна на сестрите и Лазаровото воскресение, не се случиле само онака, според некоја случајност.

Исус Слушнал За Болеста На Лазара

„Штом Исус го слушна тоа, Тој рече, 'Оваа болест не е за да заврши со смрт, туку за славата на Бога, така што Синот Божји да може да биде прославен преку неа.' А Исус ги сакаше Марта, сестрата нејзина и Лазара. Кога чу дека Лазар е болен, Тој остана два дена подолго во местото во кое што се наоѓаше." (11:4-6)

Додека се крштеваше во реката Јордан, Исус слушна глас дека оној кого што го сака е болен. Но Исус така одговорил на овој глас, како веќе да знаел дека сето тоа се случува.

„Оваа болест не е за да заврши со смрт..." Иако Исус слушнал дека Лазар е тешко болен, Тој не поитал; туку наместо тоа, Тој останал уште два дена во местото каде што бил. Оваа постапка можеби изгледа малку студена, но Исус само чекал да дојде Божјото време. Тој знаел дека низ овој настан, Лазар ќе му ја оддаде славата на Бога и дека и за Него Самиот ќе биде славно, тоа што ќе го направи.

Во Броеви 16:22 е запишано, *„Богот на духовното на сето телесно,"* и во Псалм 36:9 се кажува, *„Затоа што со Тебе е изворот на животот."* Книгата Делата на Светите апостоли од Светиот апостол Лука 17:25 го забележува следното за Бога, *„Тој Самиот им ги дава на сите луѓе животот и здивот и сите нешта."* Животот на секој човек се наоѓа во Божји раце и само Бог е авторот на животот и на смртта. Но ако некоја личност успее да воскресне друга од мртвите, нели е тоа малку чудно? Една обична личност не би можела да имитира—па ниту й да замисли—да направи такво нешто!

Поради силата што ја имал бидејќи бил едно со Бога, Исус знаел дека еден ден, пред многу сведоци, Тој ќе го воскресне Лазара од мртвите. Тој исто така знаел дека преку овој настан, Тој ќе покаже дека е Синот Божји, кој што е авторот на животот и на смртта и дека голем број на луѓе ќе поверуваат дека Тој е Христос. Поради тоа Исус кажал, „Оваа болест не е за да заврши со смрт, туку за славата на Бога, така што Синот Божји да може да биде прославен преку неа," и потоа чекал да дојде Божјото време за тоа.

„Нема ли во денот дванаесет часови?"

„Потоа им рече на учениците, 'Да одиме повторно во Јудеја.' Учениците му кажаа, 'Рави,

Јудејците баш сега сакаа да Те каменуваат, па зар пак ќе одиш таму?' Исус им одговори, Нема ли во денот дванаесет часови? Кој дење оди не се сопнува, бидејќи ја гледа светлината на овој свет. 'Но ако некој чекори во ноќта, се сопнува, бидејќи во него нема светлина."' (11:7-10)

Два дена по примањето на вестите од Витанија, Исус кажал, „Да одиме повторно во Јудеја." Јудеја, јужниот регион на Палестина, не само дека ги вклучува Ерусалим и Витлеем, туку исто така и Витанија, местото каде што живеел Лазар. Слушајќи го зборот „Јудеја", учениците се вознемириле и запрашале, „Рави, Јудејците баш сега сакаа да Те каменуваат, па зар пак ќе одиш таму?"

Причината поради која учениците се колебале била во тоа што само неколку дена пред тоа, за време на Празникот на Посветата, Јудејците се обиделе да го каменуваат Исуса. Кога Исус кажал, „Јас и Отецот сме едно," налутените Јудејци насобрале камења со намера да го каменуваат Исуса (Јован 10:22-31). Бидејќи сеуште не било Божјото време, никој не можел ионака да го зароби Исуса, но бидејќи учениците го виделе ова искуство, тие биле многу загрижени. Исус знаел што ги мачи.

Исус потоа на нервозните ученици им го дал неочекуваниот одговор, кажувајќи им „Нема ли во денот дванаесет часови? Кој дење оди не се сопнува, бидејќи ја гледа светлината на овој свет. Но ако некој чекори во ноќта, се сопнува, бидејќи во него нема светлина."

Ова отпрво можеби изгледа како некој случаен одговор,

но зад оваа изјава на Исуса стојат две духовни значења.

Првото значење е дека Исус сеуште имал некое време преостанато за работа. Тој им укажувал дека сеуште не бил дојден часот да Тој биде фатен и закован на крстот. За Јудејците, „еден ден" претставува периодот од изгрејсонцето па сé до мугрите следниот ден. Тогаш, во тоа време, часот сеуште не бил дефиниран како временски период од 60 минути. Еден час претставувал временскиот период дење, поделен на 12 дела. Бидејќи периодот на дневната светлина се разликува во зависност од годишното доба, денот е подолг во лето, а покус во зима. Па затоа за време на најкусиот ден, еден час можел да биде околу 49 минути, а за време на најдолгиот ден да биде околу 71 минута.

Бидејќи денот бил поделен на 12 дела, било да е долг или кус, за Јудејците, денот секогаш се состоел од дванаесет часови. Па кога Исус запрашал, „Нема ли во денот дванаесет часови?", Тој со тоа им кажувал дека сеуште има останато време за работа. „Ден" е периодот кога сјае сонцето. Во 1 Јован 1:5 е кажано, *„Бог е Светлина и во Него воопшто нема темнина."* Па така времето, кое што Бог, кој што е Светлина, му го доверил на Исуса, сеуште не било поминато. Исус ги поучувал учениците кои што биле вознемирени размислувајќи, „Што ако го фатат Исуса? Што ако луѓето се обидат да го каменуваат?", дека колку и да се обидуваат Јудејците да го заробат, тие нема да успеат во тоа, бидејќи Бог го надгледувал и заштитувал.

Второто значење е во тоа што Исусовата изјава исто

така означува дека во согласност со Божјата волја, Исус ќе го воскресне Лазара од мртвите. Учениците не знаеле, но бидејќи Исус пребивал заедно со Бога, Тој веќе знаел како ќе се одвива целиот настан. Бог во Себе нема апсолутно никаква темнина, па така духовно светлината се однесува на Бога. Ние обично не се лизгаме или зачекоруваме погрешно ако одиме во текот на денот. Слично на тоа, ако живееме среде Божјото Слово—вистината—ние можеме само да бидеме сигурни. Исус, кој што секогаш ја имал следено Божјата волја, никогаш немал направено погрешен чекор. Преку воскреснувањето на Лазара од мртвите, Тој ја исполнил Божјата волја и провидение.

Без разлика колку и да им изгледала опасно ситуацијата, бидејќи Исус чекорел дење, што значи дека Тој сето што го правел го правел во согласност со Божјата волја, Тој бил сигурен. Па така дури напротив, ако се плашиме од луѓето и ако не делуваме во согласност со Божјата волја, тоа е слично како да одиме низ ноќта; и затоа можеме да направиме некои погрешни чекори и да паднеме во некои стапици.

„Лазар Е Заспан...“

„Ова им го кажа а потоа им рече, 'Нашиот пријател Лазар е заспан; но ќе отидам да го разбудам.' Учениците тогаш му рекоа, 'Господи, ако е заспан, пак ќе стане.' Исус им зборуваше за смртта негова, но тие мислеа дека Тој им говори за заспивање со сон." (11:11-13)

По уверувањето на учениците кои што биле загрижени поради враќањето во регионот на Јудеја, Исус им кажал, „Нашиот пријател Лазар е заспан; но ќе отидам да го разбудам." Спомнувајќи го тоа, Тој има кажал зошто мора да се врати таму. Кога гласникот два дена пред тоа дошол кај Исуса замолувајќи го да го излекува Лазара, Исус ништо не кажал. Но тогаш Тој им кажал дека мора да се врати да го разбуди. Учениците биле навистина збунети. Тие најверојатно размислувале вака, „Тој не отиде кога човекот беше болен, а сега ни кажува дека ќе оди да го разбуди од сонот." Исус тогаш зборувал мислејќи на Лазаровата смрт; но учениците се обидувале да ја сватат ситуацијата гледајќи на неа само површно. Тие не можеле да го сватат духовното значење на Исусовите зборови.

„Господи, ако е заспан, пак ќе стане." Луѓето обично мислат дека она што го гледаат со своите очи е целата вистина. Но бидејќи Исус ја знаел Божјата волја, Тој размислувал на поинаков начин. Иако Лазар бил мртов, Тој знаел дека тој ќе воскресне од мртвите. Поради тоа Тој им кажал, „Тој е заспан, но ќе отидам да го разбудам."

„Да Одиме Кај Него"

„Тогаш Исус отворено им рече, 'Лазар е мртов, но се радувам поради вас затоа што не бев таму, за да вие можете да поверувате; но да одиме кај него.' Поради тоа Тома, наречен Близнак, им кажа на своите другари ученици, 'Да одиме и ние исто така, за да можеме да умреме со Него.'" (11:14-16)

Кон учениците кои што сеуште не го разбирале, Исус кажал, „Лазар е мртов." Тие знаеле каква е реалната ситуација на нештата. Сето тоа било со намера да кога ќе отидат во Витанија, да можат да поверуваат гледајќи го како го воскреснува Лазара од мртвите.

Што би се случило ако Исус отишол во Витанија во оној момент кога слушнал дека Лазар е болен? Дури и да го излекувал Лазара, луѓето сепак сеуште не би го прифатиле сето тоа како дело на Бога. Тие најверојатно би помислиле дека Лазар оздравел поради чист случај. Можеби би помислиле дека е некаков трик, или пак некој вид на привремен феномен. Понатаму, ако Лазар умрел додека Исус бил присутен таму, некои луѓе можеби тајно би го земале тоа како еден факт за расправија околу тоа.

Поради дадената ситуација, Исус точно знаел кога треба да делува за да ја покаже Божјата сила. Поради тоа Тој чекал на од Бога одредениот час, за да оди во Витанија и да го воскресне Лазара, кој што веќе бил четири дена умрен.

Во тоа време Јудејците верувале дека кога една личност ќе умре, нејзината душа талка околу гробот во текот на три дена, па потоа го напушта местото. Но во Лазаровиот случај беа поминати четири дена од неговата смрт, па луѓето дури и не верувале дека е можно тој повторно да оживее. Сепак, како што е запишано во Јован 5:21, „*Исто како што Отецот ги воскреснува мртвите и им дава живот, исто така и Синот дава живот на кого што сака,*" во согласност со Божјата волја, Исус, Синот Божји, може да воскресне некоја мртва личност и да и го поврати животот.

По објавувањето на Лазаровата смрт Исус кажал, „Да одиме во Јудеја." Тома, еден од учениците, направил еден коментар кажувајќи, „Да одиме и ние исто така, за да можеме да умреме со Него." Од една страна изгледало дека тој храбро би го жртвувал животот за Исуса, но во духовна смисла, ова бил еден тажен одговор. Исус специфично им назначил на учениците дека Лазаровата болест ќе ја покаже Божјата слава; но тој сеуште не можел да свати за што се работи.

Ако Тома можел да го свати духовното значење кое што било зад Исусовите зборови, Тој тогаш би кажал, „Да одиме и ние исто така за да можеме да ја посведочиме Божјата слава." Причината поради која Бог дозволил да Томовата исповест влезе и биде запишана во Библијата била во тоа да и ние, кои што денеска читаме за тоа, можеме да погледнеме во себе и да видиме дали имаме некои сличности со него и да можеме да научиме нешто од тоа. Намерата не му била да на виделина ги изнесе Томовите слабости.

Додека патувал заедно со Исуса, Тома ги слушал зборовите на вистината и во многу случаи бил сведок на Божјата сила. Тој можел да види како секакви видови на болести биле излекувани, го видел и знакот на двете риби и петте векни леб, а дури и го видел и Исуса како оди по водата. Но сепак, бидејќи во себе ја немал вистинската вера, во моментот кога требало навистина да ја покаже својата вера, тој завршил така што искажал една исповест која што го покажувала недостатокот на неговата вера. Иако Тома знаел дека Исус поседува голема сила и дека Бог е со Него, бидејќи сеуште го немал доживеано духовното будење, тој ја кажал таа исповест, која што била базирана на телесниот резон.

Лазар Излегува Од Гробот

По слушањето на новостите за Лазаровата смрт, голем број од Јудејците дошле кај нив за да ги утешат Марта и Марија. Четвртиот ден откако Лазар бил ставен во гробот, Исус дошол за да му го поврати животот.

Витанија е гратче кое што се наоѓа во близина на Ерусалим. Поради тоа голем број на Јудејци дошле од Ерусалим да ги посетат. Истите тие Јудејци биле сведоци на Лазаровото воскресение. Некои од нив всушност биле и непријателски настроени кон Исуса.

„Твојот Брат Ќе Воскресне"

„Кога дојде Исус, најде дека тој веќе четири дена

беше мртов во гробот. А Витанија беше близу Ерусалим, околу две милји; и голем број од Јудејците беа дојдени кај Марта и Марија, за да ги утешат за смртта на брата им. Кога чу Марта дека доаѓа Исус, таа излезе да го пречека, додека Марија остана дома. Тогаш таа му кажа на Исуса, 'Господи, да беше Ти тука, мојот брат немаше да умре. Но и сега знам дека што и да побараш Ти од Бога, Бог ќе ти го даде.' Исус ѝ кажа, 'Твојот брат ќе воскресне.' Марта му кажа, 'Знам дека ќе воскресне при воскресението, во последниот ден.'" (11:17-24)

Четири дена по Лазаровата смрт, Исус пристигнал во Витанија, каде што Лазар имал живеено. Некој и пратил глас на Марта кажувајќи и, „Доаѓа Исус." Поради тагата заради тоа што го изгубила саканиот брат, таа најверојатно не била расположена да станува; но кога ја чула новоста дека доаѓа Исус, таа веднаш истрчала за да го пречека.

Погребот веќе бил завршен. Сето било веќе завршено. Што мислите во каква состојба била Марта кога излегла да го пречека Исуса?

„Господи, да беше Ти тука, мојот брат немаше да умре." Марта многу го сакала Исуса и секогаш била заинтересирана да ги чуе нештата преку кои што Исус му ја оддавал славата на Бога. Поради тоа што знаела дека Исус ја имал силата да ги лекува сите видови на болести и слабости, таа помислила дека ако Тој бил таму кога брат и Лазар бил

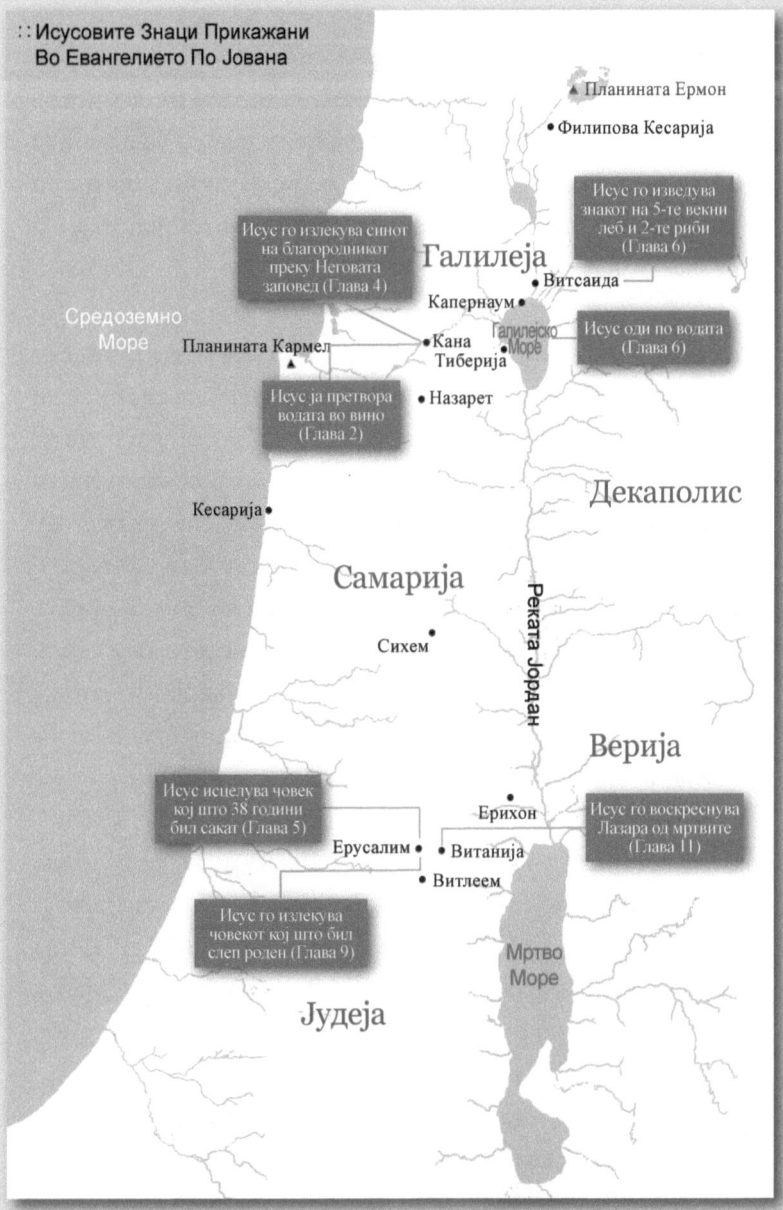

жив, тој немало да умре.

Но реалноста на ситуацијата не била така едноставна како Лазар да е само болен. Тој веќе четири дена бил мртов и неговото тело веќе мирисало на изгниеност. Во дадената ситуација, никој на светот не можел ниту да замисли дека Лазар би можел да воскресне. Но Марта ја дала неочекуваната изјава.

„Но и сега знам дека што и да побараш Ти од Бога, Бог ќе ги го даде." Во реалноста Марта не го кажала ова бидејќи помислила дека Лазар можел да воскресне—бидејќи уште од почетокот на создавањето па до тогаш, никој немал чуено за тоа да некој човек кој што бил веќе четири дена мртов и кој што почнал да гние, повторно да воскресне и да се поврати во живот. Но верувајќи и имајќи ја верата во Бога, Марта се исповедала дека Исус можел да направи било што да се случи. Иако Марта се наоѓала во една тешка и тажна ситуација, нејзината исповест, која што ја покажувала нејзината доверба и вера во Исуса, била толку многу убава и скапоцена.

Ако веќе имало некој настан каде што Исус воскреснал некого кој што бил веќе четири дена мртов, се разбира дека таа би ја покажала поголемата вера од таа која што ја имала. Но гледајќи го ваквиот вид на вера кој што се наоѓал во центарот на нејзиното срце, Исус сепак ја повел Марта кон повисокото ниво на вера, кое што ја изненадува дури и смртта, кажувајќи и, „Твојот брат ќе воскресне."

Марта на тоа одговорила, „Знам дека ќе воскресне при воскресението, во последниот ден."

Марта не ги одрекнувала Исусовите зборови, но откако чула дека Лазар ќе воскресне, дури и тогаш, бидејќи не можела да го замисли тоа, базирано на нејзиното сопствено знаење и резонирање, таа ја кажала духовната изјава, покажувајќи го ограниченото знаење кое што го поседувала.

Како што е и запишано во Јован 5:28-29, *„Бидејќи доаѓа часот во кој што сите кои што се во гробовите ќе го чујат Неговиот глас и ќе истапат; оние кои што правеле добро ќе воскреснат за живот, а оние кои што правеле зло ќе воскреснат за судот,"* каде и да одел, Исус ги поучувал луѓето за воскресението и за судот, кога им зборувал за евенгелието за кралството небесно.

Поради тоа кога Исус кажал, „Твојот брат ќе воскресне," Марта знаела дека Лазар ќе воскресне во последниот ден. Сепак нејзината исповест била базирана на знаењето а не на встинската, духовна вера. Но Марта не била сама. Повеќето од луѓето кои што верувале во Исуса, вклучувајќи ги тука и Неговите ученици, сите тие размислувале на овој начин.

Сите оние луѓе кои што го имале чуено словото за воскресението во последниот ден, сите тие го имале знаењето за тоа, но скоро никој од нив, во себе ја немал духовната вера за тоа. Поради тоа Исус решил да им ја покаже силата на Бога, кој што можел дури и Лазара да го воскресне од мртвите. Тој знаел дека било потребно само едно искуство за да и помогне на некоја личност, која што има добро срце, да се здобие со целосната вера и надеж во воскресението.

„Јас Сум Воскресението И Животот"

„Исус ѝ рече, 'Јас сум воскресението и животот; оној кој што верува во Мене и да умре, ќе живее, а секој кој што живее и верува во Мене никогаш нема да умре. Веруваш ли во ова?' Таа му кажа, 'Да, Господи; јас поверував дека си Ти Христос, Синот Божји, што требаше да дојде на светов.'" (11:25-27)

Кога Марта кажала, „Знам дека Лазар ќе воскресне во последниот ден," Исус ѝ одговорил, „Јас сум воскресението и животот; оној кој што верува во Мене и да умре, ќе живее, а секој кој што живее и верува во Мене никогаш нема да умре. Веруваш ли во ова?"

Кога Марта на ова одговорила со „Амин", без да ги инкорпорира нејзините телесни мисли во сето тоа, тогаш нејзината вера можела да се смета за едно ниво повисока од таа на другите, а тоа е верата која што ќе направи да добие одговор на своите молитви. Сето ова било поради тоа што Исус, кој што е воскресението и животот, стоел токму пред неа. Бидејќи Исус е едно со Бога, кој што е единствениот и единствен автор на животот, Тој можел да воскресне некоја мртва личност повторно во живот. Поради тоа Исус кажал, „Јас сум воскресението и животот; оној кој што верува во Мене и да умре, ќе живее," па за да можела Марта да поверува во оваа вистина.

Низ оваа фраза, Исус исто така мислел да каже дека оние кои што веруваат и го примаат Исуса за нивниот Спасител и Господ, го имаат и ветувањето за вечниот живот. Кога една личност ќе поверува во Исуса Христа и кога ќе и бидат простени греговите, тогаш Светиот Дух ќе дојде над неа и нејзиниот дух, кој што бил мртов, повторно ќе се врати во живот. Ова се нарекува „духовно воскресение", и ова е можно само преку Исуса Христа. Изворно, кога човекот бил создаден, тој самиот бил жив дух. Но кога првиот човек Адам згрешил, неговиот дух умрел. Па така сите негови потомци по него, исто така ги имаат духовите кои што се мртви. Сепак, кај оние кои што го примиле Исуса Христа и на кои што им биле простени греговите, Светиот Дух влегува во нивните срца и го оживува духот, кој што повторно им се враќа во живот.

Поради тоа Исус кажал, „Секој кој што живее и верува во Мене никогаш нема да умре," бидејќи секој кој што е чедо Божјо, дури и да му умре физичкото тело, неговиот дух ќе продолжи вечно да живее на Небесата. На последниот ден, кога Господ ќе се врати во воздухот, телата кои што гниеле по гробовите ќе воскреснат и ќе се трансформираат во нови бесмртни тела. Ова се нарекува „воскресение на телото." Ваквото воскресение на телото е можно само преку Исуса Христа. Поради тоа Тој кажал „Јас сум воскресението."

Само неколку моменти пред тоа, Марта едноставно ја имала бескрајната доверба во Исуса, но по слушањето на овие Негови зборови, таа ја искажала конечната исповест за нејзината вера: „Јас поверував дека си Ти Христос, Синот Божји, што требаше да дојде на светов."

Марија Паѓа Пред Исусовите Нозе

„Штом го рече тоа, отиде и тајно ја повика сестра си Марија, кажувајќи й 'Учителот е тука и те повикува'. Таа кога слушна, бргу стана и отиде кај Него. Исус сеуште не беше дошол до селото, туку беше на местото каде што го сретна Марта. Јудејците кои што беа со неа во куќата и кои што ја тешеа, кога видоа како Марија бргу излегува, отидоа и тие по неа, претпоставувајќи дека ќе оди на гробот да плаче. А Марија штом присигна на местото каде што беше Исус, го виде и падна пред Неговите нозе, кажувајќи му, 'Господи, да беше Ти тука, мојот брат немаше да умре.'" (11:28-32)

По духовното просветлување, Марта се вратила во куќата и й кажала на сестра си, „Учителот е тука и те повикува." Потоа Марија бргу станала и отрчала кај Исуса. Јудејците кои што пред тоа ја тешеле помислиле дека ќе оди на гробот за да плаче, па затоа и тие пошле по неа. Исус сеуште не бил стигнат до селото. Тој сеуште бил на местото каде што ја сретнал Марта. Штом го видела Исуса, Марија паднала пред Неговите нозе плачејќи и кажувајќи ја истата исповест како и нејзината сестра, „Господи, да беше Ти тука, мојот брат немаше да умре."

„Кога Исус ја виде како плаче и ги виде и Јудејците кои што дојдоа со неа како исто така плачат, Тој беше длабоко трогнат во духот, па рече,

'Каде го положивте?' Му рекоа, 'Господи, дојди и види.' Исус просолзи. Тогаш Јудејците зборуваа, 'Види колку многу го сакал!' Но некои од нив рекоа, 'Не можеше ли овој човек, кој што им ги отвораше очите на слепите, да го спаси овој човек од смртта?'" (11:33-37)

Кога Марија заплакала, Јудејците кои што ја следеле исто така во сочуство заплакале; се слушало шмркање наоколу. Гледајќи ги оние кои што ја немале верата, Исус исто така ја почувствувал тагата. Гледајќи ја Марија како плаче покрај Неговите нозе, Тој исто така ја почувствувал нејзината тага и затоа засолзил заедно со неа. Оваа сцена ни ја покажува големата Исусова љубов.

Исус дошол на овој свет и ја искусил радоста и болката на животот, заедно со човештвото. Кога луѓето ги пролевале солзите и кога тагувале, Тој исто така можел да ја почувствува нивната тага и болка. Кога ќе ги видел слепите луѓе, можел да го почувствува нивното страдање. Поради тоа Тој го покажувал сочуството кон нив и им ги отварал очите. Тој со љубов посегнувал и ги лекувал лепрозните, кои што биле отфрлени од страна на другите луѓе. Но кај Јудејците кои што го виделе Исуса како плаче, се јавиле различни реакции.

„Види колку многу го сакал!"

„Не можеше ли овој човек, кој што им ги отвораше очите на слепите, да го спаси овој човек од смртта?"

Некои помислиле дека Исус морал навистина многу да

го сака Лазара. Некои од нив се прашувале зошто Тој, кој што можел да им ги отвора очите на слепите, не можел да го спаси Лазара од смртта.

„Кренете Го Каменот"

„А Исус пак, длабоко нажален во Себе, дојде до гробот. Тоа беше пештера и камен навален на неа. Исус кажа, 'Кренете го каменот.' Марта, сестрата на покојниот, му кажа, 'Господи, мириса веќе, бидејќи веќе четири дена е мртов.' Исус и рече, 'Нели ти реков дека ако веруваш ќе ја видиш славата Божја?'" (11:38-40)

Исус знаел што се случува со срцето на секој човек. Сожалувајќи се кон нив, Тој отишол до гробот. Голем број на луѓе веќе биле собрани кај гробот на Лазара за да ги тешат Марта и Марија. Тогаш во Израел се користеле пештерите наместо гробови. Телото на покојниот се ставало во пештерата, а отворот се затворал со голем камен. За да може да го донесат умрениот Лазар, Исус заповедал. „Кренете го каменот."

Марта, која што не можела да ги свати Исусовите зборови, во шок му одговорила, „Господи, мириса веќе, бидејќи веќе чертири дена е мртов." Исус ѝ одговорил, „Нели ти реков дека ако веруваш ќе ја видиш славата Божја?"

::Лазаровата камена гробница, лоцирана во базата на Црквата на Свети Лазар

На влезот од нејзиното село Марта ја кажала својата исповест на верата, кога го поздравила Исуса, но реалноста на околностите не се променила. Бидејќи Бог делувал во строго придржување кон духовниот закон, дури и Исус, Синот Божји, не можел било кого да благослови. Личноста која што го примала благословот морала да ги исполнува потребните побарувања, за да би можела да го прими благословот. Тоа е причината поради која што морале да го отстранат каменот; за да низ физичко делување ја покажат својата вера.

Поради тоа што мртвиот Лазар не можел да ја покаже

својата вера, Исус дозволил да членовите на неговото семејство ја покажат нивната вера наместо него—низ нивните дела на послушност и покорност. Без разлика колку многу авторитет и сила имал Исус, па дури и да Лазар бил избран за да се покаже славата на Бога, ако сето тоа не било по Божја волја, ништо од тоа немало да се случи.

Затоа, за да му веруваат и да се потпираат врз Исуса, Тој им кажал на членовите на Лазаровата фамилија, 'ако веруваш ќе ја видиш славата Божја.' Тие ги исполниле сите предуслови кои што биле потребни за да ја искусат Божјата сила.

„Лазаре, Излези Надвор"

„Тогаш го дигнаа каменот. Потоа Исус ги подигна Неговите очи и рече, 'Оче, Ти благодарам што Ме слушна. Знаев дека Ти секогаш Ме слушаш; но го реков тоа заради народот што стои околу Мене, за да можат да поверуваат дека Ти си Ме пратил.' Кога ги изрече овие нешта, Тој извика со силен глас, 'Лазаре, излези надвор.' Човекот кој што беше умрен излезе надвор, завиткан со платно по рацете и нозете, а лицето обвиткано со крпа. Исус им рече, 'Одвиткајте го и оставете го да оди.'" (11:41-44)

Штом членовите на Лазаровата фамилија го отраниле каменот од влезот во пештерата, очите на сите присутни биле фокусирани на Исуса. „Што ли ќе направи сега?"

Сите се прашувале и го задржувале здивот во исчекување. Исус во тој момент ги подигнал Своите очи кон небото и ја направил следната исповед: „Оче, Ти благодарам што Ме слушна. Знаев дека Ти секогаш Ме слушаш; но го реков тоа заради народот што стои околу Мене, за да можат да поверуваат дека Ти си Ме пратил." Причината поради која Исус ја направил оваа исповед во тој момент кога сите со возбуденост гледале во Него, била во тоа да што е можно повеќе луѓе се здобијат со верата и да ги поведе кон спасението.

Набргу потоа Исус извикал со силен глас, „Лазаре, излези надвор!" Луѓето не можеле да поверуваат дека Исус му кажува на мртвиот човек да излезе надвор. Но тогаш се случило нешто неверојатно. Лазар, кој што бил мртов, излегол надвор! Неговите раце и нозе му биле завиткани со посмртни завои, а неговото лице прекриено со крпа, кога излегол надвор од гробот. Луѓето кои што биле таму собрани биле толку шокирани да не знаеле што да кажат. Стоејќи таму во изненадување го чуле Исуса како повторно зборува: „Одвиткајте го и оставете го да оди."

Како е возможно, една мртва личност која што веќе почнала да гние, повторно да се врати во живот само поради тоа што Исус го повикал? Тоа било можно затоа што Бог стопостотно го гарантирал секој Исусов збор. Бог Создателот, Господарот на целиот универзум и авторот на животот и на смртта бил со Него, па затоа без разлика каква и да кажел заповед Исус, сето што е во созданието морало да му се покори.

Заговорот Да Се Убие Исус

Кога Лазар се вратил во живот, колку ли морале да бидат среќни Марија и Марта! Тие најверојатно цел живот не можеле да ја заборават оваа милост! Но тоа не бил значаен настан само за Лазар и за неговата фамилија. Голем број од Јудејците кои што всушност биле сведоци на овој настан, поверувале дека Исус е нивниот Месија.

Сепак првосвештениците, Фарисеите и сите други Јудејци кои што биле на власт, сеуште не покажувале интерес за добрите дела кои што ги извршувал Исус. Тие на секој начин се обидувале да најдат некоја Негова грешка и правеле заговор против Него да го убијат.

Луѓето Кои Што Го Свикале Советот

„Тогаш многу од Јудејците кои што беа дошле со Марија и видоа што направи, поверуваа во Него. Но некои од нив отидоа кај Фарисеите и им кажаа за нештата кои што Исус ги направи. Тогаш првосвештениците и Фарисеите свикаа совет и рекоа, 'Што да правиме? Овој човек прави многу чудеса. Ако го оставиме да продолжи така, сите луѓе ќе поверуваат во Него, па ќе дојдат Римјаните и ќе ни ги одземат и земјата и народот.'" (11:45-48)

Голем број од Јудејците кои што биле сведоци на настанот на воскресението на Лазара поверувале во Исуса. Иако било тешко да не се поверува по посведочувањето на еден така неоспорен доказ од Бога, сепак имало некои кои што веднаш отрчале кај Фарисеите за да ги известат што се случило. Истиот момент кога ги чуле вестите првосвештениците и Фарисеите веднаш свикале совет за да продискутираат за овој настан.

„Овој човек прави многу чудеса. Ако го оставиме да продолжи така, сите луѓе ќе поверуваат во Него, па ќе дојдат Римјаните и ќе ни ги одземат и земјата и народот."

Тие знаеле дека голем број на луѓе поверувале во Исуса и почнале да го следат поради тоа што Тој изведувал многу чудеса. Згора на тоа, Тој дури успеал да воскресне мртов човек кој што бил четири дена во гробот! Било многу јасно дека сé поголем број на луѓе би поверувале во Него и би почнале да го следат. Голем број на луѓе поверувале дека

Исус бил долго пророкуваниот Месија и дека Тој е Оној кој што ќе ги спаси од Римското угнетување, гарантирајќи им безбедност и просперитет. Тие гледале на Исуса како на нивниот Спасител и политички лидер или крал.

Тие се плашеле дека ако кралот навистина се појавил—како што луѓето очекувале—и голем број на луѓе почнат да го следат, тогаш Римската власт најверојатно би ја зајакнала военета сила и угнетувањето над Израел. Во тој случај статусот на провосвештениците и на Фарисеите, чија сила и авторитет биле заштитени од страна на Римската власт, би станал несигурен. Па штом провосвештениците и Фарисеите почувствувале дека нивната слобода и авторитет се во опасност, тие помислиле дека Исус е причината за сите нивни проблеми.

Низ многу околности тие сватиле дека Исус е една извонредна личност. Поради тоа тие изнајмиле луѓе постојано да го следат и да ги известуваат за секое нешто што Тој ќе го направи. Во неможност да поверуваат дека Тој би можел да биде Синот Божји, тие единствено помислиле дека Тој е само некој кој што претставува опасност за нивниот авторитет и сила. Па така без разлика колку многу добри дела да извршел Исус, тие не биле заинтересирани да чујат за нив. Употребувајќи ги законите и традицијата на старите, тие единствено се обидувале да изнајдат некоја грешка во Неговото однесување и ковале завера некако да го убијат.

Првосвештеникот Ја Пророкува Исусовата Смрт

„А еден пак од нив, Кајафа, кој таа година беше првосвештеник, им рече, 'Вие ништо не знаете, ниту помислувате дека за нас е подобро да умре еден човек за народот, отколку сиот народ да пропадне.' А ова не го рече тој сам за себе, туку бидејќи беше првосвештеник таа година, тој прорече дека Исус ќе умре за народот, и не само за народот, туку и за да ги собере растурените чеда Божји по светот." (11:49-52)

По Лазаровото воскресение, Јудејците кои што се собрале да дискутираат за Исусовиот случај и да направат некој план, биле полни со разни мислења но не и со вистинско решение. Во тоа време, Кајафа првосвештеникот им кажал: „Вие ништо не знаете, ниту помислувате дека за нас е подобро да умре еден човек за народот, отколку сиот народ да пропадне."

Овие зборови во себе ги содржат укажувањата дека низ праведниот акт на безгрешниот Исус кој што умрел на крстот, голем број на луѓе ќе бидат поведени кон добивањето на живот. Па така преку сето тоа, ние можеме да видиме дека Исусовата смрт ќе се случи, не поради тоа што Тој бил грешник, или поради тоа што навел голем број на луѓе да застранат од патот, туку единствено поради Божјото божествено провидение.

Римјаните 5:18-19 ни кажува, „*И така, како што преку престапувањето на еден човек дојде осудата за сите* луѓе, исто така и преку правдата на Единствениот дојде оправданието за животот на сите луѓе. Бидејќи како што преку непослушноста на еден човек мнозина станаа грешни, така исто и преку послушноста на еден, мнозина ќе станат праведни." Исто е наведено и во Галатјаните 3:28, "Нема веќе ни Јудејци, ни Елини, ниту роб, ни слободен, нема машки пол, ниту женски; зошто сите сте едно во Христа Исуса," Исусовата смрт била наменета за сите луѓе, во согласност со Божјото провидение.

Сепак Кајафа не го знаел вистинското значење зад овие зборови. Па тогаш зошто Бог дозволил да еден таков првосвештеник, кој што бил водачот на така јаката опозиција против Исуса, да го изрече таквото пророштво? Тоа било така бидејќи зборовите на првосвештеникот имале толку големо влијание во тие денови. Луѓето обично ги слушале зборовите што тој ќе ги изрече и ги задржувале во своите срца.

Ако првосвештеникот зборувал според својата сопствена волја, тогаш тој најверојатно би кажал, "Ајде бргу да го фатиме тој Исус, да се ослободиме од Него и да ја спасиме нашата нација!" Но дури и во тие моменти, Бог ги контролирал неговите усни. Првосвештеникот зборувал со намера да им каже на луѓето дека мораат да го фатат Исуса и да го убијат, но сите нешта се случиле во согласност со Божјиот метод и провидение. Слично на тоа, ние можеме да помислиме дека планираме и зборуваме многу нешта според нашата сопствена волја, но сите нешта се случуваат во согласност со Божјиот метод и провидение, кој што ја надминува човечката мудрост.

Штом првосвештеникот кажал дека смртта на еден човек, на Исуса, би била во корист на целата нација, веднаш започнала да се одвива заверата да се убие Исус, со целата нејзина сила. Овие луѓе немале намера да го убијат Исуса, уште од самиот почеток. Во почетокот тие само почувствувале бодеж во срцата, бидејќи Исус им укажал на злото коешто го имаат во срцата. Проблемот почнал да се создава подоцна. Наместо да ги сватат нештата коишто Тој им ги зборувал и да се покајат, веднаш по првиот прекор; тие продолжиле уште повеќе да си ги натрупуваат своите гревови. Тие негирале дека знаците и чудесата кои што Исус ги изведувал биле дела од Бога, туку наместо тоа одлучиле да го обвинат Исуса дека е опседнат од страна на демоните, па затоа и зборувале и делувале против Светиот Дух.

Како што е запишано во Јаков 1:15, „*Потоа кога похотата ќе биде зачната, таа го раѓа гревот; а кога гревот ќе биде извршен, ќе ја донесе смртта,*" бидејќи не си ги отфрлиле своите зли мисли, зли зборови и дела, коишто непрестано излегувале од нив; на крајот, тие завршиле со одењето по патот кон вечната смрт, паѓајќи во неможноста да го примат спасението.

Луѓето Кои Што Настојувале Да Го Фатат Исуса

„Од тој ден, тие заедно планираа да Го убијат. Поради тоа Исус веќе не одеше јавно меѓу Јудејците, туку отиде во еден крај, во близина на дивината, во градот наречен Ефрем; и таму остана со учениците Свои. Бидејќи се наближуваше Празникот Пасха, голем број од луѓето отидоа во Ерусалим, за да се очистат. Тогаш го бараа Исуса и си кажуваа еден на друг, стоејќи во храмот, 'Што мислите; нема ли да дојде на празникот?' А првосвештениците и Фарисеите веќе беа издале заповед да ако некој узнае каде Тој се наоѓа, да јави, па да можат да го фатат." (11:53-57)

Исус знаел дека заверата да го убијат веќе била сериозно започната. Во регионот на Јудеја, веќе имало издаден декрет од страна на првосвештениците и на Фарисеите, кој што гласел вака, 'Ако било кој знае каде се наоѓа Исус, да јави, за да Тој може да биде фатен.' Поради оваа причина Исус отишол во Ефрем, кој што се наоѓа на околу 20-тина километри северно од Ерусалим. Па останал таму заедно со Своите ученици, сè до празникот Пасха. Бидејќи Пасха претставува еден многу голем празник, сите луѓе од Израел отишле во Ерусалим, за да го прослават. Но сепак, ако некој дошол во контакт со нечисто животно или објект, или ако извршил некое нечисто дело, не можел да присуствува во празнувањето на Пасхата.

Па така за време на празникот Пасха, Ерусалим бил преполн со луѓе. Луѓето се собирале и разговарале во храмот во Ерусалим. Во најповеќето случаи, темата на нивниот разговор бил Исус. Згора на тоа, некои од луѓето се пробивале низ толпата и го барале Исуса, па разговорите за Исуса цветале низ целото место. „Што мислите?" „Нема ли да дојде на празникот?"

Во дадените околности, на луѓето им било лесно да помислат дека Исус нема да дојде во Ерусалим, поради тоа што веројатно би стравувал да не биде фатен. Но тоа сепак биле само обични човечки размислувања. Исус не размислувал на тој начин. Еден човек кој што навистина го сака Бога, би ставил сѐ во Неговите раце и во целост би му се доверил Нему.

Матеј 10:28 кажува, „*Не плашете се од оние кои што го убиваат телото, но не можат да ја убијат душата; туку плашете се од Него, кој што може да ги уништи и душата и телото во пеколот.*"

Глава 12

Победничкото Влегување Во Ерусалим

1. Марија Се Подготвува За Исусовиот Погреб
   (12:1-11)

2. Влегувањето Во Ерусалим
   (12:12-36)

3. Учењето На Месијата
   (12:37-50)

Марија Се Подготвува За Исусовиот Погреб

Наближувајќи се на само неколку дена од Пасхата, тоа исто така претставувало и последната недела на Исусовото три годишно јавно свештенствување. Знаејќи за заговорот да се убие Исус и знаејќи ги волјата и провидението на Богот Отецот за спасението кое што ќе се донесе преку Неговата смрт на крстот, овој период бил многу поинаков од сите други во Неговиот живот. Кога дошло времето на Пасхата, спротивно на сите очекувања од страна на луѓето, Исус отишол пак во Витанија каде што живеело семејството на Лазара. Иако Тој знаел за опасноста која што го демнела таму, Тој се појавил пред Јудејците за да може да ја исполни Божјата волја. Иако во воздухот се чувствувала толку голема тензија, сепак имало некои личности кои што припремиле гозба за Исуса.

Марија Од Витанија Истура Миро На Исусовите Стапала

„Поради тоа, шест дена пред Пасхата, дојде Исус во Витанија, каде што беше Лазар кого што Исус го воскресна од мртвите. Таму му подготвија вечера на која што Марта послужуваше; а Лазар беше еден од оние кои што седеа заедно со него на трпезата. А Марија откако зеде литар чисто скапоцено миро од нард, ги помаза нозете Исусови и ги избриша со косата своја; па куќата се исполни со мирисот на мирото." (12:1-3)

Кога слушнале за новостите дека Исус доаѓа во Витанија, Лазаровата фамилија подготвила голема гозба за Него. Марта била многу зафатена со подготовките на храната за гостите. Атмосферата била многу празнична; а луѓето сеуште се опоравувале од возбудувањето кое што го доживеале, гледајќи го Лазара како воскреснува од мртвите. Исус, кој што бил почесниот гостин на вечерта, седнал да вечера заедно со Неговите ученици и со Лазара.

Токму во тој момент Марија, која што во рацете држела сад со многу скапоцено миро, му пристапила на Исуса. Потоа таа го истурила мирото врз Неговите нозе. Во тој момент куќата се исполнила со мирисот на мирото, на чистиот нард, Марија била во многу свечено расположение, за ралика од луѓето кои што со изненадување ја гледале што прави. По истурањето на мирото, таа се поклонила и со својата коса му ги избришала стапалата на Исуса.

Порано, во тие денови, било навистина незамисливо да некоја жена му ги избрише нозете некому со својата коса. Како дополнување на сето тоа, таквиот чин би значел дека таа е претставник на најниската класа во општеството. Но тој чин за Марија не бил значаен поради погледите на луѓето околу неа, ниту пак поради скапоценото миро. Таа со тој чин сакала да покаже дека на некој начин сака да му ја искаже својата вистинска љубов, која што во себе ја чувствувала, поради тоа што и го воскреснал брат ѝ. Кога би погледнале во духовното значење и симболизмот кој што се содржи во садот и во мирото, многу полесно би можеле да го сватиме тоа што го направила Марија.

'Садот' во тие денови бил еден контејнер за некои многу скапоцени нешта или за богатство. Тој немал затворач или капак. Ако некој би сакал да го истури мирото, тогаш тој би морал да го искрши садот. 'Садот' го симболизира телото. Па така кога Марија го искршила садот, со тоа покажала дека била спремна да си го жртвува телото за да му служи на Господа. Гледајќи го овој настан, ние можеме да заклучиме дека само кога ќе ги оставиме настрана нашиот статус и позиција во општеството, сите грижи за тоа што луѓето би можеле да кажат за нас и ако во целост се предадеме себеси, само тогаш ќе можеме навистина да му служиме на Господа.

'Нардот' претставува специјален вид на растение кое што расте на Хималаите. Тоа не само дека е многу ретко; туку и самиот процес на претворањето во миро е навистина тежок. Половина килограм чист нард чинел околу три стотини денарии. Еден денариј била просечната дневна плата. Па така три стотини денарии претставувала навистина голема сума на пари, еквивалентна на едногодишната плата—плус тоа значело дека работникот не можел ништо од тоа да потроши за тоа време.

Тоа ни ја покажува вредноста на мирото кое што Марија го истурила врз Исусовите нозе. Таа предавала сè што поседува и сè што таа била, на својот Господ. Тоа што Марија го направила било навистина прекрасно. Поради тоа дури и во денешно време кога читаме за тоа што Марија го направила, можеме да го почувствуваме истиот тој прекрасен мирис, кој што не допира во срцата.

Јуда Искариот Ја Критикува Марија

„Еден од учениците Негови, Јуда Искариот, кој што планираше да го предаде, рече, 'Зошто да ова миро не се продадеше за триста денарии и да не се дадеше на сиромасите?' Тој го кажа тоа не затоа што се грижеше за сиромасите, туку затоа што беше крадец. Тој го чуваше ковчежето со пари и крадеше од она што пуштаа во него. Затоа Исус рече, 'Оставете ја, таа го запазила тоа за денот на Мојот погреб. Бидејќи сиромасите секогаш ги имате покрај вас, а Мене Ме немате секогаш.'" (12:4-8)

Кога луѓето ја виделе оваа сцена, почнале да зборуваат помеѓу себе. Некои од нив биле изненадени од нејзиното делување, па зборувале помеѓу себе прашувајќи се, „Зошто ли го прави тоа?" Во тој миг, Јуда Искариот со негодување погледнал кон Марија и ја искритикувал. Тој ја прекорил поради тоа што го потрошила толку скапоценото миро наместо да го искористи за помош на сиромасите. Во прв момент изгледало дека тоа што тој го кажува било право. Но срцето на Јуда Искариот не било такво кога сето тоа го изрекол.

Како еден од Исусовите ученици, тој се грижел за финансиите. Многу често тој си земал за себе од парите кои што требало да ги чува. Па затоа ако Марија го продадела мирото и му ги дала на Исуса тие пари, тогаш Јуда би можел да си земе за себе еден добар дел од тоа. Колку што повеќе мислел на мирото кое што било истурено на Исусовите нозе, толку повеќе копнеел за парите кои што би можел да ги има. Исус одговорил на критиките од страна на Јуда, „Оставете ја, таа го запазила тоа за денот на Мојот погреб. Бидејќи сиромасите секогаш ги имате покрај вас, а Мене Ме немате секогаш."

Во Марко 14:8, можеме да видиме што кажал Исус за тоа што Марија го направила, *„Таа го направи тоа што можеше; го помаза Моето тело пред Мојот погреб."* Па како што и кажал тогаш, неколку дена потоа Тој умрел на крстот. Се разбира дека Марија не го истурила мирото знаејќи што ќе се случи—таа го сакала и го живеела животот за Него, туку само била понесена да ја изрази својата љубов кон Него.

Па така како резултат на тоа, Марија ја имала важната

улога на припремата на Исусовиот погреб уште пред Неговата смрт. Па поради оваа причина Исус им го кажал следното за Марија, *„Вистина ви велам, каде и да се проповеда евангелието во светот, ќе се зборува за тоа што оваа жена го има направено, во спомен на неа"* (Марко 14:9). Сето тоа направило Марија да стане многу благословена жена.

Јуда Искариот од друга страна пак, бил навистина исфрустриран поради пролевањето на мирото. Кога Исус застанал во одбрана на Марија, тој дури уште повеќе се налутил. Тој помилил дека неговите зборови не биле испочитувани. Помислил дека дошло времето да го напушти Исуса. Додека бил со Исуса видел голем број на знаци и чудеса, коишто не можат да бидат направени од страна на некој човек. Зошто тогаш тој завршува така што го става Исуса во жалост да мора да каже дека би било подобро да Јуда воопшто се немал родено (Матеј 26:24)?

Гледајќи надворешно, Јуда Искариот изгледал како да го следи Исуса и да му помага. Но длабоко во неговото срце тој бил алчен и себичен. Како чувар на ковчежето, тој забележал дека сумата на понуди кои што доаѓале од страна на луѓето кои што ја примиле Божјата милост низ Исуса била навистина голема. Дури и кога си земал за себе од сумата, никој не го забележувал тоа. Воден од страна на својата сопствена алчност, тој продолжил со крадењето на парите од ковчежето и не се изменил. Тој знаел дека ќе биде почитуван бидејќи е еден од учениците на Исуса и дека ако Исус стане некој силен водач, тогаш и тој самиот ќе уживал во еден дел од таа сила исто така.

Но околностите се промениле спротивно од неговите очекувања. Исус станал човек кој што првосвештениците и Фарисеите го мразеле и осудувале. Никој не знаел кога Тој би можел да биде фатен. Како дополнување на сето тоа, Исус ги бранел Мариините постапки, провоцирајќи ја Јудината понатамошна огорченост. Емоциите на разочараност и на фрустрираност сé повеќе и повеќе растеле кај Јуда. Во тој момент тој одлучил да им го предаде Исуса на првосвештениците и од тој момент па натаму, тој гледал да најде поволна прилика за да го предаде (Матеј 26:14-16).

Првосвештениците Исто Така Планирале Да Го Убијат И Лазара

„Мнозина од Јудејците тогаш разбраа дека Исус е таму; па дојдоа не само поради Исуса, туку и за да го видат Лазара, кого Тој го беше воскреснал од мртвите. А првосвештениците планираа да го убијат и Лазара исто така; зошто голем број од Јудејците поради него се одделуваа и поверуваа во Исуса." (12:9-11)

На нивниот пат кон Ерусалим, за да се припремат за Пасхата, голем број на луѓе почнале да се собираат во близина на Витанија поради тоа што беа начуле дека Исус бил таму. Тие со свои очи сакале да го видат Исуса, кој што воскреснал човек кој што бил веќе четири дена во гробот.

Воскреснувањето на човек кој што бил во гробот веќе четири дена, било непобитен доказ којшто им помогнал на луѓето уште повеќе да веруваат во Исуса. Ако Бог не бил со Исуса, тогаш ваквите докази не би се случувале. Но дури и по гледањето на ваквиот вид на доказ, првосвештениците одбиле да поверуваат во Него. Па поради фактот што голем број на Јудејци поверувале и почнале да го следат Исуса поради настанот со Лазара, тие исто така планирале да го убијат и Лазара. Како луѓе кои што имале очи но не можеле да видат, кои што имале уши а не можеле да чујат; поради тоа што нивните срца биле грешни, тие иако ја виделе Божјата сила, не ја дознале, ниту разбрале вистината.

Влегувањето Во Ерусалим

За да би можел да отиде во Ерусалим, Исус кој што бил заедно со Неговите ученици во Витанија, морал да ја помине Витага која што била лоцирана во подножјето на југоисточниот крај на Елеонската Гора. Како што се наближувал празникот Пасха, Тој одел кон Ерусалим за да ја исполни Својата мисија на крстот. Бидејќи влегувањето во Ерусалим, во Евангелието по Јована е многу кратко опишано, ќе го употребиме и напишаното во Матеј, глава 21 и во Марко, глава 11.

Луѓето Викаа „Осана!" Пречекувајќи Го Исуса

„Следниот ден, големата толпа народ која што

беше дојдена за празникот, кога слушнаа дека Исус доаѓа во Ерусалим, зедоа палмови гранчиња и излегоа да го пречекаат извикувајќи, 'Осана! Благословен е Оној кој што доаѓа во името Господово, Кралот Израелски'. Исус, наоѓајќи едно осле, седна на него; како што и беше запишано..." (12:12-14)

Токму пред влегувањето во Ерусалим, Исус им кажал на двајца од Неговите ученици да отидат во селото отспротива и да му донесат едно осле од таму (Марко глава 11). Знаејќи дека учениците ќе се прашуваат, „Зошто така наеднаш посака да му доведеме осле?" Исус им кажал: *„И ако некој ве запраша, 'Зошто го правите тоа?' кажете, 'Потребно му е на Господа'; и тој веднаш ќе го прати тука"* (Марко 11:3).

Знаејќи дека Исус никогаш не кажува ништо без причина, Неговите ученици веднаш отишле до селото отспротива. Никој не знаел колку долго ослето било таму, но таму имало една куќа за која што било заврзано тоа. Кога учениците го одврзале ослето, луѓето кои што стоеле во близина ги запрашале, „Зошто го одврзувате ослето?"

Кога учениците им ги кажале зборовите што Господ им ги рекол да ги кажат, тие им дале дозвола да го земат. Штом се вратиле со ослето, учениците ги соблекле своите палта и ги поставиле на него (Матеј глава 21; Марко глава 11). Исус јавал на ослето сѐ до врвот на Елеонската Гора. Од таму можел да се види целиот Ерусалим. Застанувајќи за момент, Исус погледнал кон Храмот во Ерусалим и почувствувал тага. Тој знаел дека еден ден Храмот во Ерусалим ќе биде уништен. Тој не можел а да не тагува поради тоа.

„Зошто ќе дојдат денови кога непријателите ќе те опкружат и ќе направат окопи околу тебе, притискајќи те од сите страни. Ќе те разрушат и ќе ги убијат чедата твои во тебе, не оставајќи ниту камен на камен, бидејќи не го позна времето кога беше посетен" (Лука 19:43-44). Самиот Исус требало да биде закован на крстот во согласност со Божјото провидение, но помислувајќи на маките и на страдањата низ кои што требало да поминат луѓето од Израелот по Неговото распетие, Тој почувствувал голема тага поради тоа и не можел да направи дури ниту еден чекор напред.

Како што се наближувал празникот Пасха, така и бројот на луѓе во Ерусалим се зголемувал. Кога се прошириле вестите за доаѓањето на Исуса, луѓето почнале да се собираат по улиците. Секој од присутните носел гранка од палмино дрво—некои од нив трчајќи, а некои следејќи ги другите—луѓето воодушевено и во ентузијазам поздравувале. Некои од нив ги насложиле гранчињата по патот во чест на Исуса. „Осана! Благословен е Оној кој што доаѓа во името Господово, Кралот Израелски."

Палминото дрво е симбол на победата, а 'осана' значи „Спаси не! Те молиме!" Луѓето поверувале дека Исус бил нивниот Месија, Кралот кој што би требало да ги избави од угнетувањето од страна на Римјаните и да им ги донесе слободата и мирот. Но Исус не бил чисто само политичка фигура или пак крал кој што дошол да го ослободи Израелот.

Исус бил Спасителот на светот, кој што требало да умре на крстот за откупот на гревовите на човештвото и потоа да воскресне уништувајќи ја силата на смртта. Како светиот и кралски Син Божји, Тој потоа ќе отишол да седне од десната страна на Богот Отецот. Па зошто тогаш една таква значајна личност би влегла во Ерусалим јавајќи на младо магаре?

Исполнувањето На Захариевото Пророштво

„'Не плаши се ќерко Сионова; еве, Кралот твој иде, седејќи на осле'. Овие нешта учениците Негови отпрвин не ги разбраа; но откако се прослави Исус, тие се присетија дека тие нешта беа запишани за Него и дека тоа Му го направија." (12:15-16)

Исус бил Кралот над кралевите, Спасителот на светот, Господарот на сето создание, но тој влегол во Ерусалим јавајќи на едно бедно, младо магаре. Сето тоа било направено на тој начин, за да може да се исполни пророштвото на Захарија:

„Ликувај од радост, О ќерко Сионова!
Извикувај во триумф, О ќерко ерусалимска!
Ете, кралот твој доаѓа кај тебе;
Тој е праведен и обдарен со спасение,
Кроток и седнат на магаре,
на осле, рожба на ослицата"

(Захарија 9:9).

Младото магаре кое што било родено неодамна, кое што никој пред тоа го немал јавано, ја симболизира чистотата. Исус, Синот Божји кој што дошол на овој свет и станал првото овоштие на воскресението, бил света и чиста личност. Поради тоа дури и она на што јавал требало да биде чисто и недопрено.

Ослето исто така ја симболизира и понизноста. Исус бил навистина вреден да ја прими највисоката награда и чест која што би можела да му се укаже на некого на овој свет, но исто како и магарето кое што го носи тешкиот товар на луѓето, исто така и Исус морал да го понесе товарот на гревот на човештвото и да умре на крстот. Поради таа причина Тој понизно го исполнил Божјото Слово кое што било проречено во Стариот Завет.

'Сион' го означува Ерусалим, кој што Давид го назначил за главен град. Тој исто така го означува и целиот Израел, или местото каде што пребива Бог. Одејќи по истата линија, 'ќерката Сионова' ги означува луѓето кои што верувале во Бога, или Божјите чеда. 'Твојот крал' го означува Исуса, Синот Божји.

'Не плаши се ќерко Сионова' ни кажува дека не би требало да се плашиме, затоа што Исус ќе влезе во Ерусалим јавајќи на осле, за да го исполни Божјиот план за спасението. Всушност човештвото би требало да се тресе од страв, поради тоа што од моментот кога низ гревот станало субјект на силата на непријателот ѓаволот и на Сатаната, тоа не можело да биде спасено од вечната смрт—од Пеколот.

Но кога Исус го понел крстот, патот кон спасението бил отворен; така што секој кој што верувал и дошол пред Бога, немал повеќе потреба да се плаши.

Во тоа време, учениците не знаеле зошто Исус јавал на ослето и зошто луѓето ги треселе палмините гранчиња и извикувале „Осана!" искажувајќи му добредојде на Исуса. Дури по Исусовото воскресение тие сватиле зошто сите овие нешта се имале случено и дека пророштвото од Захарија било навистина за Исуса.

Фарисеите Се Вознемириле Поради Добродошлицата Искажана Од Страна На Луѓето

„Луѓето кои што беа со Него кога го беше повикал Лазара да излезе од гробот и го беше воскреснал од мртвите, продолжиле да сведочат за Него. Поради оваа причина тие излегоа да го пречекаат, бидејќи имаа чуено дека го извел ова чудо. А Фарисеите си велеа помеѓу себе, 'Гледате ли дека ништо не помага; ете, светот тргна по Него.'" (12:17-19)

Кога Исус го подигнал Лазара од мртвите, голем број од Јудејците биле присутни на тоа место со Него. Тие луѓе им беа кажале на другите што точно имале видено со свои очи. Новостите за овој настан многу бргу се прошириле и направиле така големо влијание врз луѓето, што немало ниту еден човек да не дознал за тоа. Секој кој што ги имал чуено новостите—во врска со тоа како некој човек бил воскреснат откако четири дена веќе бил во гробот—посакал да го види Исуса. Па така кога луѓето дознале дека тој Исус требало да дојде во Ерусалим, што тогаш мислите дека се случило? Луѓето истрчале на улиците и поздравите почнале да воскликнуваат и да го исполнуваат воздухот.

Но имало и некои кои што на оваа сцена гледале со вознемиреност и со изнервирано зјапање. Тоа биле првосвештениците и Фарисеите. Тие се загрижиле дека нивната сила и авторитет можеле да им бидат одземени и дека нивните планови да го убијат Исуса можеле да бидат многу потешки отколку што си мислеле. Тие помеѓу себе си кажувале, „Гледате ли дека ништо не помага; ете, светот тргна по Него."

Постоеле докази дека Бог е со Исуса и голем број на луѓе почнале да го следат. Тоа би требало да биде доволно за да Фарисеите сватат дека нивното размислување било погрешно и да се одвратат од нивниот пат, но поради некоја причина иако имале очи да гледаат и уши да слушнат, тие делувале и говореле како да се слепи и глуви. Сето тоа било така бидејќи тие во своите срца ја немале вистината. Тажното нешто во ова бил фактот дека тие не биле Незнабожци, кои што не ја знаеле вистината—туку тие биле водачи и учители кои што тврделе дека го обожуваат Бога со многу поревносен жар од било кој друг. Тоа биле водачите кои што би требало да ги поведат луѓето кон спасението; но наместо тоа тие биле токму оние кои што не го препознале Исуса и кои што оделе во спротивна насока од спасението, кон осудата.

Грците Кои Што Сакале Да Го Видат Исуса

„Меѓу дојдените за празникот на поклонение имаше и некои Грци; тие пристапија до Филипа, кој што беше од Витсаида Галилејска, и почнаа да го молат велејќи му, 'Господине, сакаме да го видиме Исуса.' Филип дојде и му кажа на Андреја; а Андреј и Филип му кажаа на Исуса. Исус пак им одговори велејќи, 'Дојде часот да се прослави Синот Човечки.'" (12:20-23)

Меѓу оние кои што беа дошле во Ерусалим за да го прослават празникот Пасха, имало и некои Грци. Некои од овие Грци дошле кај Филипа, едниот од Исусовите ученици и му кажале, „Господине, сакаме да го видиме Исуса."

Исус му кажал на Андреја за ова, па заедно отишле и му кажале на Исуса. Кога чул дека Грците сакаат да го видат, Исус им кажал една многу значајна порака, „Дојде часот да се прослави Синот Човечки."

Грците не биле само некои туѓинци. Тие ја означувале „Духовната жед која што доаѓала поради тоа што се наближувал часот" (Амос 8:11-13). Исус поучувал на Божјите зборови во текот на три години. Во текот на тоа време, сите луѓе кои што ги беа чуле Неговите зборови биле благодарни и среќни како што една неплодна земја со радост го прима благотворниот дожд.

Како што наближувал „Часот да Синот Човечки биде прославен", така и луѓето сѐ повеќе станувале духовно жедни—оние луѓе кои што сакале и кои што ја барале вистината. Се разбира дека тие не знаеле дека Исус набргу ќе умира на крстот, но како да го насетувале тоа и посакале да го видат уште еднаш, и уште еднаш да ги чујат Неговите зборови.

Параболата За Едното Зрно Пченица

„Вистина, вистина ви велам, ако зрното пченично не падне на земјата и не умре, останува само; но ако умре, ќе донесе голем род. Оној кој што си го сака животот свој, ќе го загуби, а оној кој што го мрази на овој свет, ќе го запази за живот вечен. Ако некој Мене Ми служи, мора да Ме следи; Па каде што Сум Јас, таму ќе биде и Мојот слуга; кој што Мене Ми служи, ќе биде почитуван од Отецот." (12:24-26)

Зборувајќи за тоа каде требало да оди, Исус им кажал на луѓето една парабола за едното зрно пченица, додека пророкувал за Својата смрт и за воскресението. Ако имате посадено едно зрно пченица, можете да добиете околу 50-100 плода од него. Но ако не го посеете, без разлика колку и да чекате, нема ништо да добиете.

Исус толку понизно му се покорил и предал на Бога, сè до точката на умирањето на крстот. Овој процес на комплетирањето на патот на крстот бил потребен за да ги поведе грешниците од смртта кон животот. Кој бил резултатот? На било кој што го прифаќа Исуса како својот Спасител ќе му бидат простени гревовите и ќе го прими вечниот живот. Како што кажал Исус, „Ако зрното пченично падне на земјата и умре, донесува голем род," кога Исус, едноодениот Син, умрел на крстот, потоа голем број на чедата Божји можеле да се добијат како род.

Исус исто така кажал, „Оној кој што си го сака животот свој, ќе го загуби, а оној кој што го мрази на овој свет, ќе го запази за живот вечен." 'Животот Свој' не се однесува на животот на некоја личност. Тоа исто така го означува она што некој го чува како својот живот. Парите, славата, силата, знаењето и самопочитта, се таквите нешта. Секој кој што ги сака овие нешта како што си го сака животот, неминовно ќе ги загуби. Но ако луѓето ги отфрлат овие телесни нешта од своите срца, тогаш тие ќе можат да се здобијат со нешта кои што се вечни.

По среќавањето со Господа, сите телесни нешта кои што апостолот Павле некогаш ги сакал, потоа ги сметал за глупости (Филипјаните 3:8). Тој тогаш знаел дека учењето на Христа Исуса било единственото богатство на светот. Како резултат на сето тоа тој станал чедо Божјо кое што ја барало вистината и го примило Божјото водство. Како што Исус имал кажано, оној кој што го мрази животот свој, ќе се здобие со живот вечен. Павле бил потоа подигнат до позицијата на славата да сјаен како сонцето биде на Небесата. Па така ако една личност му служи на Исуса, тогаш Бог ја почитува (Јован 12:26).

Исусовата Молитва

"'Душата сега Ми се нажали; и што да кажам, "Оче, избави Ме од овој час"? Но заради тоа и дојдов до овој час. Оче, прослави го името Свое.' Тогаш дојде глас од небесата: 'И го прославив и пак ќе го прославам.' А народот кој што стоеше таму го слушна тоа и зборуваше дека загрмело; други пак велеа, 'Ангел Му прозбори.' Исус одговори и рече, 'Овој глас не беше заради Мене, туку заради вас.'" (12:27-30)

Малку потоа, безгрешниот и безвиновен Исус, светиот, требало да ги понесе сите гревови на човештвото и да ја прими казната која што ја примале криминалците. Па Исус ја искажал следната исповест кон Бога: "Душата сега Ми се Нажали; и што да кажам, 'Оче, избави Ме од овој час'?"

Гледајќи ја оваа исповест можеме да ја видиме Исусовата човечка природа. Но кога кажал "Избави Ме од овој час," Тој не кажувал дека не сака да го земе крстот—туку само укажувал колку бил тежок товарот на гревот кој што морал да го понесе.

"Но заради тоа и дојдов до овој час. Оче, прослави го името Свое." Преку овој исказ можеме да ја видиме Исусовата божествена природа. Кога признал дека сака да го прослави Бога преку комплетирањето на Неговата цел поради која и бил дојден на овој свет, тогаш се слушнал глас од небесата: "И го прославив и пак ќе го прославам."

Оваа конверзација ни покажува колку многу Бог го

сакал Исуса. Бог кажал дека веќе бил прославен преку Исуса и дека повторно ќе биде прославен по Исусовата смрт на крстот, и на Неговото воскресение потоа.

Кога еден силен глас дошол од небесата за време на Исусовата молитва, тогаш луѓето помислиле дека се слушнало некакво грмење, или пак дека некој ангел му прозборел Нему. Исус тогаш им кажал дека гласот не дошол заради Него, туку „зарадо вас." Причината поради која одговорот од Бога дошол со силен глас не била заради Исуса, кој што всушност е едно со Бога, туку поради тоа да им се всади верата во срцата на луѓето кои што стоеле во близина.

Исус дошол на овој свет за да ја исполни Божјата волја. Волјата била да се спаси човештвото, да им се даде вистинскиот живот и да им се дозволи на луѓето да си го повратат својот вистински лик, кој што порано бил создаден според ликот на Бога. Имало моменти кога Тој чувствувал глад и жед, но Тој дал сѐ од Себе да ја рашири Божјата волја и евангелие и да им го даде животот на колку што е можно поголем број на луѓе.

Исус Ни Кажува За Неговата Смрт На Крстот

„'Сега паѓа пресудата врз овој свет; сега кнезот на овој свет ќе биде истеран надвор. И кога ќе бидам издигнат од земјата, ќе ги привлечам сите луѓе кон Мене.' А ова го зборуваше за да укаже со каква смрт ќе умре. Народот му одговори, 'Имаме чуено за Законот дека Христос вечно ќе постои; па како тогаш Ти можеш да кажеш, „Синот Човечки мора да биде издигнат"? Кој е Тој Син Човечки?'" (12:31-34)

„Кнезот на овој свет" се однесува на непријателот ѓаволот и на Сатаната, кој што е владетелот на овој свет. На овој свет постојат закони кои што луѓето мораат да ги почитуваат. Ако не ги почитуваат тогаш тие добиваат соодветни казни за тоа. На истиот начин и во духовниот свет, ако некој чини грев, мора да се соочи со казната на вечната смрт (Римјани 6:23). Непријателот ѓаволот и Сатаната го прекриле духовниот закон убивајќи го Исуса, кој што бил безгрешен. На тој начин тие станале прекршувачи на законот. Токму на ова мислел Исус кога кажал, „пресудата е врз овој свет."

Исус не можел да биде врзан со смртта бидејќи бил безгрешен. Поради тоа Бог го ослободил од измачувањето на смртта и го воскреснал повторно во живот. Секој кој што го прима Исуса Христа, поради фактот дека Исус ја имал уништено силата на смртта, не бил веќе субјект на Сатановото угнетување. Како резултат на кршењето на духовниот закон, непријателот ѓаволот и Сатаната биле истерани, па човештвото, кое што некогаш било грешно, било повторно наречено праведно, и можело да владее во животот низ Исуса Христа (Римјани 5:17).

„И кога ќе бидам издигнат од земјата, ќе ги привлечам сите луѓе кон Мене." Исус, кога го кажал ова, зборувал за земањето на сите гревови и за умирањето на крстот. Тој ги повел луѓето од темнината кон светлината; и од смртта кон животот. За да сето тоа биде возможно Исус морал да умре, да воскресне и низ овие настани, голем број на луѓе да поверуваат дека Исус е Христос, и потоа да отидат на Небесата. Исус знаел како ќе умре. Тој многу добро го знаел провидението за крстот, тајната која што била скриена уште пред вековите. Поради тоа Тој однапред им зборувал за смртта на крстот и потоа во целост ја исполнил Својата мисија.

„Имаме чуено за Законот дека Христос вечно ќе постои; па како тогаш Ти можеш да кажеш, 'Синот Човечки мора да биде издигнат'? Кој е Тој Син Човечки?" Луѓето кои што ниту знаеле што ќе се случи, ниту пак го разбирале духовното значење во Исусовите зборови биле збунети од безброј мисли кои што им надоаѓале.

„Законот" го означува Петокнижието, или петте книги на Мојсеја—Битието, Исходот, Левит, Броеви и Повторените Закони. Луѓето кажале дека чуле за Законот дека „Христос вечно ќе постои." Но поточно кажано, оваа информација не може да се најде во Петокнижието. Обично се наоѓа во пророштвата на Стариот Завет.

Во Исаија 9:7 се кажува, *"Нема да има крај на растењето на власта Негова на мирот, врз престолот на Давида и во кралството негово, за да го утврди и зацврсти преку судот и правдата одтогаш па сè довека. Ревноста на ГОСПОДА на домаќините ќе го постигне тоа."* А во Даниил 7:14 е наведено, *"И Нему Му се даде власта, славата и кралството, да сите народи, племиња и јазици можат да Му служат. Владението Негово е владение вечно коешто нема да измине; а кралството Негово е она што нема да се разруши."*

Во тоа време, Законот на кој се навраќале луѓето, бил многу поинаков од својата изворна форма. Фарисеите и Садукеите ги забележувале дури најтривијалните нешта во законите, па дури некое време и ги толкувале Законите или пак ги менувале да им одат во нивна корист. Поради тоа, иако и самите посведочиле на чудесата кои што Исус ги изведувал, тие сепак не можеле да разберат. Тие исто така не можеле да ги сватат ниту пророштвата од Стариот Завет кои што се однесувале на Христа. Тие ја интерпретирале Божјата волја во рамките на ограничените човечки мисли. Сепак со сигурност, како што и било проречено во Стариот Завет, Исус Христос вечно ќе постои и Неговата сила ќе биде непроменета.

Исус Ја Напушта Толпата И Се Крие

„Тогаш Исус им кажа, Уште малку време Светлината ќе биде со вас. Одете додека сеуште има Светлина, за да не ве опфати мракот; а кој што оди по мракот не знае каде оди. Додека ја имате Светлината, верувајте во Светлината, за да можете да станете синови на Светлината. Исус ги изрече овие зборови и потоа отиде и се скри од нив." (12:35-36)

„Светлината" споменатa на ова место го означува Исуса

(Римјани 9:5). Исто како Светлината, Исус им помогнал на луѓето да си го сватат својот вистински идентитет и им дал правец по кој треба да се движат во животот: Сето што го прават—било да јадат или пијат—да го прават во славата на Бога. Доколку една личност остане во Христа, таа повеќе нема да талка и ќе може да добие решение за сите нејзини проблеми во животот.

Но кога Исус им зборувал во врска со умирањето на крстот, дури и луѓето кои што верувале дека Исус бил Месијата, почнале да се колебаат во верата. Па така за да ги задржи во цврста вера и да не ги доведе во искушението да се поколебаат, Исус им кажал дека Неговата смрт на крстот не била нешто што веднаш ќе се случи.

Тој им кажал дека штом веќе има уште некое време, тие би требале вистински да поверуваат во Него и да почнат да чекорат во Светлината. Па дури и кога темнината ќе изгледа посилна, Тој ги предупредил да не бидат обземени од неа. Со тоа Тој мислел дека дури и да умре Тој на крстот, да не мислат дека дошол крајот и да не ја губат надежта.

Гледајќи како верата кај луѓето била поколебана со самото слушање за она што требало да се случи, Исус уште еднаш ги повикал, „Верувајте во Светлината за да можете да станете синови на Светлината." Сето ова значи дека ако тие веруваат во Исуса, тогаш преку нив Бог ќе покаже дека Тој е сеуште жив и ќе направи од секој од нив светлина на светот. По изрекувањето на овие зборови Исус заминал и се скрил. Тој ова го направил многу тивко за да ги избегне оние луѓе кои што не можеле да ги сватат Неговите духовни зборови и кои што биле во двоумење и неверување.

Учењето На Месијата

Токму пред Пасхата, Исус влегол во Ерусалим скромно јавајќи на осле. Голем број на луѓе го пречекале со добредојде и почнале да го следат. Но сето тоа било само за едно одредено кратко време. Некои од луѓето кои што ги чуле Исусовите зборови се поколебале во својата вера и почнале да се двоумат. Но всушност луѓето не можеле да поверуваат дека Тој навистина е Месијата, дури и по гледањето на толку големиот број на знаци коишто ги имал изведено и сето тоа веќе било проречено од страна на пророкот Исаија.

Пророштвото На Пророкот Исаија Во Врска Со Месијата

„Иако Тој имал изведено толку многу чудеса пред нив, тие сепак сеуште не веруваа во Него. Сето тоа беше за да се исполни зборот на Исаија пророкот, кој што гласи: 'Господи, кој има поверувано во она што го има чуено од нас? И кому му се има откриено раката Господова?'" (12:37-38)

Пророкот Исаија служел како пророк од времето на 10-тиот крал, кралот Озија, па сé до 13-тиот крал Језекија. Тој пророкувал за доаѓањето на Месијата под тажните околности, за обновувањето на Израелот и за благословената иднина (Исаија 60:14, 20). Тој во детали прорекол за појавата на Исуса, за доаѓањето на Месијата, за Неговото страдање и за крајниот исход. Тој исто така кажал за тоа како голем број на луѓе нема да го прифатат Исуса и да поверуваат во Него, кој што ќе биде дојден како Месија и дека ќе го одбијат.

„*Кој има поверувано во нашата порака? И кому му се има откриено раката ГОСПОДОВА?*" (Исаија 53:1). Во овој пасус можеме да ги почувствуваме Исаиевото разочарување и тага поради недостатокот на верата кај луѓето. Кога ќе се држиме до евангелието и ќе го прифатиме Исуса како нашиот Спасител, тогаш Бог ни ги проштева нашите гревови и не носи од смртта кон животот, па на тој начин се здобиваме и со спасение. Но зошто тогаш има толку мал број на луѓе кои што се обземени со Божјата сила и кои што се спасени?

Причината Поради Која Луѓето Не Можеле Да Поверуваат Во Исуса Како Во Месија

„Поради оваа причина тие не можеа да поверуваат, бидејќи Исаија уште вели, 'Ги заслепи очите нивни, ги закорави срцата нивни, за да не гледаат со очите и со срцата да не разбираат, та да не се преобратат и да ги излекува.' Овие нешта Исаија ги беше изрекол гледајќи ја славата Негова и зборувајќи за Него." (12:39-41)

Исаија ја знаел причината зошто луѓето нема да можат да поверуваат во Исуса. Причината лежела во тоа што „Тој ги заслепил нивните очи и ги закоравил срцата нивни, за да не гледаат со очите и со срцата да не разбираат." Што ова би можело да значи? Бог не ги прави некои луѓе добри а некои зли. Сите луѓе имаат зло во коренот на своите срца. Кога нема да го отфрлат злото и ќе продолжат да делуваат во согласност со своите срца, тие безусловно на крајот ќе бидат слепи за вистината, која што е светлината.

На пример ако една возгордеана личност не си ја отфрли гордоста и ако продолжи да ги суди и осудува луѓето, тогаш таа само ќе натрупува зло врз зло. Заради таа причина таа ќе стане сѐ погруба и погруба, за да на крајот појде по патот на смртта. Ако погледнеме наоколу ќе можеме да видиме голем број на луѓе кои што се запознаени со фактот дека пушењето и пиењето се лоши за нивното здравје но сепак продолжуваат да пушат и да пијат. Тогаш ние можеме да ги видиме како патат од секакви болести или како стануваат алкохоличари и водат мизерни животи. Сето тоа се должи на фактот дека се препуштаат на нешто иако знаат дека тоа е лошо.

Слично на тоа луѓето кои што го одбиваат Исуса не можат да го прифатат поради злото кое што го имаат во срцата, а не поради тоа што Бог на некој начин ги имал направено да бидат такви. Тогаш зошто Писмото звучи како да Бог им ги затворил очите и им ги закоравил срцата? Тоа се должи на фактот дека Бог нема ништо со луѓето кои што намерно го напуштаат Неговиот Закон и кои што веќе станале робови на непријателот ѓаволот и на Сатаната и кои што продолжуваат да делуваат во злото. Бог ги напушта ваквите луѓе и ги препушта сами на себе. Поради тоа, без Божјата интервенција нивните очи ќе им бидат затворени а нивните срца закоравени, сето тоа поради тоа што самите одат по тој пат.

Сепак кога Неговите чеда ќе згешат, Бог не ги остава самите на себе. Тој ги води кон тоа да тие се одвратат од нивните зли патишта. Ако еден верник со вера на пример, не го одржува во светост денот посветен на Господа или пак не ги дава десетоците, или прави нешто што не му е угодно на Бога, тогаш Бог ќе дозволи да му се случат искушенија и испитувања, сето тоа во согласност со гревовите кои што ги има направено. Со повлекувањето на ваквата граница помеѓу Него и верниците, Бог постојано им испраќа знак на Своите чеда, да се одвратат од гревот.

Во претходно споменатите стихови е наведено, „Ги заслепи очите нивни, ги закорави срцата нивни, за да не гледаат со очите и со срцата да не разбираат, та да не се преобратат и да ги излекува." Прво со 'очите' ги гледаме Божјите зборови и дела и со тоа се стекнуваме со верата. Па кога ќе 'согледаме со срцата', не само дека го слушаме Божјото Слово, туку исто така и стануваме просветлени и се одвраќаме од злото.

Кога перцепираме со срцата ние се претвораме во убавите луѓе на вистината. Знаеме дека ова е единствениот начин којшто води кон вечниот живот. Па така кога гледаме со нашите очи и перцепираме со нашите срца одвраќајќи се од злото, тогаш Бог не лекува и ни одговара на нашите молитви. Но бидејќи луѓето не го отфрлаат своето зло, нивните очи стануваат заслепени а нивните срца закоравени, па сходно на тоа тие не можат да го примат оздравувањето.

Пророкот Исаија живеел околу 700 години пред доаѓањето на Исуса, но тој ја видел славата на Господа и затоа прозборел за Него. Тоа било поради тоа што тој во себе имал добро срце и во целост ја имал примено Божјата љубов. Тој бил во целост поинаков од првосвештениците и Фарисеите кои што не можеле да го препознаат Исуса кога Тој им стоел пред нивните очи.

> „Сепак голем број од началниците поверуваа во Него но поради Фарисеите не Го признаваа, плашејќи се да не бидат исфрлени од синагогата;

бидејќи им беше помило одобрувањето од луѓето отколку од Бога." (12:42-43)

'Началниците' се однесува на луѓето кои што биле платени од страна на кралската палата, од армијата или пак од земјата. Тоа исто така биле луѓе кои што работеле или служеле по храмовите. Водачите на Советот, храмот, палатата, судот или пак луѓето кои што му служеле на кралот во повисоките судови, сите тие биле наречени 'началници'. Бројот на оние кои што поверувале во Исуса Христа растел дури и меѓу овие луѓе.

Но поради стравот дека ќе бидат исфрлени од синагогата, тие не смееле да си ја покажат својата вера. Ако признале дека Исус бил Христос, тогаш тие не само дека би биле лишени од нивниот социјален статус туку исто така би биле и ставени под обвинение и исмевање. Па така дури и да ја имале верата, тие во себе ја немале совршената вера ниту пак искреното срце (Евреите 10:22). Тие ја преферирале славата на луѓето, богатството, силата и познатите титули отколку славата на Бога.

„Јас Дојдов Да Го Спасам Светот"

„Исус подигна глас и рече, 'Кој верува во Мене, не верува во Мене туку во Оној кој што Ме испратил. Кој што Ме гледа Мене, го гледа Оној кој што Ме испратил. Јас дојдов како Светлината на овој свет, така што секој кој што верува во Мене да не остане во темнината. Ако некој ги чуе зборовите Мои и не ги запази, нема да му судам; бидејќи не дојдов да му судам на светот, туку да го спасам." (12:44-47)

Еден вид на специјална љубезност се покажува кон дипломатските пратеници кои што биле испратени од некоја одредена земја, како нивни претставници. Сето тоа е така бидејќи односите со тие луѓе се нешто што го има значењето како да се имаат односи со земјата која што ги има испратено, или пак со највисокиот водач на таа земја. На истиот начин ако една личност верува во Бога, таа ќе му верува и ќе му се покори на пророкот кој што бил испратен од страна на Бога. Да погледнеме кој бил Исус? Тој е Синот Божји кој што дошол на овој свет и покажал многу чуда. Иако не можеме да го видиме Бога со нашите очи, преку чудесните знаци кои што Исус ги имал изведено, Бог направил да ние бидеме сигурни и да поверуваме во Него.

Исус дошол на овој свет како една вистинска Светлина. Ако се тетеравиме во темнината и ако наидеме на само еден зрак светлина, тогаш тој зрак за нас би бил најскапоценото нешто. Слично на ова, додека стоевме во темнината на гревот и не знаеме на каде да тргнеме, Исус дојде кај нас како Светлината и стана патот, вистината и животот за нас. Па така без разлика какви и да имаме проблеми, ако му се молиме на Богот Отецот во името на 'Исуса Христа', кој што е Светлината, ние можеме да го примиме клучот за решавањето на било кој проблем.

Затоа е единствено добро да му се молиме и да му се покориме на Исуса, Синот Божји, кој што дошол на овој свет во тело. Но постои толку голем број на луѓе кои што не веруваат и не му се покоруваат на Исуса.

Исус не дошол за да го осуди светот. Поради тоа Тој изјавил, 'Ако некој ги чуе зборовите Мои и не ги запази, нема да му судам.' Ова значи дека не само Исус, туку исто така и Бог, не се толку брзи во тоа да ги презрат и укорат луѓето кога нешто ќе згрешат.

Дури обратно, Тој стрпливо чека и им помага на луѓето да ја сватат Неговата волја, да го запознаат и да го побараат. Тој ќе ги сретне оние кои што го сакаат и со нив ќе ја сподели благодетта. Се разбира дека Тој поучува во врска со судот и казната кои што следат; но Тој исто така и не води кон патот на спасението со радост и благодарност, намесето со страв. Поради тоа Исус кажал, „Не дојдов да му судам на светот, туку да го спасам."

Последниот Суд И Вечниот Живот

„Кој што се откажува од Мене и не ги прима зборовите Мои, има кој да го суди; Словото кое што го кажав ќе му суди во последниот ден. Зошто Јас Сам од Себе не зборувам, туку Самиот Отец кој што Ме испрати, Ми даде заповед што да кажам и што да зборувам. Јас знам дека Неговата заповед е вечниот живот; затоа нештата кои што ги кажувам, ги кажувам онака како што Отецот Мене Ми ги има кажано." (12:48-50)

2 Петар 3:9 наведува, „*Господ нема да задоцни со Своето ветување, како што некои ја сваќаат бавноста, туку Тој е трпелив кон нас, не сакајќи никој да загине, туку сите да се обрнат кон покајание.*" И во 1 Тимотеј 2:4, се кажува, „*[Бог] сака сите луѓе да се спасат и да ја спознаат вистината.*"

На овој начин, Бог ја води секоја личност кон патот на спасението, секого во согласност со мерката на верата, на начин на којшто на никого нема да му претставува терет и чувство на тегоба во процесот. Но сепак трагично е што постои толку голем број на луѓе кои што се одвраќаат од Него и поаѓаат по патот на смртта. Зборувајќи за ова, Исус кажал, „Кој што се откажува од Мене и не ги прима зборовите Мои, има кој да го суди; Словото кое што го кажав ќе му суди во последниот ден."

Бог сака секој да го прими спасението и за да може да ја исполни Неговата волја, Исус поучувал на Словото Божјо додека бил тука на земјата, а преку извршувањето на жртвата, Тој го комплетирал и патот на спасението. Па како што е и запишано во Римјаните 10:13, „*Секој кој што ќе го повика името на Господа, ќе се спаси,*" портата на спасението била ширум отворена.

Сепак оние кои што не веруваат во Господа ги очекува строга казна во последниот ден. Бог направил да Неговата вечна сила и божја природа бидат јасно видливи во Неговото создание, па така да секој ќе биде без изговор кога ќе седне пред судот (Римјани 1:19-20). На тој ден, никој нема да биде во состојба да каже, „Никогаш немам чуено за

Бога. Не знам кој е Исус Христос. Не знам ништо за патот на спасението."

Евреите 9:27 кажува, „*И како што им е на луѓето одредено еднаш да умрат а по тоа следи судот.*" Додека живееме во овој свет, Бог на многу различни начини ќе не води кон тоа да го примиме спасението и да добиеме сличност со Неговиот лик. Но мораме да запаметиме дека во последниот ден не очекува суд. Чедата Божји ќе го добијат вечниот живот и своите небесни награди, во согласност со делата кои што ги посеале тука на земјата. Додека за разлика од нив, оние кои што не верувале во Бога, ќе мораат да паднат во Пеколот и да ја примат вечната казна.

Исус никогаш немал направено ниту едно нешто по Своја Сопствена волја. Сите нешта кои што ги имал направено биле во согласност со Божјата волја и во согласност со Неговото време. Секој еден збор што Тој го имал искажано, го кажал поради некоја јасна намера. Затоа Тој дури и сега храбро ни укажува дека зборовите коишто ги кажал биле Божји заповеди.

„Зошто Јас Сам од Себе не зборувам, туку Самиот Отец кој што Ме испрати, Ми даде заповед што да кажам и што да зборувам. Јас знам дека Неговата заповед е вечниот живот; затоа нештата кои што ги кажувам, ги кажувам онака како што Отецот Мене Ми ги има кажано."

Причината зошто Бог ја покажал Неговата сила низ знаците и чудата што Исус ги изведувал, зошто го воскреснал Исуса три дена по распнувањето на крстот, била во тоа да го ослободи човештвото од гревот и да му даде вечен живот. Исус ја познавал оваа волја на Богот Отецот подобро од било кој друг. Поради тоа Исус во целост му се покорувал, без дури и најмал дел на отстапување. Значи дека ако му се покоруваме на Бога во сето она што го правиме, тогаш ние ќе бидеме во можност да во целост ја исполниме Неговата света волја.

Глава 13

Последната Пасхална Вечера

1. Исус Им Ги Мие Нозете На Учениците
(13:1-20)

2. „Еден Од Вас Ќе Ме Предаде"
(13:21-30)

3. „Нова Заповед Ви Давам"
(13:31-38)

Исус Им Ги Мие Нозете На Учениците

Често сме трогнати во срцата кога ќе чуеме некои убави приказни за љубовта каде што луѓето ја покажуваат својата пожртвувана љубов еден за друг. Понекогаш кога слушаме приказни за родителите кои што си го жртвувале животот за своите деца, чувствуваме како солзите ни ги исполнуваат очите. Но ваквата љубов не може ниту да се спореди со љубовта која што Бог ја има за нас. Во Исаија 49:15 е запишано, *„Може ли жена да го заборави породот свој и да нема сочуство за синот на утробата своја? А и кога би го заборавила, Јас тебе нема да те заборавам."* Исус, кој што бил дојден на овој свет, го имал срцето на Бога и ја покажал истата љубов кон нас. Токму оваа љубов го натерала да го земе крстот заради спас на целото човештво.

Исусовото Срце: Љубовта Која Што Сака Сé До Самиот Крај

„А пред празникот Пасха, знаејќи дека Му дојде часот Негов за да премине од овој свет кај Отецот, ги засака Своите на овој свет, до крај ги засака. За време на вечерата, ѓаволот веќе му ја беше вметнал намерата во срцето на Јуда Симонов Искариот, да Го предаде..." (13:1-2)

Кога Писмото ни кажува „Му дојде часот Негов за да премине од овој свет кај Отецот", тоа значи дека дошло времето за Исус да умре на крстот. Но иако Тој знаел дека му се наближува времето на страдањето, Тој сепак си ги сакал Своите луѓе сé до крајот. Сé до последниот момент, Исус ги поучувал на вистината—па дури Јуда Искариот, за кога што Исус знаел дека ќе го предаде.

Сето ова се случувало кога Јуда Искариот веќе ја имал донесено одлуката да го предаде Исуса. Смирено и со умисла, тој најприродно се замешал со другите ученици, но по инцидентот со Марија и мирото, тој почнал да прави планови да им го продаде својот учител на првосвештениците, а за тоа ја очекувал само најпогодната прилика. По станувањето Исусови ученици сите други се обидувале да ги сватат Исусовите учења и да ги следат Неговите стапки. За разлика од нив, иако бил сведок на Божјата сила, Јуда продолжил да им се оддава на сомневањата и на жалбите. Тој не само што одбил да го отфрли злото од своето срце туку исто така продолжил со натрупувањето на злото со неговите телесни мисли.

Некои од телесните мисли се омразата, зависта, љубомората, ароганцијата, судењето и осудата. Телесните мисли се сите мисли кои што не доаѓаат од вистината. Кога срцето на една личност е зло, тогаш таа личност може да има само телесни мисли бидејќи непријателот Сатаната му го контролира неговото зло срце. Како што е запишано во Римјаните 8:7, „*Бидејќи телесното мудрување е непријателство против Бога; на законот Божји тоа не му се покорува, ниту пак може да го стори тоа,*" Јуда Искариот бил исполнет со телесни мисли и нормално на крајот тој завршил со извршувањето на смртниот и неизмивлив грев.

Она за што мораме да бидеме претпазливи е следното: секој кој што е исполнет со зло во своето срце може да стане субјект на контролата од страна на непријателот Сатаната, исто како што тоа било и во случајот со Јуда Искариот. Ако не сакаме да бидеме контролирани од страна на непријателот Сатаната, тогаш ние мораме да си ги трансформираме срцата на тој начин што ќе си ги исполниме со вистината. Па со помошта на Светиот Дух, ние мораме да си ги одбраниме срцата преку добрите мисли и преку мислите на вистината. За да можеме да го постигнеме сето тоа, ние мораме секогаш да бидеме радосни, да се молиме без престан и во сѐ да ја искажуваме нашата благодарност кон Бога. Непријателот Сатаната не може да им доползи во срцата на луѓето, ако тие ги живеат своите животи на овој начин.

Последната Пасхална Вечера

„Исус, знаејќи дека Отецот сѐ му предал во рацете и дека од Бога доаѓа и кај Бога оди..." (13:3)

Во четвртокот попладне, ден пред да биде фатен, Исус се приготвил за Пасхалната вечера, за да може да ја помине Својата последна ноќ со Своите ученици. Процесот на подготвувањето за Пасхата е многу посликовито опишан во Лука, глава 22, отколку во евангелието по Јована. Исус ги повикал Петра и Јована и им дал една специјална задача: *„Одете и припремете ја Пасхата за нас, за да можеме да јадеме"* (с. 8).

Кога учениците запрашале каде да го припремат јадењето, Исус им рекол да отидат во градот и да следат еден човек кој што ќе носи стомна полна со вода во куќата и да му го кажат на сопственикот на куќата она што Исус го имал кажано. Тој дури и им опишал како точно сопственикот ќе реагира на сето тоа. Петар и Јован веднаш замињале кон градот. И за чудо таму виделе како еден човек носел стомна полна со вода на грбот! Па така тие го следеле човекот до неговата куќа и му се обратиле на сопственикот на куќата. *„Учителот те прашува, 'Каде е гостинската соба во којашто ќе можам да ја јадам Пасхалната вечера заедно со Моите ученици?'"* (v. 11).

Сопственикот, како да ги очекувал Петра и Јована, ги повел до една голема соба на спратот. Кога била спремна вечерата, Исус дошол и седнал зад трпезата во собата на спратот. Тогаш кога погледнувал на нив, Тој чувствувал дека

Неговата љубов била поголема за нив од било кога пред тоа. Знаејќи дека мора да ги напушти кога ќе заврши ноќта—во согласност со Божјата волја—колку ли тажен морал Тој да биде, мислејќи на учениците кои што ги оставал!

„Отецот му дал сé во Негови раце" се однесува на мисијата којашто Бог му ја имал доделено на Исуса. Тоа била мисијата за спас на целото човештво. Во времињата на Стариот Завет кога една личност ќе згрешела, морала потоа да жртвува крава, овца, коза или гулаб за да може да му биде простено од Бога. Сето тоа било во согласност со законот на саможртвувањето којшто гласел дека без пролеана крв не може да има проштевање на гревовите (Евреите 9:22).

:: Исус му ги мие нозете на Петар (мозаик на надворешниот дел од Базиликата на Св. Петар)

Ова исто така било и причината зошто Исус морал да умре на крстот и да ја пролее Својата крв за да може да го спаси човештвото од неговите гревови. Писмото исто така гласи дека Исус знаел „Тој дошол од Бога и се враќал назад кон Бога," што значело дека Тој знаел дека наскоро ќе си ја пролее Својата крв на крстот и дека ќе умре.

Исус Им Ги Мие Нозете На Учениците

„...стана од вечерата, ја соблече и стави настрана Својата горна облека; и земајќи крпа, се препаша Себеси. Потоа истури вода во сад за миење и почна да им ги мие нозете на учениците и да ги брише со крпата со која што беше препашан." (13:4-5)

Таа ноќ во горната соба, Исус станал од последната вечера и ја соблекол и ставил настрана Својата горна облека, па земал крпа со која што се препашал на појасот. Потоа ставил вода во садот за миење и им ги измил и исушил нозете на учениците, додека тие во тишина го гледале.

Јудејците кои што живееле во тој регион познат по својата неплодна и прашлива почва имале обичај да им ги измиваат нозете на своите гости; но тоа обично го правеле слугите. Но Исус кој што бил нивниот учител, им ги измил нозете, па така тие навистина се почувствувале изненадени и посрамени од тој чин! Не знаејќи како да го запрат, тие најверојатно и не знаеле како да реагираат во тој момент.

Причината поради која Исус им ги измил нозете на

Своите ученици лежела во тоа што сакал да ги поучи со какво однесување и срце тие требале да ја вршат важната мисија на ширењето на евангелието и да посведочат за Господовото воскресение. Исус сакал да биде сигурен дека тие ја разбрале Божјата волја и ја сватиле Божјата љубов. Тој сакал тие да сватат дека мораат да ги прават сите работи со пожртвување и со срцето кое што служи, додека го ширеле евангелието.

Исусовата Конверзација Со Симона Петра

„Дојде и при Симона Петра и тој му рече, 'Господи, Ти ли ќе ми ги миеш нозете?' Исус му одговори и му рече, 'Ова што го правам, ти сега не можеш да го сватиш, но подоцна ќе сватиш.' Петар Му рече, 'Ти никогаш нема да ми ги измиеш моите нозе!' Исус одговори и кажа, 'Ако не те измијам, нема да имаш дел со Мене.'" (13:6-8)

Кога Исус стигнал до Симона Петра и се обидел да му ги измие нозете, тој срамежливо го прашал, „Господи, Ти ли ќе ми ги миеш нозете?" Исус му одговорил, „Ова што го правам, ти сега не можеш да го сватиш, но подоцна ќе сватиш."

Согласно со обичаите и правилата за кои што бил свесен, не било право да учителот им ги измие нозете на своите ученици. Ако Петар во целост Му верувал на Исуса, тој најверојатно би требало да помисли дека постоела некоја специфична причина во тој чин, што Исус го направил. Но бидејќи она што го гледал не се совпаѓало со неговото знаење и мисли, тој одбил да неговите нозе бидат измиени од страна на Исуса. Тоа бил резултат на Петровото потпирање на телесните мисли. „Ти никогаш нема да ми ги измиеш моите нозе!"

Исус знаел дека ако учениците го споделувале евангелието со луѓето имајќи срца на слуги, голем број на луѓе тогаш би се здобиле со вистинската вера. Тој исто така знаел дека само кога ќе станат апостоли кои што служат, ќе можат да бидат сметани за величенствени во Небесата. Кога Исус се унизил и ѝ се потчинил на Божјата волја сè до моментот на смртта, Бог тогаш го подигнал високо над сите нешта. Исус им ги измил нозете на учениците за да им даде една духовна поука, но Петар тоа го одбил мислејќи дека неговите мисли биле покоректни. Гледајќи како Петар застанува на патот против исполнувањето на Божјата волја, Исус продолжил да му зборува, „Ако не те измијам, нема да имаш дел со Мене."

Нозете се сметаат за еден од највалканите делови на човечкото тело, а тоа посебно бил случај во тие денови. Тогаш луѓето немале така добри обувки какви што ние денес ги имаме. Луѓето тогаш носеле сандали заврзани со кожни каиши, па така нозете секогаш им биле покриени со песок и прашина. На тој начин миењето на валканите нозе не симболизира само еден „Модел на службување", туку исто така носи едно големо значење за Исуса „Измивањето на валканите гревови на луѓето."

Како што е и запишано во Писмото, *„Оти од срцето*

излегуваат лоши помисли, убиства, прељуби, блуд, кражби, лажни сведоштва, клевети. *Тоа се нештата кои што го осквернуваат човекот; а јадењето со неизмиени раце не го осквернува"* (Матеј 15:19-20), Исус сакал да учениците сватат дека мораат да си ги отфрлат и измијат своите гревови. Водата го симболизира Божјото Слово. Кога една личност ќе си ги измие гревовите преку Божјото Слово, само тогаш ќе може предано да служи со целото свое срце и дури тогаш ќе може да биде наречена чедо Божјо.

Ако една личност кажува дека верува во Бога, но не се измива себеси и не си ги мие гревовите, тогаш таа личност нема да може да се сретне со Бога и нема ништо заедничко со Него. Исус, кој што им ги измил нозете на Своите ученици, сакал да тие си ги измијат своите срца и да станат вистински чеда Божји.

„*Симон Петар Му рече, 'Господи, тогаш не само нозете, туку измиј ми ги и рацете и главата.' Исус му кажа, 'Оној кој што веќе се измил има потреба само да си ги измие нозете, за да биде целосно чист; а вие сте чисти, но не сите.' Поради тоа што знаеше дека еден од нив ќе го предаде; тоа беше причината поради која кажа, 'Не сте сите чисти.'*" (13:9-11)

Откако слушнал дека нема да има ништо со Исуса ако не му дозволи да му ги измие нозете, Петар бргу одговорил, „Господи, тогаш не само нозете, туку измиј ми ги и рацете и главата."

Само пред неколку моменти, Петар му кажал на Исуса дека нема да дозволи Тој да му ги измие нозете, но потоа Му кажал на Исуса да му ги измие не само нозете, туку и рацете и главата. Уште еднаш можеме да ја видеме Петровата искреност—никогаш не криел што му е во срцето—и неговата отворена личност—сакајќи секогаш да биде во центарот на дејствието. Ваквата Петрова природа многу често му донесувала прекорување, но дури и тогаш Исус можел да го согледа Петровиот потенцијал да се измени и затоа го поучувал на некои нешта. „Оној кој што веќе се измил има потреба само да си ги измие нозете."

Кога Исус зборувал за тоа „Оној кој што веќе се измил," Тој се осврнувал на „Оној кој што веќе ја имал верата." Ова се однесува на оној кој што станал верник слушајќи ги Божјите зборови и гледајќи ги знаците и чудата. Па така ако верникот има потреба да си ги измие нозете, тогаш тоа значи дека додека не се здобие со комплетната целосна вера, тој секогаш треба да си погледнува во себеси и да медитира за Божјото Слово, трансформирајќи се на тој начин во личноста на вистината. Ако кажеме дека ја имаме верата и го сакаме Бога, а сепак не го отфрлиме злото од нашите срца, сето тоа нема да има никаков значај. Тогаш ние нема да можеме да ја споделиме благодетта со другите луѓе, ниту пак ќе можеме да ги поведеме по патот на вистината. Затоа ни е многу важно да успееме да го отфрлиме сето зло од нашите срца и да станеме трансформирани преку Божјото Слово.

Но ако учениците во тој момент биле во состојбата да сеуште не ги имале отфрлено сите гревови, зошто тогаш

Исус кажал, „Вие сте чисти"? Кога Исус им кажал дека тие се чисти, Тој се осврнувал на тоа дека тие биле духовно пробудени. Кога и да го слушале Божјото Слово, тие се труделе да проникнат во неговото духовно значење и ги правиле сите напори да се одржуваат себеси под постојана контрола, имајќи ја целосната, комплетна вера.

Ваквиот вид на луѓе се препознаени како чисти, иако дури можеби ги немаат во целост отфрлено сите свои гревови, поради самиот факт дека чинат сé што е во нивната моќ да станат целосни во верата. Но една личност, Јуда Искариот, не бил таков. Тој си помислил дека никој не знае за неговата посета на првосвештениците, иако Исус веќе знаел за тоа. Како што темнината се разоткрива во присуството на светлината, така и Исус знаел што се случува во Јудиното срце. Затоа, со намера да му помогне да свати, Тој кажал, „Вие сте чисти, но не сите." Исус сакал да му даде уште една, последна шанса за покајание.

Поуката За Љубовта И Понизноста

„А кога им ги изми нозете, ја облече облеката, седна пак на трпезата, па им рече, 'Знаете ли што ви направив? Вие Ме нарекувате Учител и Господ; и во право сте, бидејќи Сум. Па ако Јас, Господ и Учител, ви ги измив нозете, тогаш и вие сте должни еден на друг да си ги миете.'" (13:12-14)

По измивањето на нозете на учениците, Исус пак си

ја облекол облеката и седнал повторно на трпезата. Тој погледнал на учениците. „Знаете ли што ви направив?" Па додал, „И вие сте должни еден на друг да си ги миете нозете."

Иако Исус Самиот требало да си оди, Тој на учениците им оставил поука, бидејќи тие требале да останат на овој свет и да го шират евангелието. Тој сакал да тие помеѓу себе си одржуваат еден убав однос служејќи си, сакајќи се и утешувајќи се едни со други. Но оваа порака не се однесувала само на учениците. Сите луѓе кои што веруваат во Бога се браќа и сестри кои што припаѓаат на едно семејство во Христа; поради тоа тие мораат едни со други да се водат и да се поучуваат во љубовта.

Во 2 Петар 1:7, се кажува да се снабдат со „*кон побожноста братољубивост, кон братољубивоста љубов.*" А во Римјаните 12:10, е кажано, „*Еден кон друг бидете посветени во братска љубов; давајќи си почитување еден кон друг во чест...*"

Но Исус не кажал само, „Служете си и сакајте се еден со друг." Тој рекол, „Ако Јас, вашиот Господ и Учител ви ги измив нозете, тогаш и вие сте должни да си ги миете еден на друг."

Ова значи дека една личност која што е главна, која што е на позицијата на учител им служи, дава и се жртвува, за да ги поведе другите кон вистината. Верниците во Господа кои што се предвесниците на верата, мораат да го следат моделот на Исуса, поминувајќи низ саможртвување и службување. Па затоа за да можеме да го исполниме нашиот повик на добар начин, мораме да признаеме од самиот центар на нашите срца дека постоиме поради Божјата милост и да ги сметаме другите луѓе за подобри од нас.

Параболата За Робот И Господарот

„Затоа ви дадов пример да правите и вие така, како што направив Јас. Вистина, вистина ви велам, робот не е поголем од својот господар, ниту пак е оној кој што е испратен поголем од оној кој што го испраќа. Ако ги знаете овие нешта, благословени ќе бидете ако ги извршувате." (13:15-17)

Ако некоја личност го живее животот на грешен начин а поучува друга да живее живот во праведност, дали тогаш неговото учење ќе биде ефикасно? Истото ова се однесува и на вистината. Ако една личност не живее во согласност со Божјото Слово, а се обидува да поучува други луѓе, тогаш таа личност никогаш нема да успее во своите намери да ги измени. Спротивно на тоа, ако таа живее во согласност со вистината и ги поучува другите да го прават истото, тогаш Бог ќе биде гарант за нејзините зборови; и затоа луѓето кои што таа ги поучува ќе почнат да се менуваат.

Тит 2:7-8 кажува, *„Во сите нешта претстави се себеси како пример за добри дела, со чистота во учењето, достоинственост, беспрекорност во говорот, така што противникот ќе се засрами, немајќи ништо лошо што би го рекол за нас."* Непријателот ѓаволот и Сатаната не можат да вознемират некого кој што низ добрите дела е водечки модел за живот. Таквите луѓе имаат успех во сето што го работат и достоинствено чекорат низ животот. Токму поради тоа што било навистина важно да учениците бидат добри примери за тоа како да се води живот во вистината, Исус им ги измил нозете и им го покажал моделот на службувањето.

Употребувајќи го илустрирањето преку „господарот и робот" и „испратениот и оној кој што го испраќа", Исус поучувал за односот помеѓу Бога и Исуса. „Господарот" и „оној кој што испраќа" го означуваат Бога, а „робот" и „оној кој што е испратен" го означувааат Исуса. Филипјаните 2:7 го нарекуваат Исуса слугата-врска кој што бил направен по изгледот на луѓето, а во Јован 7:18, Исус кажува дека Бог го има испратено на овој свет.

Во сите активности кои што ги правел, Исус го потврдувал Бога; јасно го познавал срцето на Бога и Неговата волја, исполнувајќи го патот за спасението на човештвото преку Него (Јован 3:16; Лука 5:32). За да може да ја исполни волјата Божја, Исус единствено се покорувал на неа, па дури и кога требало да го распнат (Филипјаните 2:8). Иако Тој бил Синот Божји, сето тоа не било лесно да се исполни. Исус морал постојано да се моли за да може во целост да ја разбере волјата Божја и за да му се укаже патот кој што ќе му ги донесе најголемите плодови, во согласност со неа. Па затоа Неговото исполнување на делата во согласност со Божјата волја ни го дава извонредно совршениот пример за тоа како треба да се работат нештата.

Исус, кој што во Своите дела ја искажал љубовта и понизноста, ги потсетил Своите ученици, „Вистина, вистина ви велам, робот не е поголем од својот господар, ниту пак оној кој што е испратен е поголем од оној кој што го испраќа. Ако ги знаете овие нешта, благословени ќе бидете ако ги извршувате." Она што Исус тука ни го кажува е дека Божјиот благослов ќе падне врз оние луѓе кои што секогаш се плашат од Бога, господарот на сите души. А исто така Божјиот благослов ќе падне и врз оние кои што секогаш ја следат Божјата волја и се обидуваат да делуваат во согласност со неа, без разлика каде и да се наоѓаат.

Пророштвото За Предавството На Јуда Искариот

„Не го зборува ова за сите од вас. Јас ги знам оние кои што сум ги избрал; но сето тоа е за да може да се исполни Писмото, 'Оној кој што го јаде Мојот леб, ја подигна петата своја против Мене.' Уште отсега ви го кажувам ова, уште пред да се изврши, за да кога ќе се случи, можете да поверувате дека Јас сум Тој." (13:18-19)

Без разлика колку многу еден родител се труди и го поучува своето дете да појде по најдобриот за него пат, ако тоа дете и самото ја нема таа волја, тоа нема да тргне по тој пат. Ова има сличност со Исусовото учење, кое што е патот на благословот. Но Јуда Искариот на крајот сепак го предал Исуса. Оваа случка всушност била проречена уште многу одамна. Исус во Псалм 41:9, кажал, "*Дури и мојот близок пријател на кого што му верував и кој што го јадеше мојот леб, ја подигна петата своја против Мене.*" Кажувајќи го ова Исус им укажал на учениците дека еден од нив ќе го предаде.

„Оној кој што го јаде Мојот леб" се однесува на некого кој што живеел заедно со Исуса, и кој што го учел Божјото Слово, кое што е лебот на животот. Па кога Исус ја употребил фразата „ја подигна петата своја против Мене" тоа означува дека некој кој што чекорел во истата насока како и Тој, го сменил својот правец, оддалечувајќи се од Исуса и почнал да чекори во различна насока. Тој зборувал за Јуда Искариот, кој што ќе го предаде Исуса и ќе им го продаде на Јудејците. Постоела причина поради која Тој им го кажал тоа на учениците, уште пред сето тоа да се случи. „За кога ќе се случи, да можете да поверувате дека Јас сум Тој." Исус сакал да ги предупреди Своите ученици, за кога Тој ќе биде фатен, тие да не бидат шокирани или исплашени, туку да сватат, "Ох, Божјата волја се исполнува," и да се припремат за сето она што следува.

Исус, Кој Што Е Едно Со Бога

„Вистина, вистина ви велам, кој го прима оној кој што го праќам Јас, ме прима Мене; а кој што ме прима Мене, го прима Оној кој што Ме пратил." (13:20)

Прифаќањето на Исуса, кој што бил пратен од Бога, е исто што и прифаќањето на Бога, а прифаќањето на оној кој што бил испратен од Исуса, е исто што и прифаќањето на Исуса. Фактот дека случувањата за кои што зборувал Исус се случиле точно на оној начин на кој што Тој кажал дека ќе се случат, бил доказ кој што ни укажува дека можеме да ја имаме верата во Неговото Слово. Ова бил доказ кој што покажал дека Исус е Божји Син и дека Тој е едно со Бога.

За да можеме да го разбереме Божјото провидение за испраќањето на Неговиот еден и единствен Син Исус на овој свет, кој што ќе го отвори патот на спасението, како прво ние мораме да го прифатиме Исуса. Ако не го прифатиме Исуса како Христос, тогаш ние не можеме да го сватиме тоа Божјо провидение за спасот на човештвото. 1 Јован 5:12 кажува, *„Оној кој што го има Синот, го има и животот; а оној кој што го нема Синот Божји, го нема ниту животот..“* Ова ни покажува дека односот помеѓу Бога и Исуса е ист како помеѓу Отецот и Синот.

Овој вид на однос се однесува и на оние кои што го прифаќаат Исуса исто така. Во Марко 16:20, е наведено, *„И тие излегоа и секаде проповедаа, додека Господ делуваше заедно со нив, потврдувајќи го Словото преку знаците кои што го следеа.“* Исус всушност бил заедно со учениците во духот. Поради тоа за оние кои што верувале во зборовите на учениците, било исто како и да го прифатиле Господа.

„Еден Од Вас Ќе Ме Предаде"

По миењето на нозете на учениците, Исус ги поучил на лекцијата за љубовта и понизноста, а потоа пророкол во врска со Јудиното предавство. Постои една стара Корејска изрека која што вели дека ако некој се удри на прстот, тогаш сите прсти ќе го болат. На истиот начин, познавајќи го толку долго тој ученик кој што ќе го предаде, што мислите како ли се чувствувал Исус во тие моментиt? Колку ли морало да е болно тоа за Него!

„Еден Од Вас Ќе Ме Предаде"

„Штом го изрече ова, Исус се вознемири во духот, посведочи и рече, 'Вистина, вистина ви велам, еден од вас ќе Ме предаде.' Учениците почнаа да се погледнуваат помеѓу себе, не разбирајќи за кого зборува. Еден од учениците кого што Исус го сакаше, беше се навалил на градите Негови. Па Симон Петар гестикулирајќи го запраша, 'Кажи ни кој е тој, за кого што Тој зборува.'" (13:21-24)

Исус многу тешко ги изговорил овие зборови. Тој цело време знаел дека еден од Неговите ученици ќе го продаде на Јудејците, но ова било прв пат да проговори за тоа. Во еден момент сите присутни во собата во непријатност промрдале. Никој од нив не очекувал да го чуе тоа што Исус го кажал, па затоа сите биле малку збунети. Набргу потоа, непријатноста им се заменила со љубопитност. „За кого ли зборува?" „Кој би можел да биде тој што ќе го направи тоа зло дело?" Потоа почнал секој на секого да гледа со испитувачки поглед.

Секој од нив станал малку загрижен, прашувајќи се, „Да не зборува Тој за мене?" (Марко 14:19). Петар не можел повеќе да чека, па гестикулирајќи му на ученикот кој што се беше навалил на Исусовите пазуви, му сугерирал да го запраша Исуса за кого зборува. Но во Писмото не се споменува името на ученикот кој што се навалил на Исусовите гради—само се споменува дека тоа бил еден од учениците „кој што бил сакан од Исуса." Овој ученик всушност бил апостолот Јован, авторот на Евангелието по Јована.

Јован не го открил своето име во оваа книга. Наместо тоа, тој преферирал да ја употреби фразата, „Ученикот кого што Исус го сакаше" кога зборувал за себеси (Јован 21:20). Јован, синот на Заведеј, му бил брат на Јакова. Во зависност на својата личност, луѓето ја изразуваат љубовта на различни начини. Како најмлад син во фамилијата, Јован го следел Исуса со крајно обожување и восхит.

Но она што е значајно тука е фактот што додека сите ученици му служеле и го следеле Исуса, сепак еден од нив на крајот ќе Го продаде. Она што можеме тука да го научиме е дека без разлика колку и да е прекрасна средината која што може да наведе на раст во верата, ако не успееме да го отфрлиме злото од нашите срца, тогаш резултатот на нашите напори може да биде страшен.

Кога Исус им ги отворал очите на слепите, ги лекувал болните и направил сакатите да проодат, Јуда Искариот бил со Него, посведочувајќи на секој од тие настани. Јуда би требало да биде во состојба да поверува дека Исус бил личноста на вистината и дека Бог навистина е со Него. Но наместо да ја има верата, Јуда украл пари; и сонувал за тоа како се здобива со голема слава и сила, дозволувајќи да го поведат неговите амбиции. Бидејќи не успеал да го отфрли злото од своето срце, тој на крајот завршил извршувајќи неповратен грев.

Лекцијата која што треба да ја научиме од сето ова е следната: оние луѓе кои што ја примаат поголемата благодат и љубов од Бога—како што биле учениците—мораат да бидат многу претпазливи и постојано во целост да се преиспитуваат себеси. Вистината ни кажува да „служиме", па така би требало да се преиспитаме дали „служиме", и да не сакаме „да бидеме служени." Словото ни кажува да „ја бараме корисга за другите", па така треба постојано да се преиспитуваме себеси дали корисга на другите ја ставаме пред својата корист.

„Господи, Кој Е Тој?"

„Тој пак, навалувајќи се на Исусовите гради, Го запраша, 'Господи, кој е тој?' Исус тогаш одговори, 'Оној е на кого Јас ќе му натопам залак и ќе му го подадам.' Па кога натопи залак, му го подаде на Јуда, синот на Симон Искариот. По залакот, Сатаната влезе во него. Затоа Исус му кажа, 'Што ќе правиш, прави побргу.'" (13:25-27)

Јован исто така бил љубопитен. Па кога Петар направил гестикулација кон него да го праша Господа, тој тогаш запрашал, „Господи, кој е тој?" Исус одговорил, „Оној е на кого Јас ќе му натопам залак и ќе му го подадам."
Исус натопил залак и му го подал на Јуда. Без ниту еден збор Јуда го земал лебот подаден од страна на својот учител. Погледнувајќи тогаш кон Јуда, Исусовите очи рефлектирале многу различни емоции. Тие биле исполнети со тага и жалост, но и љубов. Исус не можел да се откаже од него, но знаел дека на крајот Јуда нема да се одврати од својот пат.

Зошто Исус открил кој ќе го предаде со тоа што му го подал натопениот залак на Јуда? Дури сé до последниот момент, Исус сакал да му даде шанса на Јуда да се покае и одврати од патот по кој одел. Истата сцена може да се најде и во Матеј 26:23-24: „*И Тој одговори, 'Оној кој што ќе макне со Мене во чинијата е оној кој што ќе Ме предаде. Синот Човечки ќе си оди, како што и беше запишано за Него; но тешко му на оној преку кого Синот Човечки ќе биде предаден! Подобро ќе беше за тој човек ако не беше се родил.'*"

Јуда, прободен низ срцето, запрашал, „Да не сум тоа јас, Рави?" А Исус му одговори, „Самиот рече." Тогаш Јуда морал да знае дека Исус веќе знае што тој планира да направи. Но тој сепак сеуште бил превртлив и не си го сменил наумот.

Другата причина поради којашто Исус го натопил залакот и му го додал на Јуда, била за да другите ученици можат да дознаат исто така. По Неговото воскресение и вознесение на небесата, откако ќе ги сумирале впечатоците од што се случило, Исус сакал тие да сватат дека иако Исус сé однапред знаел, Тој не го спречил Јуда, за да може да се отвори вратата на спасението. Поради оваа причина, учениците подоцна биле во состојба да извикуваат и со сигурност да изјавуваат дека Исус бил Христос.

Кога Исус му го подал залакот на Јуда и му ја дал дозволата на Сатаната, тогаш Сатаната навлегол во него. Површински гледано, Јуда го продал својот учител, но во реалноста, тој бил под контролата на Сатаната. Поради тоа Писмото кажува дека Сатаната навлегол во него. За да можат да го убијат Исуса, кој што дошол како Спасителот, непријателот ѓаволот и Сатаната го избрале злобниот Јуда

Искариот да ја заврши оваа работа.

Тука, делото на ѓаволот и делото на Сатаната се разликуваат едно од друго. Сатаната е нешто налик на радио брановите кои што го контролираат умот и предизвикуваат зли мисли кај еден човек, а ѓаволот е оној кој што го тера човека да тие зли мисли ги претвори во дело. Сатаната му ја наметнал на Јуда Искариот мислата да го продаде својот учител. Проблемот тука е во тоа што бидејќи Јуда бил во основа зла личност, тој ја прифатил таа мисла, наместо да се бори против неа. Па одејќи понатаму од самата мисла да го продаде Исуса, тој всушност почнал и да кова план како да го изведе тоа. Тука се гледа делувањето на ѓаволот.

Поради тоа Исус кажал, *„Нели Јас Самиот ве избрав, вас дванаесетмината, а сепак еден од вас е ѓавол?"* (Јован 6:70). Значи дека една зла личност може да биде контролирана од страна на злите духови. Токму поради тој факт, ние мораме постојано ревносно да се молиме, за да се исполниме со Светиот Дух и да не му дозволиме на Сатаната, да ни ги допре нашите мисли. По некое време, Исус му кажал на Јуда, „Што ќе правиш, прави побргу."

Учениците Не Ги Разбрале Исусовите Зборови

„Но никој од оние кои што седеа на трпезата не ја разбраа намерата зошто му го рече тоа. Некои си мислеа, бидејќи Јуда го држеше ковчежето, дека Исус му рече, 'Купи што ни треба за празникот'; или пак, дека треба да раздаде нешто за сиромашните.

Па откако го прими залакот, тој веднаш замина; и беше ноќ." (13:28-30)

Другите ученици не ја знаеле конверзацијата којашто се одвивала помеѓу Исуса и Јуда Искариот. Тие претпоставиле дека Јуда Искариот заминал порано, без да каже ниту збор, за да купи некои нешта за празникот, или пак да им помогне на сиромашните. Тоа се должело на фактот што тој бил задолжен за ковчежето со пари.

На распитот од страна на учениците за тоа кој ќе го продаде учителот, Исус не им одговорил дирктно. Наместо тоа, Тој им одговорил со неговото делување. Но никој не го разбрал тоа. Тоа било така бидејќи фактот дека Исус ќе биде продаден од страна на грешник и ќе умре на крстот за да го исполни планот за спасението било тајна, која што била скриена уште од пред почетокот на времињата. Бог направил така да никој не знае за тоа, пред планот конечно да биде разоткриен.

Лука 18:34 кажува, *„Но учениците ништо не разбраа од овие нешта, значењето на оваа изјава беше скриено од нив и тие не можеа да ги сватат нештата кои што беа изречени."* Поради тоа Исус бил во можност да го разоткрие Јуда и да позборува за него. Без разлика колку и да е итар непријателот ѓаволот и без разлика колку многу се трудел да се ослободи од Исуса, Божјата волја била цврста сè до самиот крај. Самиот факт дека Исус повторно ќе се појави преку воскресението била една вистина којашто не можела да се смени.

Станувајќи нервозен и вознемирен од стравот дека

неговиот план бил разоткриен, Јуда Искариот полека станал од своето место на трпезата и се искраднал надвор. Надвор веќе одамна било темница и студениот ноќен воздух се обвивал околку Јудиното срце.

„Нова Заповед Ви Давам"

И покрај тешката ситуација, Исус бил многу спокоен. Бидејќи Јуда Искариот отишол да го исполни својот план, сега веќе било прашање на време кога Исус ќе биде фатен. По кратко време Исус ќе им биде предаден на луѓето кои што го барале да го убијат и потоа ќе морал да помине низ тешки страдања. Но што мислите, што направил Исус токму пред сето тоа да се случи?

Исус Ја Видел Славата

„Кога тој излезе, Исус рече, 'Сега се прослави Синот Човечки и Бог се прослави во Него; ако Бог се прослави во Него, тогаш Бог исто така ќе го прослави Него во Себеси и веднаш ќе го прослави.'" (13:31-32)

Исус знаел и затоа и се исповедал дека преку Неговото паѓање во рацете на грешниците и умирањето на крстот, ќе се исполни Божјиот план. Тој знаел дека по Неговата смрт на крстот за гревовите на целото човештво и по Неговото воскресение, ќе се отвори патот на спасението, за да можат вистинските чеда Божји—кои што го познаваат Божјото срце—да бидат добиени.

Ова било она што Бог одамна го чекал—секој ден чувствувајќи го како илјада години и илјадата години чувствувајќи ги како еден ден. Така да сега, преку Исуса, сите ове планови требало да се исполнат. Затоа е праведно да се прослави Бог. Кога Јуда Искариот отишол да го продаде Исуса, тоа веќе било завршена работа. Поради тоа Исус кажал дека Синот Човечки веќе бил прославен.

Па тогаш каква слава примил Исус? Дури и на овој свет, ако некој исполни нешто што требало да го заврши, се смета за слава и чест. Исус станал првиот плод на воскресението. Тој си го дал Својот живот за да може да го уништи јазот кој што бил формиран помеѓу Бога и луѓето, поради нивните гревови. Па правејќи го тоа, Тој повторно донел смирување помеѓу двата ентитета. Бидејќи Тој во Себе немал грев, Тој ја уништил силата на смртта и се воскреснал од мртвите, станувајќи првиот плод на оние кои што биле заспани (1 Коринтјани 15:20).

Тој станал славниот Спасител, кој што ќе поведе голем број на души од Пеколот кон Небесата и од смртта кон вечниот живот. Бог го направил Исуса единствената врата кон спасението (Дела 4:12). Поради тоа Исус ќе ја прими—сега и засекогаш—славата и благодарноста од страна на сите Божји чеда, кои што се здобиле со спасението преку Него. Колку ли мора да е голема таа слава?

Исус Задава Нова Заповед

„Чеда, уште малку сум со вас. Ќе Ме барате; и како што им реков на Јудејците, така сега ви кажувам и вам, 'Таму каде што одам, вие не можете да дојдете.' Нова заповед ви давам, да се сакате еден со друг, како што Јас ве сакав, така и вие да се сакате еден со друг. Преку ова сите ќе ве познаат дека сте Мои ученици, ако ја имате љубовта еден за друг." (13:33-35)

Исус порано им кажал на Јудејците, *„Каде што сум Јас, вие не можете да дојдете"* (Јован 7:34). Тоа било поради тоа што по умирањето на крстот и воскресението, Тој ќе добие ново, духовно тело и ќе се вознесе на небесата. Се разбира дека Тој во духот ќе биде и понатаму со Своите ученици, потврдувајќи го словото низ знаци и чудеса, но Тој не можел и понатаму да биде со нив во тело. По Исусовото воскресение и вознесение на небесата, Тој веќе не можел да биде виден во овој свет. Но постои еден начин преку кој може да се биде едно со Господа, а тоа е сакањето едни со други, како што Тој не сака нас.

Причината поради која Бог го испратил Исуса на овој свет била затоа што Тој ги сакал луѓето, иако тие постанале грешници. Преку Своите дела, Исус исто така ги поучувал луѓето за Божјата љубов. Ние мораме да ја запознаеме оваа љубов и да бидеме сигурни дека оваа љубов постојано ќе пребива во нас (Ефесјаните 5:1-2).

Колку повеќе од Божјата љубов—љубовта што чекала толку стрпливо и толку долго, да се здобие со вистинските чеда—имаме во нас, толку повеќе души ќе можеме да поведеме кон спасението. Да се биде добар, да не се делува недолично и непристојно, да не се бара нашата корист итн, сите тие се плодови на духовната љубов. Колку повеќе од овие плодови носиме во нас, толку повеќе ќе можеме во целост да ја исполниме Божјата работа. Верниците кои што ги живет своите животи на овој начин, се оние кои што Бог ги препознава како „Моите вистински чеда", а Исус ги нарекува „Моите вистински ученици."

„Ти Три Пати Ќе Се Одречеш Од Мене"

„Симон Петар Му рече, 'Господи, каде одиш?' Исус му одговори, 'Каде одам Јас, ти не можеш да Ме следиш сега; но ќе дојдеш подоцна.' Петар Му кажа, 'Господи, зошто не можам веднаш да Те следам? Животот свој ќе го положам за Тебе.' Исус одговори, 'Животот ли ќе го положиш за Мене? Вистина, вистина ти велам, петел нема да запее додека ти три пати не се одречеш од Мене." (13:36-

38)

Кога Исус зборувал во врска со умирањето на крстот, воскресението и вознесението на небесата, Петар станал вознемирен и кажал, „Господи, каде одиш?" „Каде одам Јас, ти не можеш да Ме следиш сега; но ќе дојдеш подоцна," му одговорил Исус.

Во текот на три години—што не е мал временски период—Петар бил секогаш заедно со Исуса. Кога Исус се искачил на Гората на Преображението и ја воскреснал Јаировата ќерка, претставникот на синагогата Петар бил со Него. Тој не можел да свати зошто не можел тој да биде заедно со Исуса. „Господи, зошто не можам веднаш да Те следам? Животот свој ќе го положам за Тебе." Петар бил полн со самодоверба. Но Исус ја затресол главата, „Петел нема да запее додека ти три пати не се одречеш од Мене."

Сакајќи да ја искаже својата силна волја да не го напушти или да се одрече од Исуса, Петар уште поинтензивно прозборил, „Дури и да треба да умрам заедно со Тебе, нема да се одречам од Тебе!" Сите други ученици го кажале истото нешто (Марко 14:31). Но што всушност се случило? Откако Исус бил уапсен, Петар три пати одрекол дека го познава Исуса а другите ученици сите се разбегале и распрскале наоколу.

Без разлика колку многу се исповедаме во верата, нашата исповест ќе биде ништо ако не биде препознаена од страна на Бога.

Глава 14

Исус, Патот, Вистината И Животот

1. Исус Ги Теши Учениците
(14:1-15)

2. Ветувањето За Помошникот, Светиот Дух
(14:16-31)

Исус Ги Теши Учениците

Во тоа време, Ерусалим бил донекаде исполнет со неизвесност. За време на јавен собир, Јудејските водачи објавиле дека секој кој што верува во Исуса ќе биде истеран од синагогата, а првосвештениците и Фарисеите се труделе, штом им се укаже прилика, да го фатат Исуса. Од друга страна пак, Исус продолжил да зборува дека наскоро ќе оди некаде. Згора на тоа, Тој исто така споменал дека еден од учениците ќе го предаде. Срцата на учениците морале да биле навистина полни со тегоба во тоа време.

„Верувајте Во Бога, Верувајте И Во Мене Исто Така."

„Не доволувајте да ви се вознемири срцето ваше; верувајте во Бога, верувајте и во Мене исто така. Во куќата на Мојот Отец има многу места за живеење; ако не беше така, ќе ви кажев; бидејќи одам да подготвам место за вас. И откога ќе отидам и ќе ви приготвам место, Јас пак ќе дојдам и ќе ве земам при Себе, за да бидете и вие каде што сум Јас." (14:1-3)

Исус им ја предал на Своите ученици пораката на надежта, бидејќи тие биле исполнети со грижи. „Не дозволувајте да ви се вознемири срцето ваше; верувајте во Бога, верувајте и во Мене исто така."

Неверојатните знаци и чудеса коишто ги изведувал Исус биле доказ дека Бог бил со Него. Ако тие вистински верувале во Исуса, кој што бил со нив, за што тогаш требало да се грижат? Па дури и да го виделе Исуса како умира на крстот, за што требало да се грижат? Исус сакал да Неговите ученици се здобијат со верата со којашто ќе можат да препуштат сѐ на Божјата волја, сѐ додека не ја видат славата на воскресението. Па затоа Тој им кажал една тајна. Тој им споменал за вечните места за престој во Небесата.

„Во куќата на Мојот Отец има многу места за живеење." Овие зборови го опфатиле Исусовото срце со желбата да сите луѓе се здобијат со спасението. Тој не кажал, „Постојат многу места за живеење на Небесата," туку кажал „Во куќата на Мојот Отец има многу места за живеење." Овие зборови исто така ни ја откриваат Исусовата љубов. Бог не сака да во Неговото кралство влезат голем број на луѓе само за да Тој владее над нив како Крал; Тој посакува голем број на вистински чеда со коишто Тој ќе биде во можност да ја сподели љубовта и да живее заедно со нив во вечноста. Поради тој факт Исус ги употребил зборовите, „Куќата на Мојот Отец."

Бидејќи Небесата се бескрајно големи, секој кој што пребива во Божјата љубов ќе може да влезе во нив. Без разлика на расата, полот, староста или социјалниот статус, секој кој што верува во Исуса како во својот Спасител и кој што го живее својот живот во согласност со Божјото Слово, ќе може да влезе во Небесата. Кога Исус кажал, „Бидејќи одам да подготвам место за вас," Она што Тој го мислел било тоа дека за кратко време, Тој ќе биде предаден како жртва на мирот, за да може да го уништи ѕидот на гревот којшто стои помеѓу Бога и луѓето (1 Јован 2:2). Затоа на секого кој што верува во Исуса Христа ќе му бидат простени гревовите, ќе го прими спасението, а подоцна ќе влезе во убавото кралство на Бога. Значи Исус го мислел ова, кога кажал дека Тој оди да го земе крстот и да ни приготви место за нас, на Небесата.

Кога ќе дојде времето и кога култивацијата на луѓето ќе биде завршена, Исус повторно ќе дојде за нас. Местата за живеење на Небесата тогаш ќе бидат завршени. Ова е така, поради фактот дека местата за престој и наградите наменети за секоја личност на Небесата, ќе зависат од тоа колку таа личност го живеела својот живот тука на земјата. Поради тоа, култивацијата на луѓето мора да биде завршена, за да може овие одлуки да бидат донесени и финализирани на Небесата.

На пример, ако некоја личност во некој одреден момент од својот живот ја има искусено Божјата благодет и верно му служела на Бога, трупајќи многу небесни награди, но ако подоцна му се наврати на секуларниот свет и го загуби своето спасение, тогаш сето што го имала натрупано како награди на Небесата, ќе и биде одземено. Но ако ја одржуваме верата и до крајот се бориме да живееме за Божјата слава, тогаш Бог ќе ги запамети сите овие нешта и ќе не награди за нашите заслуги. Значи дека не само што ќе бидеме во состојба да живееме заедно со Бога во вечноста, туку и ќе си ги добиеме нашите награди. Затоа Исус кажал, „За да каде што сум Јас, бидете и вие исто така." Наградите наменети за некоја личност, којашто е спасена но подоцна згрешила во животот, ќе ѝ бидат намалени се до она ниво, до кое што таа личност згрешила или го искомпромитирала името на Бога.

„Јас Сум Патот, Вистината И Животот."

„'А каде одам Јас знаете и патот го знаете.' Тома Му рече, 'Господи, не знаеме каде одиш; па како тогаш можеме да го знаеме патот?' Исус му рече, 'Јас сум патот, вистината и животот; никој не може да дојде при Отецот на друг начин, освен преку Мене.'" (14:4-6)

Исус точно знаел каде морал да оди. „Каде одам Јас" се

однесува на Небесата, кадешто се наоѓа Бог, а „патот" бил патот по којшто тргнал Исус: од времето на доаѓањето на овој свет како Синот Божји, па сѐ до исполнувањето на Божјата волја и конечното Негово враќање назад на Небесата. Учениците многу подобро го знаеле, од било кој друг, патот по којшто врвел Исус. Она што Исус го имал искажано и начинот на којшто делувал, им било достапно од прва рака, бидејќи биле толку многу блиску до Него, па затоа и биле запознаени со сето тоа. Поради тоа Исус им кажал, „А каде одам Јас знаете и патот го знаете."

Она на што Исус се осврнувал на ова место било тоа дека не само учениците, туку и сите луѓе кои шото веруваат во Него, мораат да тргнат по овој пат, по којшто одел Исус. За да можеме да одиме по овој пат, ние мораме да станеме чисти во душата. Мораме да го отфрлиме злото од нашите срца и да се прочистиме. Колку што повеќе успееме да ја оствариме Божјата светост, толку повеќе ќе бидеме во можност да го сватиме Неговото срце и волја, за да потоа можеме и да ја исполниме таа волја. Бидејќи Исус во Себе немал никаков грев, Тој бил едно со Бога и можел да ја исполни Неговата волја.

За да можеме да одиме по „патот", ние мораме да бидеме Господовите сведоци сѐ до самиот крај на земјата. Исто како што Исус дошол на овој свет за да ги спаси грешниците, исто така и ние мораме вредно да го шириме евенгелието и да се обидеме да поведеме колку што е можно поголем број на луѓе кон спасението. Кога Исус кажал дека тие, Неговите ученици, знаеле каде Тој тргнал да оди, Тома бил збунет.

„Господи, не знаеме каде одиш; па како тогаш можеме да го знаеме патот?" Не долго пред тоа, кога Исус кажал да одат до мртвиот Лазар, Тома не го разбрал Исуса и кажал, „Да одиме да умреме со Господа." Поради фактот што Тома во себе имал многу телесни мисли, тој имал големи потешкотии во разбирањето на Исусовите зборови. Но и другите ученици исто така биле слични. Атмосферата во таа ситуација била навистина тешка, па поради разните мисли коишто им поминувале низ нивните умови, не разбирајќи доволно, тие не се осмелувале ништо да запрашаат. Најверојатно им било навистина драго да го чујат Тома како го поставува тоа прашање наместо нив. Па затоа Исус, со јасен и чист тон во гласот им кажал: „Јас сум патот, вистината и животот; никој не може да дојде при Отецот на друг начин, освен преку Мене."

Што мислел Исус споменувајќи го „патот"? За да можеме да се стигнеме до некоја одредена дестинација, мораме да тргнеме по некој одреден пат којшто ќе не одведе таму. Затоа, слично на ова, за да можат чедата Божји да отидат до Небесата, тие мораат да одат преку Исуса Христа. Како што е запишано, *„И нема спасение во никого друг; бидејќи не постои друго име под небесата, дадено на луѓето, преку кое што можеме да бидеме спасени"* (Дела 4:12), Исус Христос е патот којшто води кон Небесата, кон спасението и вечниот живот.

Зошто тогаш Исус кажал „Јас сум вистината"? Исто како што сообраќајните знаци по патиштата ни овозможуваат да сигурно стигнеме до некоја дестинација, исто така и во Христа има нешто што ни овозможува да сигурно стигнеме до Небесата. Па затоа тоа е „вистината." Ние мораме да ја следиме вистината—којашто всушност е Божјото Слово— за да можеме да стигнеме до нашата дестинација, Небесата. Исус бил Словото кое што станало тело и дошло на овој свет. Па поради фактот што Тој го исполнувал Законот преку љубовта, Тој се нарекол Себеси, „вистината."

Исус исто така кажал, „Јас сум животот" бидејќи кога веруваме во Исуса, кој што умрел на крстот за да ја превземе на Себе казната наменета за грешниците—чии што души умреле поради тој грев—тогаш ние се здобиваме со вечниот живот (1 Јован 5:12). Кога веруваме во Исуса Христа, ние се здобиваме со нов живот, а кога живееме во согласност со Неговото Слово, ја добиваме можноста да стигнеме до Небесата, нашиот нов дом.

„Господи, Покажи Ни Го Отецот."

„'Ако Ме бевте познале, би го познале и Мојот Отец исто така; а отсега натаму го знаете и сте го виделе.' Филип Му рече, 'Господи, покажи ни го Отецот и доволно ќе ни биде.' Исус му кажа, 'Толку време бев со вас, а сепак сеушто не си ме познал, Филипе? Оној кој што Ме има видено Мене, го има видено и Отецот; па како тогаш можеш да кажаеш, „Покажи ни го Отецот"?'" (14:7-9)

Постои една стара поговорка којашто кажува дека

ако погледнете на едно дете, веднаш ќе можете да кажете кои му се неговите родители. Кога ќе погледнете на еден син којшто наликува на својот татко, изгледа исто како да гледате на неговиот татко. Уште повеќе ќе ни го зголеми впечатокот кога ќе го видиме детето како оди, зборува и делува на ист начин како и својот татко. Тогаш како Исус, кој што бил Божјиот Син, можел да поучува за Бога?

Како прво, преку проповедањето на евангелието за Небесата Тој покажал кој всушност е Бог и ни укажал на кој начин би требало да ги живееме нашите животи. Тој поучувал за Божјата вистинска волја којашто била во согласност со Законот; но не се запрел тука. Низ Своите дела Тој направил да ја почувствуваме Божјата љубов.

Без колебање Исус посегнал кон оние коишто биле запоставени во општеството. Ја испружил Својата рака кон оние души коишто се давеле во длабокиот базен на гревот и на болестите. Тој дури не ги сметал за нечисти и лепрозните, чија што кожа се скапувала и од којашто течел гној. Тој ги лекувал или преку Неговите зборови, преку коишто ја давал заповедта, или пак преку положувањето на Своите раце на нив. Па така што кога и да ги лекувал болните и слабите, Тој тоа го правел со толку голема љубов; што луѓето чувствувале како Исусовата љубов им ги обзема срцата.

Поради ова кога Исус зборувал за Бога, луѓето можеле да ја имаат верата во фактот дека Бог е Богот на љубовта, сочувството и милоста. Преку нивната средба со Исуса, тие можеле да Го почувствуваат и сретнат Бога, исто така. Исус кажал, „Отсега натаму го знаете и сте го виделе." Дури и денеска ние сме во состојба да знаеме за Бога низ животот и учењата на Исуса.

Причината поради која Исус ги употребил зборовите „Отсега натаму", лежела во тоа што во тоа време, човек не можел да каже дека учениците навистина го познавале Бога. Поради фактот што сеуште не присуствувале на Исусовата егзекуција на крстот и на Неговото воскресение, тие сепак сеуште во себе ја немале целосната вера. Како да сакал да го потврди сето тоа, Филип на брзина рекол, „Господи, покажи ни го Отецот."

Филип, како и Петар, бил од градот Витсаида и бил еден многу логичен и практичен човек. Дури и кога Исус ги нахранил илјадниците луѓе со само двете риби и петте векни леб, тој бил во можност бргу да пресмета колку храна била потребна и колку пари биле потребни да се купи таа храна, за да се исполни сето тоа. Па кога му било кажано дека со гледањето на Исуса, го има видено и Бога, тој не можел тоа да го разбере. Луѓето како него, кои што се обидуваат сé да сватат преку своите воспоставени стандарди и мисли, имаат навистина потешкотии да ги сватат духовните значења, па сходно на тоа исто така имаат потешкотии и да се здобијат со верата.

Дури и денеска, постојат многу случаеви каде што луѓето кажуваат дека веруваат во Бога, но не знаат кој навистина е Бог, не сваќајќи го Неговото срце и волја. Тие на Бога гледаат преку нивните сопствени духовни рамки, па си помислуваат, „Богот во кој што верувам е ваков." Ова е нешто слично на тоа што жабата којашто е во бунарот си помислува дека небото коешто го гледа над неа, го претставува целиот свет.

Поради тоа тие потфрлаат во напорите да ја примат поголема љубов од Бога и гледајќи како некој друг ја прима поголемата љубов од Бога, тие помислуваат дека сето тоа е нешто чудно. Па кога Исус запрашал, „Толку време бев со вас, а сепак сеуште не си ме познал, Филипе? Оној кој што ме има видено Мене, го има видено и Отецот; па како тогаш можеш да кажеш, 'Покажи ни го Отецот'?" Тој тука им се обраќа на сите луѓе кои што ја имаат верата слична на Филиповата.

„Отецот Кој Што Пребива Во Мене Ги Врши Делата Негови"

„Зарем не верувате дека Јас сум во Отецот и дека Отецот е во Мене? Зборовите коишто ви ги кажувам, од Себе не ги кажувам, туку Отецот кој што пребива во Мене ги врши делата Негови. Верувајте Ми дека Јас сум во Отецот и дека Отецот е во Мене; или пак верувајте поради самите дела." (14:10-11)

Исус порано има споменато дека којшто го има видено Него, го има видено и Отецот. Што си мислите, зошто Тој го споменал сето тоа? Тоа е поради фактот што Исус е во Бога, а Бог е во Исуса; па затоа Тие заедно се едно. Дури и низ силните дела Тој покажал дека Тој е едно со Бога. Тој лекувал секакви болести и ги исцелувал сакатите. Дури и зборовите кои што ги кажувал, не биле по Негова лична иницијатива, туку биле изречени од страна на Отецот, кој што пребивал во Него (Јован 12:49-50).

Па сходно на тоа што Тој бил едно со Бога, Исус можел да го земе на себе болниот начин за исполнувањето на планот за спасението, преку смртта на крстот. Исус веќе бил едно со Бога во срцето и волјата, во желбата да се спасат сите души коишто умирале во гревот. Токму поради тоа Тој можел бестрашно да појде по овој пат, којшто во човечките очи изгледал екстремно тежок. Исто како што можеме да го одредиме дрвото според неговите плодови, кога ќе погледнеме на делата коишто ги имал извршено Исус, ние можеме да видиме и да поверуваме дека Тој е во Бога и дека Бог е во Него.

Оној Кој Што Верува Во Мене Ќе Врши И Поголеми Дела

„Вистина, вистина ви велам, оној кој што верува во Мене, делата коишто ги вршам Јас, и тој ќе ги врши; и поголеми дела од овие ќе врши; бидејќи Јас си одам кај Отецот." (14:12)

Во Евреите 11:1, верата е дефинирана како „*осигурување за нештата на коишто се надеваме, докажување за нештата коишто се сеуште не видени.*" Во Марко 9:23 се кажува, „*Сите нешта се возможни за оној којшто верува.*" Затоа ако ја имаме вистинската вера во Исуса, ќе можеме да ги правиме делата коишто Исус ги извршувал, па дури и дела поглеми од тие, исто така.

Но зошто морал Исус да појде кај Отецот за да се случат овие нешта?

Кога ископуваме кикирики или компири, ако ископаме само една лоза, голем број на делови од лозата ќе можат исто така да бидат ископани. На почетокот е засадено само едно делче од кикириката или од компирот, но тоа подоцна дава многу повеќе плод. Слично на тоа, Исус бил само едно единствено семе коешто било засеано на овој свет, заради Божјото кралство. Исто како што семето продуцира многу повеќе плод само после губењето на својат форма, исто така и Исус морал во целост да се жртвува Себеси, за да се добие голем број на Божји чеда.

Моментот кога Исус го завршил Своето свештенствување тука на оваа земја и се вознесол на Небесата, претставува моментот кога бил зачнат новиот оган за комплетирањето на кралството Божјо. Заради тоа Исус ги оставил Своите дванаесет ученици. Потоа, голем дел од Божјото дело бил изведен преку овие дванаесет ученици. Ние можеме да видиме дека оние кои што верувале и биле едно со Исуса во верата, можеле да изведуваат многу силни дела на Божјата сила, исто како што тоа го правел Самиот Исус.

Ако погледнете во книгата Дела, таму е кажано дека кога Петар проповедал, три илјади нови души пристапувале во верата. Тој исто така можел да лекува личности коишто биле сакати уште од своето раѓање и да воскреснува луѓе од мртвите. Тој изведувал и многу други чудесни знаци.

Поради тоа што овие знаци биле изведувани преку Петра, голем број на луѓе го примиле спасението и на Бога му била донесена голема слава. Апостолот Павле исто така има изведувано голем број на знаци и чудеса, па не само дека го изведувал своето свештенство, туку имал и еден воодушевувачки одраз на самото свештенствување воопшто и на ширењето на евангелието. Значи дека се случило токму како што Исус кажал, „И поголеми дела од овие ќе врши."

„Ако Посакате Нешто Во Мое Име, Јас Ќе Го Направам"

„Што и да посакате од Отецот во Мое име, Јас ќе го направам, за да се прослави Отецот во Синот. Ако посакате нешто во Мое име, Јас ќе го направам. Ако Ме сакате, запазете ги Моите заповеди." (14:13-15)

Кога се молиме, мораме да се молиме во името на Исуса Христа Спасителот и мораме да веруваме во тоа дека ќе ни биде одговорено на нашето барање. Бидејќи Бог е семоќен, сето она што ќе го побараме во името на Исуса Христа, Тој може да ни го даде. Поради тоа Исус кажал, „Што и да посакате од Отецот во Мое име, Јас ќе го направам." А за да можеме подобро да разбереме зошто кажал, „за да се прослави Отецот во Синот," да погледнеме на еден илустративен пример.

Да кажеме дека еден респективно признаен човек е сопственик на една голема компанија и сака сето тоа да му го пренесе на својот син. Ако идеалите за кои што се залага синот и неговата мудрост се слични на оние кои што ги имал неговиот татко, водејќи ја компанијата на еден добар начин, дури и развивајќи ја и понатаму, тогаш неговиот татко ќе биде навистина задоволен. Дури и другите луѓе, гледајќи го сето тоа, ќе го величаат синот и ќе кажуваат, „Тој е ист како и неговиот татко." Слично на тоа, кога голем број на Божји дела ќе се случат преку името на Исуса Христа, тогаш Божјото кралство и сферата на влијание ќе се зголемат, а Бог ќе биде возвеличан и прославен.

Причината поради која Исус уште еднаш повторил, „Ако посакате нешто во Мое име, Јас ќе го направам," била во тоа да уште еднаш стави акцент на тоа дека Бог може било што да направи.

Се разбира дека сето тоа не значи дека ако нешто побарате и се помолите во името на Исуса Христа, веднаш ќе ви биде одговорено на желбите. Како што е запишано, „*Возљубени, ако нашите срца не нé осудат, ако ја имаме довербата во Бога; што и да побараме ќе добиеме од Него, бидејќи ги запазуваме Неговите заповеди и ги правиме нештата кои што Му се угодни Нему*" (1 Јован 3:21-22), значи дека пред сé мораме да живееме во согласност со Божјото Слово. Како што сакаме да ја слушаме личноста која што ја сакаме и да правиме сé што ќе побара од нас, исто така ако го сакаме Господа, ќе се покориме на Божјите заповеди, како што Господ нé поучил за тоа. Тоа би бил доказ за нашата љубов кон Бога.

Ветувањето За Помошникот, Светиот Дух

Исус знаел дека по извршувањето на мисијата за исполнувањето на планот за спасението на човештвото, ќе му се врати на Отецот. Сето тоа веќе било испланирано уште од самиот почеток. Но сепак постоело нешто кое што му го вознемирило Неговото срце. Секогаш кога ќе погледнел кон Своите ученици, Тој помислувал како да остава стадо овци на милоста и немилост на глутница волци, па поради тоа чувствувал голема тага. За да може да ги утеши Своите ученици, Тој им ја дал надежта за Небесата, верата и молитвата и како да да ја имаат победата преку љубовта. Потоа Исус им го ветил и другиот Помошник.

Другиот Помошник

„Јас ќе го помолам Отецот и Тој ќе ви даде друг Помошник, да биде со вас довека; Духот на вистината, кого што светот не може да го прими, бидејќи не го гледа, ниту го познава, но вие Го познавате, бидејќи Тој пребива во вас и ќе биде во вас." (14:16-17)

Тука 'Помошникот' значи „Личноста којашто зборува во името на друга личност и ја води и советува, да свати што е праведно а што не е," или „Оној кој што дава препораки, потпора, сила и утеха." Исус исто така водел живот на Помошник. Тој бил Божји пророк, бил посредникот којшто им помагал на луѓето да ги увидат своите гревови и имајќи го во Себе Божјото срце, Тој ги лекувал ранетите души коишто биле во страдање, тешејќи ги и кажувајќи им го евангелието за Небесата.

Токму поради тоа Исус не го нарекол Светиот Дух, едноставно со „Помошникот", кој што ќе ги заштитува и поучува учениците, туку со „Другиот Помошник." Како и „Божјото срце", Светиот Дух исто така е наречен „Духот на Вистината." Светиот Дух чука на срцето на секој човек, за да можат тој или таа да влезат низ вратата на спасението, која што била отворена од страна на Исуса Христа. Кај оние луѓе кои што се добри во срцата и кои што го примиле Исуса Христа, Светиот Дух пребива во нив. Тој им помага да го разберат провидението за крстот и Исуса Христа и им помага да го почувствуваат Божјото срце.

Библијата ни кажува дека присуството на Светиот Дух било *"слегувањето на гулабот"* (Матеј 3:16), и *"...и им се јавија разделени јазици, како огнени, и застанаа над секого од нив"* (Дела 2:3). Светиот Дух различно делува кај секоја личност, во зависност од околностите, за да може таа личност подобро да ја разбере Божјата љубов. Но бидејќи луѓето од овој свет ја сакаат темнината повеќе од светлината, тие не се во можност да го примат Светиот Дух, кој што е дел од Бога, кој што е Светлината. Исто како што луѓето не можат да го видат ветрот, иако тој постои, исто така ваквите луѓе не можат да го почувствуваат ниту Светиот Дух.

Светиот Дух Кој Што Пребива Внатре

„Нема да ве оставам како сираци; ќе дојдам при вас. Уште малку и светот нема веќе да Ме гледа, но вие ќе Ме гледате; затоа што Јас живеам, и вие ќе живеете исто така. На тој ден ќе дознаете дека Јас сум во Отецот, вие сте во Мене и дека Јас сум во вас." (14:18-20)

Без Исуса, учениците би биле како сираци кои што се без своите родители. Но Исус, кој што е полн со сочувство и љубов, никогаш не би ги оставил да се почуствуваат така. Да, тие за некое време ќе бидат одделени едни од други кога Тој ќе умре на крстот, но Тој им наговестил дека тоа ќе биде само за одредено кратко време и им ветил дека ќе се врати.

„Нема да ве оставам како сираци; ќе дојдам при вас." И како што и рекол, по Неговото воскресение, во неколку ситуации Исус се вратил да ги посети Своите ученици, па дури и се појавил пред петстотини браќа во исто време (1 Коринтјаните 15:6). Но кога кажал, „Ќе дојдам при вас," Тој не мислел само на тоа да се појави пред нив по воскресението. Постои едно подлабоко значење кое што стоело зад оваа изјава, а кое што било во тоа дека по исполнувањето на планот на спасението, Исус и Неговите ученици ќе можат да бидат заедно во вечноста.

Токму пред Неговото распетие, Исус кажал, „Затоа што Јас живеам," бидејќи Тој го комплетирал уверувањето дека провидението Божјо ќе биде исполнето.

Непријателот ѓаволот и Сатаната си помислиле дека преку убивањето на Исуса, Месијата, сето ќе се заврши. Но бидејќи го убиле Исуса, кој што бил безгрешен, тие го прекршиле Божјиот закон којшто кажува „Платата за гревот е смртта." Сатаната со тоа си го ископал својот сопствен гроб. Како резултат на сето тоа, секој кој што духовно е едно со Господа, кој што станал првиот плод на воскресението, е ослободен од законот за гревот и смртта, па може да го прими вечниот живот. Поради тоа што Господ воскреснал, вратата кон животот се отворила за сите нас.

Исус кажал, „На тој ден ќе дознаете дека Јас сум во Мојот Отец, вие сте во Мене и дека Јас сум во вас." На ова место, „На тој ден" се однесува на денот кога Исус воскреснал по уништувањето на силата на смртта. Иако изворно Исус е едно со Бога, само по целосното комплетирање на мисијата која што му била доделана од страна на Бога, Тој кажал, „Јас сум во Отецот." Во тој момент, Исус бил во иста ситуација во којашто се наоѓа еден син кој што го имал исполнето сето она што неговиот отец го барал од него, па затоа бил во состојба да погледне во очите на својот татко, исполнет со радост и самодоверба.

'Вие сте во Мене' ја означува нашата вера во Господа. Кога ќе поверуваме во Исуса Христа, ќе можеме да живееме во Господа. Ова не е верата којашто е базирана на она што го имаме како знаење во нашите умови, туку духовната вера, којашто не се менува—без разлика на околностите. Само кога ќе ја имаме таквата вера ќе можеме да кажеме дека ние сме во Господа.

Причината поради која Исус кажал, 'Јас сум во вас,' е во тоа што Бог го испратил Светиот Дух да пребива во срцата на оние луѓе кои што веруваат во Исуса, како во својот Спасител. Ние не можеме со очите да го видиме Светиот Дух, но Тој всушност пребива во нас. Тој ни помага да ги сватиме Божјата волја и срце и да ја почувствуваме љубовта на Исуса Христа.

Кој Ги Запазува Заповедите Со Помош На Светиот Дух

„Кој ги има и запазува заповедите Мои, е оној кој што Ме сака; а оној кој што Ме сака, ќе биде сакан од Мојот Отец и Јас ќе го сакам и ќе му се откријам

Себеси." (14:21)

Овој стих ни кажува што значи да 'се сака Исус преку помошта од страна на Светиот Дух.' Ако кажеме дека го сакаме Исуса, но не ги запазуваме Неговите заповеди, тогаш тоа значи дека ние всушност не го сакаме Него. Сакњето на некоја личност само преку зборови е исто како празното ехо. Тоа во себе ја нема вистинската вредност. Затоа по објаснувањето дека е едно со Отецот, Синот и Светиот Дух, Исус нагласил, „Кој ги има и запазува заповедите Мои, е оној кој што Ме сака."

Ако некој го има доверливиот однос со Господа во верата и ако навистина го сака Господа, тогаш тој би ги земал Неговите зборови, би ги сместил во своето срце и би се обидел да живее според нив. Тој не би им се покорил на нив едноставно за да биде послушен—туку би го разбрал она што Исус го имал кажано и со радост и благодарност би ги носел во себе Неговите зборови.

Исто како што се разубавуваме себеси пред да се сретнеме со нашите сакани тука во овој физички свет, исто така, ако навистина го сакаме Господа, би требало да сакаме да се ослободиме од она што сме биле во минатото, кога сме биле едно со светот, природно почнувајќи да наликуваме на Господа. Начинот на којшто зборуваме, на кој што чекориме и секое друго делување што ќе го правиме, ќе стане свето и целосно, наликувајќи му на Христа. Само оние луѓе кои што продолжуваат да се менуваат на овој начин—преку помошта на Светиот Дух—можат навистина да кажат дека го сакаат Господа.

Ако погледнеме во Библијата, можеме да видиме дека Бог ја изразува посебната љубов кон оние луѓе кои што ги запазуваат Неговите заповеди, поради нивната љубов кон Него. На Авраама, кој што бил спремен да си го жртвува единствениот син Исак, Бог му ги подарил најголемите благослови да стане таткото на верата, коренот на сите благослови. Даниил кој што го сакал Бога повеќе од својот живот, ја примил заштитата дури и од челустите на гладните лавови. Тој потоа можел да ја покаже Божјата слава на еден голем начин, низ целата земја.

Бог не ја прима еднострано љубовта којашто Неговите чеда му ја подаруваат од сé срце, со сета своја волја и живот. Без двоумење, Тој веднаш го покажува доказот и за Неговата љубов исто така. Па потоа, ние ќе можеме да се придржуваме до Неговото Слово со уште поголема радост и благодарност.

Ќе Бидам Со Вас Во Името На Отецот, Синот И На Светиот Дух

„Му рече Јуда (не Искариот), 'Господи, што се случило, та да сакаш да ни се јавиш нам а не на светот?' Исус одговори и му рече, 'Ако некој Ме сака, тој ќе го запази Моето Слово; и Мојот Отец ќе го сака, а Ние ќе дојдеме при Него и живеалиште кај Него ќе направиме. Оној кој што не Ме сака, не го запазува Словото Мое; а Словото коешто го слушате не е Мое, туку на Отецот кој што Ме испрати.'" (14:22-24)

Јуда, не Искариот, бил едниот од Исусовите дванаесет ученици. Тој бил синот на Јакова и бил наречен исто така и „Тадеј" (Лука 6:16). Бидејќи бил во неможност да го разбере духовното значење кое што лежело зад Исусовите зборови, Јуда запрашал зошто Тој ќе им се јави на нив а не на светот. Но во реалноста не било дека Исус не му се јавил на светот—туку луѓето од светот не успеале да Го препознаат. Исус му ги отворил очите на слепиот, што значи дека се открил Себеси; но сепак Јудејците го обвиниле како да е некој грешник. Тие не ги разбрале Исусовите зборови, коишто во себе го содржеле вистинскиот живот. Наместо тоа, тие Го исмевале и Го прогонувале.

Од друга страна пак, луѓето кои што имале добри срца успеале да ги разберат Неговите зборови и го земале животот од Неговите зборови како да е лично нивен и го примениле во своите животи. Само ваквите луѓе го признаваат Исуса Христа како нивниот Господ и можат да Го наречат Бога, како нивниот Отец. Токму поради тоа Исус уште еднаш кажал дека да ако го сака Него, значи да го почитува и запази Неговото Слово, а тие што го прават тоа, „А Ние ќе дојдеме при Него и живелиште кај Него ќе направиме."

Тука, прво лице множина се однесува на 'Богот Отецот, кој што е Словото', 'Исус Христос Спасителот', и 'Светиот Дух.' Кога Словото е во сите нас, и кога ги запазуваме заповедите на Отецот, тогаш Отецот е во нас, а ние сме едно со Него, што не прави да бидеме Неговите вистински чеда. 'Ние', со значење Бог, Исус Христос и Светиот Дух како едно нешто, кога тие пребиваат во нашите срца, не само како едно делче од Отецот, Синот или од Светиот Дух, туку како комплетното срце на Богот Тројството, кое што ќе биде запишано во нашите срца.

Луѓето кои што длабоко го почитуваат Бога и кои што ја следат вистината, доаѓаат пред Исуса сакајќи да го чујат Словото. Тие стануваат просветлени во срцата и знаат дека Исус е Христос. Тоа е така бидејќи тие го примаат Исусовото Слово како да е Словото од Самиот Бог.

Свештенствувањето На Светиот Дух, На Помошникот

„Овие нешта ви ги кажав додека пребивав со вас. Но Помошникот, Светиот Дух, кого што Отецот ќе го испрати во Мое име, Тој ќе ве научи на сите нешта и ќе ви напомене за сè што сум ви зборувал." (14:25-26)

Зошто тогаш Бог морал да почека Исус да ја заврши Својата мисија на овој свет па потоа да го испрати Светиот Дух, во името на Исуса Христа? Светиот Дух е 'Божјиот Дух којшто е свет'; поради тоа Тој не може да пребива во грешниците. Само оние луѓе на кои што им биле простени гревовите низ крвта на Исуса, можат да го примат Светиот Дух. Бидејќи Исус станал помирувањето и направил мир помеѓу луѓето и Бога, Светиот Дух—кого што го има испратено Бог—не можел да пребива во нашите срца.

Но ова не значи дека во времето на Стариот Завет, пред да дојде Исус, немало дела на Светиот Дух. Во тие денови, во името на Духот Божји или на Духот ГОСПОДОВ, Бог ги поттикнал срцата на пророците, или со други зборови кажано, на Неговите луѓе, да ја изведуваат Неговата работа. Бидејќи сето тоа се случувало уште пред да на луѓето им бидат простени гревовите низ крвта на Исуса Христа, Светиот Дух не можел да пребива во срцата на луѓето; наместо тоа, Тој ги поттикнал луѓето однадвор да тие можат да ја исполнат Неговата работа.

'Бог ќе го испрати Светиот Дух во името на Исуса Христа', значи дека Светиот Дух, којшто е 'од истиот Дух' како и Исус, ќе дојде на местото на Исуса. Светиот Дух спроведува едно многу важно свештенство. Една од најважните задачи кои што Тој ги има е „Тој ќе ве научи на сите нешта и ќе ви напомене за сѐ што сум ви зборувал."

Светиот Дух го придвижува секој верник и му помага да го добие духовното просветлување, за да може да ги дознае и разбере сите Исусови параболи, како и Божјото срце. Дури и да некој каже дека ги има примено многуте од Исусовите учења, ако не ги прими делата на Светиот Дух, тогаш сето тоа ќе остане како само едно обично знаење. Сепак, ако некој е исполнет со Светиот Дух и е поттикнат од Него, тогаш тој може да ги свати не само Божјите зборови, кои што се искажани преку параболи, туку исто така и тајните на духовниот свет.

Мирот Даден Од Страна На Светиот Дух, Нашиот Помошник

„Мир ви оставам; мирот Свој ви го давам; Јас ви го давам, не како што го дава светот. Нека не се вознемири срцето ваше, ниту да се плаши. Чувте дека ви кажав, 'Си одам и пак ќе ви се вратам.' Ако Ме сакате, ќе се радувате затоа што одам кај Отецот, бидејќи Отецот е поголем од Мене." (14:27-28)

Луѓето сакаат да си живеат еден мирен живот, но сè додека сме на овој свет, стравовите, вознемиреноста и грижите нема никогаш да запрат. Постојат многу случаи кога ние за момент сме во добро расположение, а веднаш потоа паѓаме во лошо расположение и почнуваме да се карaме и нервираме. Без разлика каде и да погледнеме, навистина е тешко да најдеме вистински мир. Сепак, мирот којшто Бог ни го дава е вистински и е вечен.

Кога Исус им кажал на Своите ученици дека ќе биде предаден и продаден, и дека ќе оди на местото каде што тие нема да можат да го следат, Неговите ученици не можеле а да не се вознемират и да не се грижат. Иако Исус им ветил дека ќе им го испрати Светиот Дух, бидејќи не можеле да го сватат духовното значење на сето тоа, тие не можеле а да не се грижат. Дури и тогаш, Исус не ги прекорил затоа што не го разбрале. Наместо тоа, Тој им ветил вистински мир, којшто светот не можел да им го даде.

Исус им кажал да се радуваат затоа што Светиот Дух, Помошникот, ќе дојде, откако Тој ќе отиде кај Отецот.

Она што сакал да им го каже било дека Светиот Дух ќе дојде во нивните срца и ќе пребива во нив. Па така да, иако Исус веќе нема да може да пребива со нив во тело, Светиот Дух ќе пребива во нив засекогаш. Поради тоа учениците требало да се зарадуваат кога Исус им кажал, „Јас одам кај Отецот, бидејќи Отецот е поголем од Мене" Бидејќи Семоќниот Бог тогаш ќе им го испратеl Светиот Дух, којшто ќе им биде Помошник и ќе ги води сé крајот.

Распетието И Верата На Учениците

„И сега ви кажав уште пред да се изврши, за да кога ќе се случи, можете да поверувате. Нема веќе многу да зборувам со вас, бидејќи доаѓа владетелот на овој свет, а тој нема ништо во Мене; но за да разбере светот дека Го љубам Отецот, Јас правам токму онака како што Отецот ќе Ми заповеда. Станете, да си одиме одовде." (14:29-31)

Постојат две причини поради кои, по завршувањето на Пасхалната вечера, Исус им кажал на Своите ученици за Неговата смрт на крстот, уште пред таа да се случи. Првата била таа да учениците, по исполнувањето на мисијата со крстот, можат да поверуваат, а втората била за да тие узнаат дека Исусовата смрт била дел од Божјиот план.

Причината поради која Исус бил заробен и распнат од страна на 'владетелот на овој свет', или од оние кои што ја имале силата, како што биле првосвештениците, Фарисеите и книжниците, не била поради тоа што Тој Самиот ја немал силата. Бидејќи Тој бил едно со Бога во срцето, не сакајќи да види ниту една душа како пропаѓа, Тој во целост й се покорил на Божјата волја и го превземал сето тоа страдање. Исус умрел на крстот иако немал воопшто грев во Себе, само за да ја демонстрира Божјата љубов (Римјани 5:8).

Поради тоа Исус кажал, „...а тој [владетелот на овој свет] нема ништо во Мене; но за да разбере светот дека Го љубам Отецот, Јас правам токму онака како што Отецот ќе Ми заповеда." Исус го сакал Отецот, па така Тој едноставно им се покорувал и ги извршувал Неговите заповеди. Тој не бил занесен од силите на овој свет. Токму поради тоа Тој кажал „Тој нема ништо во Мене." По Исусовото воскресение и вознесение на Небесата, учениците биле во состојба да го сватат ова Божјо провидение и да се здобијат со вистинската вера, којашто им овозможувала да си ги посветат своите животи кон посведочувањето на Господа.

Глава 15

Исус Е Вистинската Лоза

1. Параболата За Лозата И За Гранките
   (15:1-17)

2. Светот И Учениците
   (15:18-27)

Параболата За Лозата И За Гранките

Додека бил на Пасхалната вечера заедно со Своите ученици, Исус им кажал нешто, коешто било налик на Неговата последна волја, или тестамент. Последните зборови на некоја личност оставаат доготраен впечаток кај оние кои што ги слушаат. Дури и луѓето кои што вообичаено не обрнуваат големо внимание додека ги слушаат другите луѓе, ќе ги чујат последните зборови на некоја личност која што ја сакаат и ќе ги зачуваат во своите срца.

За да ја објасни Својата врска со учениците, Исус кажал дека Тој е лозата, Бог е лозарот, а учениците се гранките на лозата. Времето продолжило да тече и Исусовото срце било во болка за Своите ученици, исто како што и нивните срца им биле во болка за нивниот учител, откако дознале за

Неговата неизбежна смрт.

Лозарот И Лозата

„Јас сум вистинската лоза, а Мојот Отец е лозарот. Секоја прачка во Мене којашто не дава плод, Тој ќе ја исече; а секоја гранка што дава плод, Тој ќе ја очисти, за да може да принесе повеќе плод." (15:1-2)

Исус ја употребил параболата за лозата и гранките, за да можат Неговите ученици подобро да го разберат. Виновата лоза е доста распространета во Израел. Во летата, во Израл има многу малку дожд, а температурите се многу високи и воздухот е сув, така да условите се навистина совршени за производството на грозје. Но дури и да засадите различни растенија на најплодната почва, сепак улогата на земјоделецот е најважна во производството на добар плод. Во зависност од тоа што земјоделецот ќе го направи, ќе зависи и големината и квалитетот на приносот.

Исус ја употребил сликата на Бога како полјоделец и на Себеси како виновата лоза којашто била засадена на овој свет, во согласност со Божјата волја, за да покаже дека целата власт Му припаѓа на Бога. Уште од почетокот на времето, Бог го имал направено планот да Го испрати Исуса на овој свет, за да го припреми патот на спасението. Па кога дошло правото време, Бог го исполнил овој план. Зошто тогаш Исус се споредува Себеси со виновата лоза, а на со некое друго растение?

Сето тоа е така бидејќи сокот од грозјето ја симболизира Исусовата крв. Споделувајќи го виното со Своите ученици на последната вечера, Исус кажал, *„Оваа чаша наточена за вас е новиот завет во Мојата крв"* (Лука 22:20). Причинтата поради која се нарекол Себеси како вистинската винова лоза лежи во тоа што како самата вистина, Исус во основа е Бог, кој што е вечно непроменлив.

Исус исто така ја употребил таа парабола поради карактеристиките на виновата лоза, којашто произнесува многу плодови. Грозјето е плод којшто е составен од збир на плодови. На истиот начин и ние, како Божји чеда кои што сме конектирани преку Исуса Христа и верата, даваме плодови. Како што ќе напредува нашата душа, така ние ќе можеме да поведеме што поголем број на души кон спасението, и ќе можеме да ги носиме тие плодови како што се деветте плодови на Светиот Дух, плодовите на љубовта (можат да се најдат во Главата за Љубовта), Блаженствата и плодовите на Светлината.

Употребувајќи ја оваа илустрација и пример преку виновата лоза, Исус во целост го признал и подигнал Бога, Управителот со сите нешта. Бидејќи Бог ги снабдува неопходните нутрициенти и совршената количина на вода, сонце и воздух, коишто се потребни за да можат плодовите да процветаат, целосниот суверенитет му припаѓа само на Него.

Земјоделците се грижат за дрвцата да бидат во добра состојба и ги калемат гранчињата, за тие да можат да дадат добар плод. На истиот начин, личноста која што се исповеда дека верува во Исуса Христа, но не живее во согласност со Словото на вистината, завршува на тој начин што се оддалечува од Исуса Христа. Кога на прв поглед ќе погледнеме на овој стих, „Секоја прачка во Мене којашто не дава плод, Тој ќе ја исече," може да ни изгледа дека, метафорички споредено со земјоделецот, Бог без разлика ги сече сите гранчиња коишто ќе посака. Но тоа не е така.

Бог кој што сака да сите луѓе бидат спасени, не може да биде Тој кој што било кого би исекол. На ова место 'гранчињата кои што се исечени' всушност се однесуваат на оние луѓе кои што не успеале да живеат во согласност со Божјото Слово и кои што излегле од патот на вистината, поради своите делувања. Од друга страна пак, оние луѓе кои што го рефлектираат врз себе Неговото Слово и кои што се обидуваат да се обноват и вознапредат себеси, Бог ги задржува со Неговата сила. Понатаму, Тој им ја дава можноста да ги разоткријат сите видови на зло коишто можеби ги имаат во своите срца, за да можат потоа да ги отфрлат.

На пример, кога еден родител ќе открие дека во неговото дете има голем потенцијал за успех во некоја област, тој си помислува, „Ако ова мое дете добие специјална потпора во оваа област, тоа може да стане многу успешно." Тогаш тој ќе се осигура да неговото дете добие специјална едукација и тренинг во таа област. Слично на тоа, кога Бог ќе види дека некое од Неговите чеда многу се обидува да го отфрли злото и гревовите, за да стане просветено, тогаш Тој ќе го поведе кон повисоката димензија, која што е поцелосна, овозможувајќи му да почувствува уште поголеми неволји.

Како што е и запишано во Јаков 1:2-4, *„Сметајте го за радост браќа мои, кога ќе паднете во разни искушенија, знаејќи дека тестирањето на вашата вера произведува трпеливост. А дозолете да трпеливоста даде совршен резултат, за да можете да бидете совршени и целосни, без никаков недостаток,"* преку искушенијата, луѓето се тренираат и рафинираат во обидите да станат што посовршени чеда Божји. Ова е нешто налик на процесот на калемење.

Виновата Лоза И Нејзините Гранчиња

„Вие сте веќе чисти поради Словото коешто сум ви го проповедал. Пребивајте во Мене и Јас ќе пребивам во вас. Како што гранчето не може самото да роди плод, освен ако не е на лозата, па така не можете ниту вие ако не пребивате во Мене. Јас сум лозата, а вие сте гранките; тој кој што ќе е во Мене и Јас ќе сум во него, и ќе даде многу плод, бидејќи без Мене не ќе можете ништо да направите. Ако некој не пребива во Мене, тој ќе биде отфрлен како што се отфрлаат некои прачки и ќе се исуши; а таквите ќе ги соберат, и во оган ќе ги фрлат, за да изгорат." (15:3-6)

Бидејќи учениците сеуште го немале примено Светиот Дух, тие не можеле да го разберат духовното значење коешто лежело зад оваа парабола со виновата лоза. Како да им биле замаглени умовите со густа магла, па тие не можеле да проникнат во значењето. Но знаејќи дека подоцна учениците сѐ ќе разберат, откако ќе го примат Светиот Дух во себе, Исус продолжил да ги поучува.

„Вие сте веќе чисти поради Словото коешто сум ви го проповедал..." Овој пасус означува дека Исус ја има силата да ги проштева гревовите (Матеј 9:6). Како што е запишано во 1 Јован 1:7, *„Но ако чекориме во Светлината, како што Тој Самиот е во Светлината, тогаш ние пријателуваме меѓу себе и тогаш крвта на Исуса, Неговиот Син, не исчистува од сите гревови,"* кога го прифаќаме Господа и живееме среде Светлината, тогаш ни се простуваат сите наши гревови, го примаме спасението и тогаш можеме да одиме на Небесата.

Но постои еден предуслов за сето тоа. Ние ќе можеме да го имаме другарувањето со Бога само тогаш, кога ќе живееме среде Светлината, или со други зборови кажано, во согласност со Божјото Слово и само преку крвта на Исуса Христа ќе можеме да се исчистиме себеси. Да претпоставиме дека гледаме една личност којашто ја има тенденцијата да ги удира другите луѓе кога ќе се налути. Тој ги удира затоа што не успева да ја контролира својата лутина. Да претпоставиме дека тој ќе удри некого, а подоцна ќе почувствува грижа на совеста заради тоа што го направил, па ќе дојде и ќе ѝ се извини на таа личност. Но ако и по тоа извинување, тој повторно употреби насилство кога и да е налутен, дали ќе може навистина да прими вистинска прошка?

На истиот начин, со самото исповедање на греговите пред Бога, не би требало да се запреме тука. Делата коишто ќе ги превземеме потоа се навистина значајни. Тоа е затоа што вистинското покајание не завршува со самото исповедање на греговите, туку со целосното одвраќање од нив.

Понатаму, другата причина поради која Исус им кажал на Своите ученици дека тие 'веќе биле чисти' била во тоа што тие можеле да ги примат благословот на осветувањето од страна на Божјата милост—така што не само дека ќе им бидат простени гревовите, туку исто така и ќе бидат во можност да ги отфрлат истите од своите срца и да станат очистени до крај. Исус кажал, „Вие сте веќе чисти поради Словото коешто сум ви го проповедал," но во тоа време учениците го немале примено Светиот Дух. Но Тој исто така знаел дека кога тие подоцна ќе го примат Светиот Дух, тие ќе можат да ги разберат сите нешта на кои што Тој ги поучувал и дека ќе се трансформираат во чисти садови.

Без разлика колку и да може да биде силна гранката, таа нема да може да принесе плод, ако биде одвоена од лозата. Па исто така и ние можеме да го примиме животот и да дадеме плод, само тогаш кога ќе пребиваме во Исуса, кој што е вистинската лоза.

Да се 'пребива во Исуса' значи да се 'живее во согласност со Божјото Слово', кое што е вистината. Спротивното на тоа е да не живееме во согласност со вистината, со што би можеле само да одлутаме од Исуса. Запишано е во 1 Јован

2:15, *„Не сакајте го светот ниту нештата во него. Ако некој го сака светот, љубовта на Отецот не е во него."* Исто како што едно тенџере полно со зовриена вода со текот на времето ќе стане студено, ако константно не се дозагрева, исто така ако нашите срца се фокусираат на овој свет, тогаш нашата љубов за Бога ќе почне да се лади и ние на крајот ќе завршиме така што ќе се одвратиме од патот на вистината. Проблемот тука е во тоа што процесот на ладење започнува бавно и неприметно, така што можеби нема да приметиме и да сватиме дека тој се случува. На крајот, Светиот Дух ќе биде изгаснат во нашите срца, така што на крајот можеме да завршиме дури и со губењето на нашето спасение.

Земјоделецот засадува растенија за да може да ги пожнее нивните плодови. Гранките коишто не носат никаков плод, или гранките коишто ќе паднат од лозата, се бескорисни. Гранчињата на виновата лоза се многу искривени и прекршени, па така што ако не даваат плодови, единствената употреба би им била само за огрев. Ова се однесува и на нашите духовни животи исто така. Ако една личност му се приближува сé повеќе и повеќе на светот и се оддалечува од Исуса, на крајот сепак ќе тргне по патот на смртта и ќе падне во вечниот оган на Пеколот.

Тајната На Носењето На Многу Плодови

„Ако пребивате во Мене и ако Моето Слово пребива во вас, побарајте што посакувате и ќе ви

биде дадено. Мојот Отец ќе се прослави преку тоа, што вие ќе носите многу плодови и со тоа ќе потврдите дека сте Мои ученици." (15:7-8)

Оние луѓе кои што го следат Исусовото срце и се целосно едно со Него, не бараат некои свои себични желби. Наместо тоа, тие искрено подигаат молитви на љубовта за Божјото кралство и за изгубените души. Бог е задоволен со ваквиот вид на луѓе, па што и да побараат, Тој им го дава тоа (1 Јован 5:14). Затоа оние луѓе кои што живеат во согласност со Божјото Слово и кои што се молат за исполнувањето на Божјото кралство и Неговата праведност, принесуваат многу плодови. Да се 'носат многу плодови' не значи да се прикажат само деветте плода на Светиот Дух, (Главата на Љубовта во 1 Коринтјани и во Блаженства); туку исто така значи и дека се покажува и Божјата сила и авторитет, низ знаците и чудесата.

Исто како што голем број на луѓе му ја оддавале славата на Бога кога Исус ја прикажувал Божјата сила низ знаците и чудесата, исто така и ние, како чедата Божји, би требало да ги носиме големите плодови и да му ја оддаваме славата на Бога. Тогаш Бог ќе каже, „Задоволен сум што се здобив со толку многу вистински чеда," и ќе биде радосен и среќен поради културацијата на луѓето. Ова било тоа на што мислел Исус кога кажал, „Мојот Отец ќе се прослави преку тоа." Исто така, чинот на обрежувањето на нашите срца преку Божјото Слово и становјето слични на Него, му ја оддава славата Нему и му донесува радост во срцето.

Па секој кој што верува во Исуса Христа и кој што

пребива во Неговото Слово, оддавајќи му ја славата на Бога, заедно со Него, без разлика на временскиот период во кој што таа личност живее, таа може да се нарече „Господовиот ученик". Да се биде „Господовиот ученик" значи да се има ветувањето за животот со Бога среде Неговата слава, откако ќе влезе на Небесата.

Пребивајте Во Мојата Љубов

„Како што Ме возљуби Отецот, и Јас ве возљубив вас; пребивајте во Мојата љубов. Ако ги запазите Моите заповеди, ќе пребивате во Мојата љубов; исто како што Јас ги запазив заповедите на Мојот Отец и пребивав во Неговата љубов. Овие нешто ви ги кажав за да остане радоста Моја во вас, и за да радоста ваша биде полна." (15:9-11)

Како ли би се чувствувале родителите, кога би биле приморани да го испратат својот сакан син на некое место, каде што опасноста би го демнела на секој чекор? Тие најверојатно би сакале таму да отидат самите, за да не го испраќаат својот син. Дури ако е возможно, родителите би сакале тие да ја почувствуваат болката наместо нивното чедо. Па што мислите, како ли се чувствувал Бог, кога морал да го испрати Својот единствен Син Исус, во овој свет полн со гревови?

Поради тоа што Бог не сакал дури и кога сме оделе по патот на смртта, Тој ни го испратил Својот еден и

Еднороден Син. Поради тоа што Исус најдобро ја знаел Божјата волја подобро од било кој друг, Тој нé сакал и сакал да се спроведе планот за нашето спасение. За нас кои што сме облечени во оваа голема љубов Божја, Исус кажал, „И Јас ве возљубив вас, пребивајте во Мојата љубов."

Во Матеј, глава 22, еден експерт за законот сакал да го искуша Исуса, поставувајќи му го следното прашање: „*Учителе, која е најголемата заповед во Законот?*" (с. 36). Одоварајќи му на ова прашање, Исус го дал јасниот одговор: „*Сакајте го Господа, вашиот Бог, со целото ваше срце и со целата ваша душа и ум. Тоа е првата и најголема заповед. А втората гласи: 'Сакајте го вашиот сосед како што се сакате себеси'*" (с. 37-39).

Исус ни го покажал сето тоа низ Неговото делување. Отфрлањето на славата на Небесата за да дојде тука и да ја понесе целата таа болка и тоа страдање на крстот, било возможно само поради Неговата љубов за Бога и за нас.

Доказот за нашата љубов кон Бога се покажува преку нашата покорност кон Неговите заповеди (1 Јован 5:3). Божјите заповеди се однесуваат на сите оние зборови кои што се запишани во 66-те книги од Библијата, а оние луѓе кои што се обидуваат да живеат во согласност со Божјото Слово можат да го разберат срцето на Бога. Во процесот на разбирањето и делувањето според Неговото Слово, тие можат да ја сватат љубовта на Бога, а воедно да ја измерат и длабочината на Неговото срце. Поради тоа Исус го направил следното ветување, „Ако ги запазите Моите заповеди, ќе пребивате во Мојата љубов; исто како што Јас ги запазив заповедите на Мојот Отец и пребивав во

Неговата љубов."

Поминувајќи ја Својата последна ноќ на овој свет, Исус сакал повеќе од сѐ да им ја покаже Божјата љубов на Своите ученици. Поучувајќи ги дека Неговото страдање на крстот е патот на комплетирањето на Божјиот план за спасение и низ тој процес човештвото, чијашто крајна судбина била да се соочи со смртта поради своите гревови, можело да ја добие привилегијата да стане Божјото чедо и да оди на Небесата. Исус не сакал учениците да бидат алармирани и уплашени од настаните кои што требало да се случат, туку да ги прифатат со радост.

„Вие Сте Мои Пријатели Ако Го Вршите Она Што Јас Ви Го Заповедав"

„Ова е Мојата заповед, да се сакате еден со друг, исто како што Јас ве сакав. Никој нема поголема љубов од таа да го положи животот свој за своите пријатели. Вие сте Мои пријатели ако го вршите она што ви го заповедав." (15:12-14)

Да се почитуваат Исусовите заповеди значи да се сакаат другите исто како што Исус нас не сакал. Оваа љубов е духовна љубов или пожртвувана љубов, каде што една личност е спремна да си го положи својот живот за Бога, за Неговото кралство, Неговата праведност, па дури и за своите браќа во верата. Колку што повеќе гревови и зло отфрлиме од нашите срца и станеме осветени, толку повеќе духовна љубов ќе можеме да имаме во нив. Само кога ќе ја отфрлиме омразата, љубомората, зависта и сличните нешта, само тогаш ќе можеме навистина да ги сакаме нашите соседи онака како што се сакаме себеси и да им служиме со љубов.

Па кога Исус ни кажал да „се сакаме еден со друг", подлабоката порака содржана во Исусовата зборовна фраза била во искрената волја и желба чедата Божји да си ги искултивираат своите срца со помош на вистината и сѐ повеќе да наликуваат на Него. Пријателите се познаваат и се разбираат помеѓу себе, а исто и се сакаат едни со други. Вистинскиот пријател би го сметал бизнисот на својот пријател како да е лично негов и би бил спремен да се жртвува за својот пријател. Па ако пријателот би бил спремен да си го жртвува дури и својот живот за својот пријател, тогаш не би можела да постои поголема љубов од тоа.

Што мислите зошто Исус го кажал сето тоа?

Исус сакал да стане духовен пријател не само со Своите ученици, туку исто и со сите луѓе во светот, кои што подоцна ќе го читаат Неговото Слово. Но постои еден услов за тоа: Исус кажал, „Вие сте Мои пријатели ако го вршите она што Јас ви го заповедав." Ова значи дека ако сакаме да станеме духовни пријатели со Исуса, ние мораме да го знаеме и да го разбираме секое Божјо Слово, кое што е вистината и да живееме во согласност со него. Исто како што Исус си го жртвувал Својот живот и со тоа ја искажал Неговата голема љубов, исто така ако и ние се исполниме со таквата голема љубов, тогаш ќе можеме да кажеме дека сме станале духовни пријатели со Исуса.

Разликата Помеѓу Робот И Пријателот

„Повеќе не ве нарекувам робови, бидејќи робот не знае што прави господарот негов; туку ве нареков пријатели, бидејќи ви ги кажав сите нешта коишто ги имам чуено од Мојот Отец." (15:15)

Во Римјани 5:12, е запишано, *„Затоа што преку еден човек гревот навлезе во светот, а низ гревот влезе и смртта и се прошири на сите луѓе, бидејќи сите згрешија"* – По гревот на Адама, сите негови потомци биле родени со грешна природа; па како грешници, тие станале робови на непријателот ѓаволот и на Сатаната.

Но секој кој што ќе се ослободи од гревот преку спасението низ крстот од страна на Исуса Христа, не е веќе роб на гревот; туку станува чедо Божјо, повторно родено преку Светиот Дух. Римјани 8:15 кажува, *„Бидејќи вие не го примивте духот на ропството за да ве поведе во страв, туку го примивте духот на посинувањето, преку кого извикуваме, 'Ава! Оче!'"*

Како што „робот" не го познава срцето на својот господар, така и личноста која што е роб на гревот не може да ги знае Исусовите зборови или пак Божјата љубов. Таа не може да го познава срцето на Бога, кој што ги култивира луѓето, или пак да го познава Исуса, кој што дошол на овој свет, познавајќи си го срцето на Својот Отец. Преку овие зборови, Исус ги охрабрил Своите ученици дека штом Тој ќе умре на крстот, а на светот ќе му бидат простени гревовите, никогаш повеќе да не му станат робови на гревот. Тоа била пораката којашто била упатена не само кон Неговите ученици, туку и кој секого кој што го има прифатено Господа, од тогаш па сè до денешен ден.

Според овие зборови, Бог му го покажува Своето провидение за спасението преку крстот, на секого кој што повторно ќе се роди преку Светиот Дух и кој што ќе му стане пријател на Исуса. Исто како што ние можеме да им ги довериме нашите тајни на нашите поверливи пријатели, исто така и Бог ќе им ги открие на таквите луѓе не само најдлабоките тајни на духовниот свет, туку исто така и настаните коишто треба да се случат во иднината. Специјално во овие денови и доба, кои што се ерата на Светиот Дух, еден човек може да ги разбере дури и најдлабоките делчиња на Божјото срце.

Причината Поради Која Исус Ги Избрал И Ги Поучувал Своите Ученици

> „Вие не ме избравте Мене, туку Јас ве избрав вас, и ве назначив да одите и да носите плод, за да може вашиот плод да остане, па што и да побарате од Отецот во Мое име, Тој да може да ви го даде. Оваа заповед ви ја давам, да се сакате еден со друг." (15:16-17)

Како дванаесетте ученици почнале да му служат на Исуса? Исус бил Тој кој што ги повикал. Тој им кажал, „Следете Ме," на Петра и на Андреја, кои што рибареле во морето, па им кажал дека тие ќе станат рибари на луѓе. Тој исто така ги повикал и Јакова и Јована, кои што си ги поправале мрежите, заедно со нивниот татко (Матеј 4:18-22). Тој исто така им кажал на Филипа и на Левија, порескиот службеник, „Следете Ме!" (Марко 2:14; Јован 1:43).

Па така милоста на спасението не ни се дава само затоа што сме го барале Бога и сме го прашале за тоа. Како што е запишано во Ефесјаните 2:8, „*Зошто преку благодат сте биле спасени преку верата; а тоа не е од вас, туку е дар од Бога,*" сето тоа ни се дава бесплатно, од страна на Бога, кој што сака да се здобие со вистинските чеда.

Сето тоа било така за да можеме да донесеме плодови. Ние ќе ги „донесеме плодовите" кога ќе се трансформираме себеси преку Божјото Слово. На пример, една личност која што не била способна да сака ќе се трансформира во личност која што може да го прави тоа, а личноста која што не можела да ги свати другите луѓе, ќе се трансформира во личност полна со разбирање. Таквата личност не само дека ќе се обиде да ги свати луѓето кои што се однесуваат грубо, туку и ќе се обиде да им помогне на истите. Личноста која што ги носи плодовите на вистината на овој начин, може да добие било што, што ќе го посака во името на Исуса Христа.

Кога Исус кажал, „Оваа заповед ви ја давам," Тој ни

кажувал да го 'донесеме плодот на вистината низ Божјото Слово и да станеме осветени.' А причината поради која ни кажал да се трансформираме себеси преку Божјото Слово, кое што е вистината, била за да ние можеме „да се сакаме еден со друг."

Една личност која што сака преку својата духовна љубов ќе биде осветена поради тоа што ќе биде наоружана со вистината; ќе има мир со секого и ќе биде признаена од страна на Бога. Колку што повеќе го откриваме Божјиот лик кој што еднаш го имаме изгубено, толку повеќе духовната љубов ќе може да излегува од нас, па ние ќе можеме дури и да си ги сакаме своите непријатели. Сето тоа е така бидејќи јадрото на Божјото срце е љубовта. Поради тоа главната причина поради која Исус ни кажал да се „сакаме еден со друг" била да ние, чедата Божји, можеме повторно да го откриеме она што некогаш ни било изгубено—Божјиот лик во нас.

Исус сакал да ги поучи Своите ученици на јадрото на таа Божја љубов, а исто така и да ги поучи и сите други Божји чеда. Секој кој што ја има примено Божјата благодет, којашто Тој бесплатно ја давал, требало само да си го трансформира своето срце преку вистината. Колку што повеќе вистина имаме во нашите срца, толку повеќе сила имаме да се сакаме едни со други.

Светот И Учениците

Во Матеј, глава 4, има сцена каде што Исус бил ставен на искушение од страна на Сатаната, во текот на 40 денови, пред да го започне Своето јавно свештенствување. Тогаш Сатаната се обидувал да го искуша, покажувајќи Му ги сите кралства на земјата и нивната слава: *„Сите овие нешта ќе Ти ги дадам, ако клекнеш и ме обожуваш"* (с. 9). Се разбира дека Исус го има отфрлено Сатаната преку Словото Божјо, но овој настан ни укажува дека непријателот Сатаната ја има власта и авторитетот над сите кралства на овој свет.

Бог му го дал авторитетот на Адама да го потчини и да владее со светот, но поради неговото непочитување, тој му станал роб на гревот. Поради тоа Адамовиот авторитет требало да му се предаде на непријателот ѓаволот и на

Сатаната. Ако еден слободен човек стане нечиј роб, тогаш сите негови права му се предаваат на неговиот господар (Римјани 6:16). А тоа е и причината поради која кон непријателот ѓаволот и Сатаната се осврнуваат како кон „владетелите на темнината на ова доба" исто како што е запишано во Ефесјаните 6:12 НКЈВ, а тоа следи вака, „*Бидејќи нашата борба не е против плотта и крвта, туку против началствата, против силите, против владетелите на темнината од ова доба, против духовните домаќини на грешноста во небеските места.*"

Зошто Ве Мрази Светот

„Ако светот ве мрази, знајте дека Мене уште пред вас Ме има замразено. Да бевте од овој свет, тогаш светот ќе го љубеше своето; но бидејќи не сте од светот, туку Јас ве избрав од светот, затоа и ве мрази светот." (15:18-19)

Исто како што темнината и светлината не можат да бидат едно, исто така Бог и овој свет, кој што паднал под авторитетот на непријателот ѓаволот и на Сатаната, не можат да бидат едно. Токму тоа е причината поради којашто, колку повеќе му се покоруваме на Божјото Слово и живееме во согласност со вистината, толку повеќе му се оддалечуваме на овој секуларен свет.

Спротивно на тоа, ако една личност која што го сака светот стане сѐ повеќе и повеќе оддалечена од Бога; и колку повеќе таа ги следи своите телесни желби, толку повеќе паѓа во калта на гревот. Колку што подлабоко паѓа таа, толку посреќен е непријателот ѓаволот и Сатаната. Поради тоа Исус кажал, „Да бевте од овој свет, тогаш светот ќе го љубеше своето."

Природно е да светот го мрази оној кој што е избран од Бога, оној кој што го прифаќа Исуса како својот Спасител и кој што ја бара вистината. Постојат некои времиња во нашето духовно чекорење кога ќе искусуваме потешкотии и страдања, чисто поради единствената причина затоа што живееме во согласност со Божјото Слово. Можеби ние ќе се обидуваме да им угодиме на другите луѓе на тој начин што ќе им служиме, но тие ќе направат сé што е можно, за да најдат некоја вина во сето тоа. Сето тоа е резултат на контролата што непријателот ѓаволот и Сатаната ја имаат над злите луѓе, кои што им припаѓаат.

Поради тоа е запишано во 1 Јован 3:13, „*Не бидете изненадени, браќа, ако светот ве мрази.*" Иако постојано ќе бидеме измачувани додека се бориме да живееме во вистината, Бог на крајот ќе делува за доброто на оние кои што веруваат во Неговото име. Па така да, сите околности на крајот ќе завршат со благослов.

„Запомнете го Словото коешто ви го кажав Јас, 'Робот не може да биде поголем од својот господар.' Ако тие Ме прогонуваа Мене, исто така ќе ве прогонуваат и вас; ако го запазите Моето Слово, тие ќе го запазат вашето исто така." (15:20)

'Робот' се однесува на злите духови кои што ја имаат контролата над кралството на воздухот и на непријателот ѓаволот и Сатаната, кои што се владетелите над светот на темнината. 'Господарот' се однесува на Богот Отецот. „Робот не може да биде поголем од својот господар" означува дека силите на злите духови, кои што го контролираат воздухот, не можат да бидат поголеми од силата на Бога. Поради тоа, ние, чедата Божји, не мораме да се плашиме или да имаме страв од било што во овој свет.

Сепак како што е и запишано, „Ако тие Ме прогонуваа Мене, исто така ќе ве прогонуваат и вас," непријателот ѓаволот и Сатаната ќе направат сè што е во нивната моќ, сè додека не дојде крајот на овој свет, да искушаат барем уште една личност, да влезе во кралството на темнината. Одвреме навреме, Сатаната ќе ги контролира луѓето кои што не го знаат Бога или луѓето со мала вера, да ги прогонуваат и да им донесат потешкотии на чедата Божји. Но бидејќи Бог, кој што има поголема сила од непријателот ѓаволот и Сатаната, ќе не води и ќе не заштитува, ние ќе можеме да бидеме храбри и смели.

На што мислел Исус кога кажал, „Ако го запазите Моето Слово, тие ќе го запазат вашето исто така"? Ова значи дека, иако можеби ќе се соочиме со прогони и заплашувања, ние би требало да ја имаме верата во нашиот Бог, кој што ја има поголемата сила од сите нешта на овој свет, и би требало храбро и без страв да продолжиме со ширењето на Неговото Слово и со покажувањето на Неговата љубов. Тогаш ние ќе бидеме заштитени и одбранети од страна на Божјата сила и ќе бидеме во можност да му ја оддаваме славата на Бога.

„Но сите нешта коишто ќе ви ги направат поради Моето име, ќе ги сторат поради тоа што не го знаат Оној кој што Ме испратил. Да не дојдев и да не им зборував, тие немаше да имаат грев, но сега тие немаат изговор за својот грев. Оној кој што Ме мрази Мене, го мрази и Мојот Отец исто така. Да не ги извршев помеѓу нив делата што никој друг ги нема извршено, тогаш тие ќе немаа грев; а сега и видоа и Ме замразија и Мене и Мојот Отец исто така. Но тие го направија ова за да го исполнат Словото коешто е запишано во Законот, 'ТИЕ МЕ ЗАМРАЗИЈА БЕЗ ПРИЧИНА.'" (15:21-25)

Фарисеите и првосвештениците кажувале дека ревносно ја студираат и дека ги запазуваат зборовите од Библијата—истата Библија која што пророкува за Исуса, Спасителот кој што ќе дојде да го спаси човештвото. Сепак овие луѓе на крајот паднале под контролата на Сатаната и го заковале Исуса на крстот. Тие прогласиле дека му служат на Бога и се фалеле со своето знаење во врска со Законот. Но сепак, без култивирањето на своите срца преку вистината, тие го убиле Месијата кого што толку долго го исчекувале. Овие луѓе продолжиле да одат по својот пат прогонувајќи ги исто така и учениците, кои што посведочиле за Исусовото воскресение. Навистина се случило како што и било запишано, „Но сите нешта коишто ќе ви ги направат поради Моето име."

Зошто тогаш луѓето кажувале дека веруваат во Бога, но на крајот завршиле така што биле непријателски настроени кон Него? Тоа било така бидејќи тие не го познавале Божјото срце, Божјата љубов, волја и провидението за испраќањето на Исуса на овој свет. Тие биле толку многу опседнати со Законот и со нивната сопствена самоправедност, така што ги инкорпорирале своите телесни мисли во сите нивни дела и гледале на сé од нивната сопствена перспектива. Не е за чудење што делата коишто ги направиле, биле многу далеку од изразувањето на Божјата љубов.

Ако Исус не го споделил Словото на животот со луѓето како што биле Фарисеите, Садукеите и првосвештениците; и ако 'знаците' ги немале потврдено Неговите зборови, тогаш тие не би го имале извршено злото делување на судењето, осудата и прогонството на Исуса. Но бидејќи Исус, кој што е Светлината, заблескал со Божјото Слово, тогаш нивните мрачни и зли патишта им биле разоткриени. Затоа и немале никаков изговор за своите гревови.

Мразењето на Исуса е исто што и мразењето на Бога. Ако некој навистина верува во Бога, тогаш тој би морал да биде во состојба да го препознае Исуса, кој што бил испратен на овој свет од страна на Бога. Како што кажал Исус, „А сега и видоа... Мене и Мојот Отец," Исус им го покажувал Бога преку знаците кои што Ги изведувал.

Сепак, тие го осудувале секој Исусов потег, сето тоа базирано на нивните традиции и потоа делувале во согласност со своите телесни мисли, настојувајќи да најдат некоја вина во Него. Тие не само да одбиле да поверуваат во Него; туку исто така и Го замразиле и изгониле Исуса. Поради тоа не можеме да кажеме дека тие немаат никаков грев. Фактот што тие го изгониле Исуса поради своите телесни мисли е доказ дека тие не само што го мразеле Него, туку исто така го мразеле и Бога, кој што го испратил.

Зборувајќи за нивните дела, Исус кажал дека сето тоа е исполнувањето на Писмото, коешто кажува дека ќе има многу кои што ќе го мразат без причина (Псалм 35:19, 69:4). Од сето ова можеме да научиме дека секој Божји збор се исполнува без и најмала грешка, и дека мораме да веруваме во Неговото Слово од самиот центар на нашите срца. Би требало да се бориме да се опремиме себеси со Божјото Слово; но не само преку едноставното натрупување на знаење, како што тоа го правеле Фарисеите, туку и преку култивирањето на нашите срца со вистината.

„А кога ќе дојде Помошникот, кого Јас ќе ви го испратам од Отецот, тоа ќе биде Духот на вистината, којшто ќе излезе од Отецот. Тој ќе сведочи за Мене, а и вие исто така ќе сведочите, бидејќи бевте со Мене уште од почетокот." (15:26-27)

Во овој пасус се зборува за улогата на Светиот Дух, кој што требало да дојде по Исусовата смрт на крстот и по целосното комплетирање на Неговиот повик. Светиот Дух, или Помошникот, сведочи за тоа кој е Исус. Со ширењето на вистината дека Исус е Спасителот, Тој поведува голем број на луѓе кон спасението.

Всушност, 10 дена по Христовото вознесение на Небесата, Светиот Дух дошол врз луѓето кои што верувале во Исусовото ветување и кои што биле здружени за да се помолат. Исусовите ученици кои што го примиле Светиот Дух, почнале да водат животи коишто биле различни од пред тоа. Исто како што Исус кажал, „Вие исто така ќе сведочите, бидејќи бевте со Мене уште од почетокот," преку силата на Светиот Дух, тие го прифатиле својот повик да бидат вистинските сведоци. Исус знаел за делата на Светиот Дух коишто требало да се случат и исто така знаел и за свештенствувањето кое што учениците ќе го земеле на себе. Исус им кажал на Своите ученици за овие настани кои што ќе се случат во иднината, бидејќи Тој сакал да Неговите ученици го примат Светиот Дух и добро да го исполнат својот повик како Негови сведоци.

Глава 16

Помошникот, Светиот Дух

1. Доаѓањето И Свештенствувањето На Светиот Дух
   (16:1-15)

2. Пророштвото За Исусовата Смрт И За Воскресението
   (16:16-24)

3. Исус, Кој Што Ја Имал Победата Над Светот
   (16:25-33)

Доаѓањето И Свештенствувањето На Светиот Дух

По завршувањето на Пасхалната вечера и по тешењето на учениците, давајќи им уште неколку поуки, Исус почнал да ги поучува за делувањето на Светиот Дух. Тој им кажал дека Светиот Дух треба да дојде за да го убеди и да го прекори светот во врска со гревот, праведноста и осудата. Не само дека Тој ќе ги поведе учениците кон вистината, туку исто така и ќе ги извести за настаните коишто тррребале да се случат во иднината.

Состојбата На Исусовото Срце Кога Им Кажувал На Своите Ученици За Идните Настани

„Овие нешта ви ги кажав за да не се соблазните.

„Ќе ве истеруваат од синагогите, но ќе дојде и времето кога секој кој што ќе ве убие, ќе мисли дека на Бога му принесува служба. Овие нешта тие ќе ги прават бидејќи Го немаат запознаено Отецот ниту Мене. Но ви ги кажав овие нешта, за да кога ќе дојде тој час, вие можете да си споменете дека сум ви ги кажал. Овие нешта не ви ги кажав на почетокот, бидејќи Јас бев со вас." (16:1-4)

Исус прво им открил зошто им кажува на Своите ученици за настаните коишто треба да се случат. Тој не сакал никој од нив да се обесхрабри и да се откаже од верата кога Исус ќе го земе крстот, или пак кога ќе искусат некои страдања. Гледано од перспектива на Бога, Исусовите страдања биле дозволени од Негова страна поради постигнувањето на спасението за човештвото; тоа секако не значело дека тоа се случило поради тоа што Исус немал доволно сила. Токму поради фактот дека сето тоа било дозволено од страна на Божјото провидение за човечкото спасение, злосторниците можеле да Го прогонуваат Него.

Злите луѓе не знеле дека Бог дозволува да Исус страда и да умре на крстот, за да може да се здобие со едната од квалификациите со која што ќе може да стане Спасителот. Тие едноставно тогаш си помислувале дека го убиваат Исуса поради својата сопствена сила и авторитет. Како дополнение на сето тоа, тие мислеле дека Исусовите зборови се хулење против Бога; па така верувале дека со убивањето на Исуса, ја исполнуваат својата должност кон Бога. Затоа Исус уште еднаш им кажал зошто им споменува за тешките искушенија кои што им престојат.

„Но ви ги кажав овие нешта, за да кога ќе дојде тој час, вие можете да си споменете дека сум ви ги кажал. Овие нешта не ви ги кажав на почетокот, бидејќи Јас бев со вас."

Ова ни покажува колку прецизен и навремен бил Исус, во сето она што го кажал и направил. Ако им го кажел сето тоа на самиот почеток, дека Тој ќе биде распнат на крстот и сите други настани коишто ќе се случат, тогаш учениците најверојатно би имале големи потешкотии во постигнувањето на вистинската вера. Тие морале само со својата сопствена вера да поминат преку искушенијата што ќе им дојдат, за да може верата да им биде препознаена како вистинска вера. Исто како што едно тестирање не може да биде добра евалуација на знаењето ако одговорот однапред им биде откриен на студентите, исто така без разлика колку и да ги сакал Своите ученици, Исус морал да им дозволи да на еден фер начин, полагаат свои тестови. Затоа Исус стрпливо чекал да Јуда Искариот излезе да им го предаде на официјалните лица, па потоа им ги кажал овие нешта на останатите ученици.

„Подобро Е За Вас Да Си Одам"

„А сега одам кај Оној што Ме испрати; и никој не Ме прашува, 'Каде ќе одиш?' Затоа што ви ги кажав овие нешта, срцата ваши се исполнија со тага. Но ви ја кажувам вистината, подобро е за вас да си одам; затоа што ако не отидам, Помошникот нема да дојде кај вас; но ако отидам, Јас ќе Го испратам кај вас." (16:5-7)

Откако Исус им кажал дека заминува, учениците станале нервозни и загрижени. Но ниту еден од нив не го запрашал каде ќе оди. Додека биле заедно со Исуса, посведочувајќи им на Божјите дела, нивните срца биле полни со самодоверба и со храброст. Во тоа време, тие чувствувале дека ја имаат верата и помислувале дека го сваќаат секој Исусов збор. Но сега, кога разбрале дека Тој си оди, нивните срца им се исполниле со загриженост.

Па затоа Исус им кажал на загрижените ученици за користа којашто ќе ја имаат откако ќе им дојде Светиот Дух. Тој исто така им кажал дека ако не отиде, Помошникот нема да може да им дојде; па затоа е подобро за нив ако Тој си отиде. Штом еднаш учениците ќе го примат Светиот Дух, тие ќе можат да ја сватат Божјата љубов во исполнувањето на провидението за спасението, преку испраќањето на Својот еден и единствен Син на овој свет. Исус ги утешил и им ја дал надежта дека штом ќе го примат Светиот Дух, тие ќе бидат оснажени со Божјата голема љубов и затоа ќе ја добијат силната платформа за вистинската вера.

Делата На Нашиот Помошник Светиот Дух

„А Тој, кога ќе дојде, ќе му суди на светот во врска со гревот, праведноста и осудата; во врска со гревот, бидејќи не веруваат во Мене; во врска со праведноста, бидејќи одам кај Отецот и не ќе можете веќе да Ме видите; и во врска со осудата, бидејќи владетелот на овој свет бил осуден. Имам уште многу нешта да ви кажам, но не можете сега да ги носите." (16:8-12)

Исус им кажал на учениците каква работа ќе направи Помошникот, Светиот Дух, кога ќе дојде на земјата. Тој објаснил дека Светиот Дух ќе му суди на светот поради гревот, праведноста и осудата, и ќе заѕвони на ѕвоното за да можат луѓето да Го чујат.

„Во врска со гревот, бидејќи не веруваат во Мене..."
Кога Исус го кажал ова, Тој мислел дека штом ќе го примиме Светиот Дух, ќе сватиме дека сме грешници и дека Исус умрел за да не спаси од гревот. Исто така, со помошта на Светиот Дух, ќе можеме да ја сватиме и големата љубов Божја, кој што се откажал од Својот еден, единствен Син за нас. И на крајот, ќе ни суди затоа што не сме го познале гревот и не сме се покајале.

Исус продолжил да кажува, „Во врска со праведноста, бидејќи одам кај Отецот и не ќе можете веќе да Ме видите..."
По умирањето на крстот, Исус воскреснал и отишол кај Богот Отецот. Во Римјани 5:18 се кажува, *„Па како што преку прекршокот на еден човек дојде до осудата на сите луѓе, така и преку еден чин на праведност сите луѓе се оправдаа."* Кога ќе го примиме Светиот Дух стануваме способни да поверуваме во единствениот Исусов чин на праведност, кој што бил провидението за спасението преку

крстот. Па затоа сите оние луѓе кои што веруваат во ова, се препознаени од страна на Бога како 'праведни'.

Ако навистина веруваме во фактот дека Исус умрел на крстот за нас, тогаш ние најверојатно ќе го одржуваме Божјото Слово; па колку што повеќе живееме во согласност со Неговото Слово, толку повеќе стануваме едно со Господа. Поради тоа Бог не препознава како праведни. Затоа, бидејќи сме биле наречени праведни според Божјата благодет, ако го одржуваме Божјото Слово преку вистинската вера и ако живееме во согласност со Него, тогаш ќе можеме да го отфрлиме злото од нашите срца и да станеме осветени. Ова се случува на тој начин, бидејќи Светиот Дух ги води чедата Божји кон патот на вистината, за да тие можат да станат праведни луѓе.

Како последно, Исус кажал, „И во врска со осудата, бидејќи владетелот на овој свет бил осуден..." Тука, 'владетелот на овој свет' се однесува на непријателот ѓаволот и Сатаната. Што мислел Исус додека го кажувал ова, тоа е дека Светиот Дух ќе ни помогне да сватиме дека непријателот ѓаволот и Сатаната веќе ја примиле осудата.

Кога Адам и Ева, под Сатановото искушение паднале и го извршиле гревот на непочитувањето на Божјото Слово, тогаш нивните потомци станале робови на гревот; па бидејќи според духовниот закон, којшто кажува дека казната за гревот е смртта, тие почнале да одат по патот на смртта. Но заедно дошол и непријателот Сатаната, кој што со тоа што го убил Исуса, го прекршил духовниот закон, бидејќи Исус бил безгрешен. Поради тоа смртта повеќе го немала авторитетот над оние кои што верувале во Исуса Христа. Затоа во Римјаните 8:2 се кажува, "*Бидејќи законот на Духот на животот во Христа Исуса ве ослободи од законот на гревот и на смртта.*"

Па така Светиот Дух ни помага да дознаеме дека непријателот ѓаволот и Сатаната веќе ја имаат примено осудата; што значи дека тие нема да можат да ги поведат верниците во Христа кон смртта. "Владетелот на овој свет бил осуден" исто така значи дека на Судот на Белиот Престол, непријателот ѓаволот и Сатаната ќе ја примат вечната осуда. Се разбира дека учениците не можеле да ги разберат сите овие нешта во тоа време; но кога ќе дојде Светиот Дух, тогаш тие ќе се присетат на сите Исусови зборови и ќе ги сватат.

Кога Ќе Дојде Духот На Вистината

"Но кога ќе дојде Тој, Духот на вистината, Тој ќе ве поведе низ сите вистини; затоа што Тој нема да зборува од Себе, туку ќе го кажува она што ќе го чуе; и ќе ви разоткрие што ќе се случува во иднината. Тој ќе Ме прославува Мене, затоа што од Моето ќе земе и ќе ви го разоткрие. Сите нешта коишто ги има Отецот се и Мои; затоа и ви кажав дека од Моето ќе земе и ќе ви го разоткрие." (16:13-15)

Исус продолжил да ги поучува учениците за

свештенството на Светиот Дух. Тој го нарекол „Духот на вистината" и кажал, „Тој ќе ве поведе низ сите вистини." Ова е така бидејќи Светиот Дух е едно со Бога во срцето и не води кон вистината. Кога Светиот Дух ќе дојде, Тој ќе ни го даде благословот да можеме да ги отфрлиме нашите телесни мисли и ќе ни ја даде силата да го разбереме длабокото срце на Бога (1 Коринтјани 2:10). Исто така Тој никогаш нема да ни кажува нешто по Своја Сопствена волја, туку ќе го зборува и кажува само она што го има чуено и ќе не извести за настаните коишто треба да се случат во иднината. Тој зборува единствено во согласност со Божјата волја.

„Тој ќе Ме прославува Мене, затоа што од Моето ќе земе и ќе ви го разоткрие.Сите нешта коишто ги има Отецот се и Мои."

Тука можеме да видиме дека Исус, Светиот Дух и Богот Отецот се целосно едно нешто. Срцето на Исуса Христа е исто што и срцето на Светиот Дух, а срцето на Светиот Дух е исто што и срцето на Исуса. Изворно Тие се едно нешто, но поради провидението за култивирањето на луѓето, Тие превземале различни улоги.

Она што Светиот Дух го кажува, е исто што и Исус го кажува, а Словото на Исуса е Словото на Бога. Затоа кога Светиот Дух доаѓа, Тој поучува за Исуса и кога се случуваат некои силни нешта во името на Исуса Христа, тогаш се прославува и Бог; но Бог ја споделува оваа слава заедно со Господа Исуса и со Светиот Дух.

Пророштвото За Исусовата Смрт И За Воскресението

Исус не само што им имал покажано безброј докази на Своите ученици, да тие можат да поверуваат, туку Тој исто така им кажал и за настаните коишто требало да се случат во иднината. Тој им кажал за тоа како Јуда Искариот ќе го продаде, за тоа како ќе биде фатен од страна на Јудејците, кога ќе отиде во Ерусалим и за тоа како ќе умре на крстот, за да воскресне третиот ден потоа. Дури и по слушањето на овие зборови, учениците сепак не можеле ништо да разберат.

Учениците Не Ја Разбираат Духовната Порака

„Уште малку и повеќе нема да Ме гледате; а

малку потоа, пак ќе Ме видите, затоа што си одам кај Отецот' Тогаш Некои од Неговите ученици си кажаа еден на друг, 'Што тоа ни кажува, „Уште малку и повеќе нема да Ме гледате; а малку потоа, пак ќе Ме видите"; и, „затоа што си одам кај Отецот"?' Па си зборуваа, 'За што тоа зборува, „Уште малку"? Не знаеме за што тоа зборува.' Исус, знаејќи дека сакаат да Го прашаат, им кажа, 'Се прашувате ли себеси за тоа што го кажав, „Уште малку и повеќе нема да Ме гледате, а малку потоа, пак ќе Ме видите"?'" (16:16-19)

Кога Исус ќе ја исполни Својата мисија и ќе отиде на Небесата, тогаш Тој нема повеќе да биде со Своите ученици. Поради тоа кажал, „Уште малку и повеќе нема да Ме гледате." Но кога Светиот Дух—кој што е едно со Исуса—ќе дојде, тогаш тие ќе бидат во состојба повторно да се сретнат. Во тој момент, учениците не можеле да сватат како било возможно да кога ќе дојде Светиот Дух, тие ќе бидат во можност да повторно бидат со Исуса.

Исус знаел дека учениците нема да можат да го сватат, но причината поради која им ги кажал сите овие нешта, лежела во тоа што Тој знаел дека подоцна кога Светиот Дух ќе дојде кај нив, тие ќе можат да го сватат духовното значење на овие Негови зборови и да си ги посветат животите кон делувањето за кралството Божјо. Всушност, по примањето на Светиот Дух, учениците биле во целост трансформирани и си ги жртвувале животите заради ширењето на евангелието на Исуса Христа. Повеќето од нив дури и станале маченици во тој процес. Сепак тие ги примиле овие зборови тогаш, кога сеуште го немале примено Светиот Дух, па затоа и биле толку многу збунети, слушајќи ги Неговите зборови.

„Што тоа ни кажува, 'Уште малку'? Не знаеме за што тоа ни зборува." Исус посочил што точно било нивното прашање: „Се прашувате ли себеси за тоа што го кажав, 'Уште малку и повеќе нема да Ме гледате, а малку потоа пак ќе Ме видите'?"

Исус ги употребил зборовите „Уште малку" за да им објасни дека настаните ќе се одвиваат во блиската иднина. Но учениците, ограничени со нивните телесни мисли, се обиделе ги сватат овие зборови, ограничувајќи ги на секуларната дефиниција. Кога Исус кажал, „Уште малку и ќе можете да ме видите," духовното значење на овие зборови било во тоа дека штом ќе им дојде Светиот Дух, тие повторно ќе бидат во можност да го видат Исуса, поради тоа што Светиот Дух и Исус се едно исто; но тоа исто така значело дека Исус ќе воскресне од мртвите после три дена и дека всушност и физички ќе им се појави на учениците.

Во Коринтјаните 15:4-6, се кажува дека „ ... *и дека Тој [Исус] беше погребан, а на третиот ден потоа воскресна, како што е и запишано во Писмото, појавувајќи му се на Кифа а потоа и на дванесетмината. Потоа им се појави на повеќе од петстотини браќа во исто време.*"

„Вашата Тага Ќе Се Претвори Во Радост"

„Вистина, вистина ви велам дека ќе плачете и ќе тагувате, а светот ќе се радува; ќе тагувате, но вашата тага ќе се претвори во радост. Кога жената раѓа, таа е во болки, бидејќи и дошол часот; но штом ќе го роди детето, болките од радост веќе не ги памети, затоа што дете било родено на светот. Па така и вие сега сте нажалени; но Јас пак ќе ве видам и ќе ви се зарадува срцето ваше, а радоста ваша никој не ќе може да ви ја одземе." (16:20-22)

Бидејќи Исус кажувал, 'Си одам. По малку вие нема да можете да Ме видите,' учениците почувствувале токава тага како да целото небо паднало на нив. Знаејќи што се случува во нивните срца, Исус им кажал: „Ќе плачете и ќе тагувате, а светот ќе се радува; ќе тагувате, но вашата тага ќе се претвори во радост." Тука можеме да ја видиме разликата од примањето на некоја ситуација со телесни очи и гледањето на истата со духовните очи. Да ги земеме за пример Исусовите страдања. Кога ќе го восприемаме и сватиме тој настан гледајќи на него со нашите духовни очи, тогаш знаеме дека тоа е нешто за кое што сите би требало да се радуваме. Но ако погледнеме на овој ист настан со телесните очи, тоа претставува еден навистина тажен настан, па за ученицие, тоа претставувало една неискажлива и несватлива трагедија. Поради тоа Исус кажал, „Ќе плачете и ќе тагувате." Но исто така и додал, „А светот ќе се радува." Што сето тоа би можело да значи?

На ова место, „светот" го означува човештвото кое што морало да стане роб на непријателот ѓаволот, поради клетвата којашто ја примиле како резултат на гревот. Преку Адамовиот грев, сите негови потомци ја примиле клетвата *„Платата за гревот е смртта"* (Римјани 6:23). Сепак Исус го откупил човештвото од гревовите, уништувајќи им ја силата на непријателот ѓаволот и на Сатаната, којашто ја имале над смртта, отворајќи го патот кон вечниот живот. Тогаш како некој може а да не се зарадува заради тоа?

Откако веќе еднаш учениците го примиле Светиот Дух, тие тогаш можеле многу јасно да го сватат ова провидение Божјо. Поради тоа Исус кажал, „Ќе тагувате, но вашата тага ќе се претвори во радост." Потоа тој го употребил следниот илустративен пример, „Кога жената раѓа, таа е во болки, бидејќи и дошол часот; но штом ќе го роди детето, болките од радост веќе не ги памети, затоа што дете било родено на светот." Кога на жената ќе и дојде часот да се породи, таа чувствува многу големи болки. Но оној момент кога ќе го прегрне своето дете и ќе го стави на пазуви, таа зборава за сета болка од која што патела во текот на породувањето, бидејќи го родила толку скапоценото и сакано дете.

Понатаму, Исус кажал, „Јас пак ќе ве видам и ќе се зарадува срцето ваше, а радоста ваша никој не ќе може да ви ја одземе." Кога Исус им кажал на Своите ученици „Јас пак ќе ве видам", Тој се осврнувал на фактот дека тие всушност повторно ќе Го видат во тело, по Неговото воскресение, и на фактот дека подоцна ќе го примат Светиот Дух. Тој им објаснил дека штом ќе го видат воскреснатиот Исус и ќе го примат Светиот Дух во срцата, тие ќе бидат исполнети со радост. Радоста доаѓа од вистинскиот мир и верата кои што доаѓаат од Бога, затоа никој нема да може да им ја одземе таа радост. Исус постојано им ја кажувал вистината на Своите ученици, што ја покажува Неговата непоколеблива одлучност да во целост ја исполни мисијата на исполнувањето на провидението за спасението низ крстот. Ова било така бидејќи без разлика колку и да се труделе непријателот ѓаволот и Сатаната да се замешаат, употребувајќи ги сите видови на зли планови и премолчена согласност, спасението низ крстот секако ќе морало да се оствари и комплетира, и Исус ќе воскреснел надминувајќи ја смртта среде Божјата вчудоневидувачка мудрост.

Барајте Во Името На Исуса Христа

„На тој ден нема да Ме прашате за ништо. Вистина, вистина ви велам, што и да побарате од Отецот во Моето име, Тој ќе ви даде. Сѐ досега немате ништо побарано во Мое име; барајте и ќе добиете, за да радоста ваша биде исполнета до крај." (16:23-24)

Тука, „На тој ден" се однесува на времето кога учениците ќе го примат Светиот Дух. Кога Светиот Дух ќе пребива во срцето на некоја личност, Тој и помага да се присети на Исусовите зборови и ѝ помага да го свати значењето на Неговите зборови. Тогаш, поради Светиот Дух, ќе бидеме во можност да ги сватиме нештата коишто вообичаено не би можеле да ги сватиме самите, и ќе станеме просветени во врска со сите нешта за кои што порано сме се прашувале што значат. Исто така ќе можеме да ја почувствуваме Божјата љубов и да го сватиме Неговото прекрасно провидение.

„Вистина, вистина ви велам, што и да побарате од Отецот во Моето име, Тој ќе ви го даде. Сé досега немате ништо побарано во Мое име; барајте и ќе добиете, за да радоста ваша биде исполнета до крај."

Што можеме да научиме од овој стих? Како прво, можеме да научиме дека постои една голема сила во името на Исуса Христа. Поради тоа што Бог е навистина задоволен со тоа што Исус во целост го исполнил Својот повик како Спасителот, на секого кој што ќе побара нешто во Негово име, Бог веднаш му одговара на молитвите.

Но сепак постои разлика во силата кога се молиме во името на „Исуса", и кога се молиме во името на „Исуса Христа." Како што е и запишано во Матеј 1:21, „Исус" значи *„Тој ќе ги спаси своите луѓе од нивните гревови."* Па „Исус" не значи „Оној кој што спасувал", во минато време, туку „Оној кој што ќе спасува" во идно време. Од друга страна пак, „Христос" значи „Помазаникот", што означува „Миротворецот помеѓу Бога и луѓето, Спасителот, и Медијаторот." Па така името „Исус Христос" го носи во себе тоа значење дека, „Исус го завршил и исполнил Својот повик како Спасител."

Поради тоа ние не ја чувствуваме силата кога се молиме во името на „Исуса", туку кога се молиме во името на „Исуса Христа." Исус дошол на овој свет во согласност со Божјата волја, и се потчинил Себеси сè до точката да умре на крстот. Па поради фактот што Бог бил навистина задоволен што Исус на сите нешта одговарал со 'Да' и 'Амин', Тој со радост им ги исполнува желбите на сите што ќе побараат во името на Исуса Христа.

Како следно, можеме исто така да научиме и за разликата помеѓу мислите на духовното и мислите на телесното. Од гледна точка на учениците, Исусовата ужасна смрт на крстот, претставувала еден многу ужасен и тажен настан. Но преку провидението на крстот, клетвата која што лежела над човештвото се претворила во благослов, па сега со силата во името на Исуса Христа можеме многу лесно да го победиме непријателот ѓаволот и Сатаната! Па така земено од духовен аспект, ова било еден радосен настан.

Конечно, низ овој стих можеме да ја почувствуваме нежната и потполна љубов на Исуса. Пред да го земе крстот, Исус им кажал на Своите ученици за Неговата смрт, за воскресението, вознесението и за доаѓањето на Светиот Дух, кој што ќе им помогне да си ги припремат срцата за она што требало да се случи. Иако тие не можеле навистина во целост да разберат во тој час, Тој сепак сакал да се осигура дека во иднина тие ќе можат да го сватат во целост планот и провидението на Бога, доаѓајќи до точката кога ќе можат да си ги жртвуваат и своите животи, за да си го исполнат својот повик. Учениците постојано ќе бидат потсетувани на љубовта на Господа, за да не паднат во очајание, туку да ја изборат победата во било кое од прогонувањата.

Исус, Кој Што Ја Имал Победата Над Светот

Во Четирите Евангелија, постои голем број на параболи. На пример тука се параболите за сеачот, за талантите, за блудниот син, за лозарот, за лозата и за гранките, за синаповото семе итн. Параболата ги употребува секојдневните нешта што им се случуваат на луѓето, за да може да им го долови на луѓето значењето на некои нешта, на еден поедноставен начин, така што да тоа им биде многу поразбирливо, а воедно го има и ефектот да не ја разоткрие намерата на еден очигледен, нападен начин, за мотивот на личноста која што ја кажува параболата да остане прикриен.

На пример, кога Исус им кажал на луѓето дека Тој ќе го разруши храмот и ќе го изгради повторно во текот на три дена, Тој употребувал парабола преку која што сакал да им каже за Својата смрт и воскресение. Причината поради која Исус зборувал употребувајќи параболи била во тоа што било навистина тешко да се објаснат некои нешта за духовниот свет преку јазикот од овој свет; но исто така е тешко да се сватат и да се проникне во значењето на духовните нешта единствено преку човечкото знаење.

Доаѓа Часот Кога Отворено Ќе Ви Кажам

„Овие нешта во параболи ви ги кажував; но доаѓа часот кога нема да ви зборувам во параболи, туку отворено ќе ви кажам за Отецот. Во тој ден ќе побарате во Мое име, а Јас не велам дека ќе го помолам Отецот во ваше име; затоа што Отецот Самиот ве сака, бидејќи Ме сакавте и верувавте дека сум дојден од Отецот." (16:25-27)

Сé до тој момент, за Неговите ученици кои што не можеле јасно да го разберат духовниот свет, Исус употребувал различни параболи, за да им помогне во разбирањето. Сепак, постојат граници до коишто некој би можел да употребува илустрации на нештата од овој свет, во намерата да се објасни бескрајниот и простран духовен свет. Поради тој факт Исус кажал, „Доаѓа часот кога нема да ви зборувам во параболи, туку отворено ќе ви кажам за Отецот." Тука, „Часот" се однесува на доаѓањето на Светиот Дух.

Во тоа време, учениците не можеле да сватат зошто Исус морал да го земе крстот и како ќе биде прославен Бог преку тоа; иако Исус сето тоа им го објаснувал преку параболи. Но подоцна, кога Светиот Дух ќе ги поучува, тие ќе бидат во можност сето тоа во целост да го сватат.

Секако дека по Исусовото воскресение и по Неговото вознесение, кога учениците го примиле Светиот Дух, тие почнале да го сваќаат Божјото провидение. Бидејќи порано бил рибар, Петар имал многу малку образование, па по примањето на Светиот Дух, тој бил во можност вешто и непоколебливо да зборува во врска со вистинското значење на Божјите зборови коишто биле содржани во Законот (Дела, глава 3). Поради тоа што бил поучуван од страна на Светиот Дух, кој што го разбира дури и длабокото срце на Бога, Создателот на целиот универзум, Петар потоа не бил лимитиран со некакви ограничувања.

Потоа Исус кажал, „Во тој ден ќе побарате во Мое име," бидејќи кога и да побарале учениците во името на Исуса Христа, се покажувала Божјата сила. Во Дела 3:6, можеме да го видиме Петар кој што му кажува на сакатиот питач, *„Немам ниту сребро ниту злато, но она што можам да ти го дадам е ова: Во името на Исуса Христа Назареќанецот—оди!"* Во тој момент му надошла сила на питачот, во неговие нозе и глуждови, па тој проодел и скокајќи го прославувал Бога.

Причината поради која молитвите ни се исполнуваат, кога се молиме во името на Исуса Христа, лежи во тоа што на Бога му е многу угодно тоа име; но исто така и во тоа што ја покажуваме верата кога веруваме во Неговото име, па затоа и побаруваме во Негово име. Ова делување му покажува на Бога дека сме ја признале и ја имаме верата во тоа дека Тој го има испратено Неговиот единороден Син Исус на овој свет, а исто така покажува и дека ја признаваме и ја имаме верата во фактот дека сето она што Исус го направил, вклучувајќи ја тука и Неговата смрт на крстот, Неговото воскресение и Неговото вознесение, сето тоа било дел од Божјото провидение и план.

Кога Исус кажал, „Бидејќи Ме сакавте и верувавте дека сум дојден од Отецот," Тој зборувал за имањето на верата во фактот дека Исус—кој што изворно е едно со Бога—е единствениот Син кој што бил дојден на овој свет во тело. Кога го сакаме Исуса и се потпираме на Неговото име во молитвите, тоа Бог го прифаќа како наша вера, па затоа и ни одговара на молитвите. Се разбира дека оние луѓе кои што го сакаат Синот кој што Тој го има испратено и кои што му се покоруваат на Неговото Слово, ќе ја примат Божјата љубов!

„'Излегов од Отецот и дојдов во светот; сега го напуштам светот и повторно одам кај Отецот.' Учениците Негови тогаш рекоа, 'Ете, сега отворено зборуваш и не употребуваш параболи. Сега знаеме дека Ги знаеш сите нешта и дека нема потреба никој да Те прашува; заради тоа веруваме дека од Бога си дојден.'" (16:28-30)

Кога се наближило времето да го земе крстот, Тој отворено им кажал кој е—не им кажал само за тоа кој бил според изворот, туку исто така и за тоа како делувал во согласност со Божјото провидение, а им зборувал и за настаните коишто подоцна требале да се случат. Тој сакал да учениците го запишат во своите срца сето тоа што го зборувале таа ноќ и никогаш да не го заборават.

Исус не гледал само на тоа какви биле учениците во тој час. Тој исто така можел да види и во какви ќе се трансформираат подоцна, па затоа и сакал да им ги даде зборовите на љубовта, охрабрувањето и на надежта, коишто би ги прателе сé до самиот крај (Лука 22:28-32). Ова се случувало тогаш кога учениците конечно ги искажале своите исповести за верата. Иако сеуште не ја имале целосната вера, поради тоа што Исус им зборувал со толку голема сочуствителност и љубов, тие тогаш го познале со срцата и потоа се исповедале со усните.

„Имајте Храброст; Јас Го Надвладеав Светот"

„Исус им одговори, 'Верувате ли сега? Ете, наближува часот и веќе е дојден, за да се раштркате, секој да оди кон својот дом и да Ме оставите сам; но сепак Јас не сум сам, бидејќи Отецот е со Мене. Овие нешта ви ги кажав за да имате мир во Мене. Во светот ќе имате маки, но имајте храброст; Јас го надвладеав светот.'" (16:31-33)

Кон учениците кои што сакале да ја искажат својата вера, Исус испратил едно прашање, „Верувате ли сега?"

Исус можел да им ги види срцата. Тој им зборувал за

тоа што ќе го направат, додека им кажувал за страдањата. Сепак, Тој не им го кажувал сето тоа прекорувајќи ги заради тоа што нема да можат да се борат и што нема да ги надминат своите стравови, оставајќи Го и раштркувајќи се, секој одејќи дома. Тој сакал тие да знаат дека иако ќе го напуштат, Тој нема да биде сам, бидејќи Бог ќе биде со Него во духот.

Поради тоа што сите овие нешта биле дел од Божјот план и провидение, иако тие ќе Го напуштат и ќе Го остават, дури и сето тоа било дел од Неговата одговорност.

Иако поминале долго време со Исуса и ја имале почувствувано вистината во нивните срца, поради нивните телесни мисли, учениците не биле во состојба да ја имаат целосната вера. Поради тоа секој од нив чувствувал немир. Специјално Петар, кој што во Матеј 16:16 признал, „*Ти си Христос, Синот на живиот Бог,*" но на крајот три пати се одрекол од Него. Што мислите колку емоционално растроен тој морал да се чувствува?

Страдањето кое што го почувствувале учениците поради нивната неможност да ја имаат целосната вера, било она на кое што се осврнал Исус кога им кажал, „Во светот ќе имате маки." Тој исто така им го кажал ова за да ги означи прогонствата и сите други видови на потешкотии со коишто ќе се соочат учениците, одејќи наоколу и проповедајќи за Исуса Христа. Но кога една личност ги прима прогонствата во името на Исуса Христа, духовно тоа се смета за награда; па на Небесата сето тоа е комплимент и слава.

Исусовите ученици не се соочувале со неволјите поради

тоа што Бог ја немал доволната сила; искушенијата и испитувањата биле дел од Божјото провидение, кое што се спроведувало среде Неговата целосна љубов и правдина. Затоа Исус им кажал, „Имајте храброст; Јас го надвладеав светот."

Она што е сигурно е дека Исус умрел на крстот, ја победил смртта и станал вистинскиот Спасител. Па колку повеќе сме едно со Христа во верата, толку повеќе можеме да ја имаме победата во овој свет, преку Неговото име. Кога во себе ја имаме духовната вера, тогаш можеме да ја уништиме тврдината на непријателот ѓаволот и Сатаната и храбро да се молиме за Божјата слава.

Глава 17

Исусовата Посредничка Молитва

1. Молитвата За Земањето На Крстот
   (17:1-5)

2. Молитвата За Учениците
   (17:6-19)

3. Молитвата За Верниците
   (17:20-26)

Молитвата За Земањето На Крстот

Како што Божјото Слово е лебот на животот, така и молитвата е здивот на нечииот дух. Дури и Самиот Исус има подигнато голем број на молитви, кога бил тука на земјата. Тој постојано одел до Елеонската Гора, да се помоли. Исто така барал и некои тивки места за молитва, како што била Гетсиманската Градина. Се молел и на крајбрежјето на реката Јордан, па дури и кога бил на крстот. Токму пред Неговото страдање на крстот, Тој толку искрено се помолил, па Неговата пот станала како какпки крв (Лука 22:44).

Токму пред да биде уапсен од војниците коишто биле испратени од страна на првосвештениците и Фарисеите, Исус му испратил една толку искрена молитва на Бога. Иако Тој бил Синот Божји, во согласност со зборовите,

„Побарај и ќе ти се даде," Исус го направил моделот за молитва (Матеј 7:7).

Исус Ја Видел Славата Која Што Доаѓала

„Ги кажа Исус овие нешта; па Ги подигна очите Свои кон Небесата кажувајќи, 'Оче, дојде часот; прослави Го Својот Син, за да може и Синот Тебе да Те прослави.'" (17:1)

По утешувањето на Своите ученици, Исус знаел дека дошол часот кога Тој ќе треба да го исполни Својот повик како Спасител. Но наместо да помислува на страдањата со коишто наскоро требало да се соочи, Тој ја видел славата којашто ќе дојде по страдањата. Без разлика со какво и да страдање се соочувал, Тој ја имал сигурноста дека ќе ја види славата потоа. Тој знаел дека Неговата смрт на крстот не била нешто што било резултат на човечките мисли или планови, туку дека таа била дел од Божјото провидение.

Кога Исус се помолил, „Оче, дојде часот; прослави Го Својот Син," Тој кажувал, „Време е. Дозволи да бидам фатен од страна на луѓето и да бидам закован на крстот." Неколкупати до тој момент, непријателот ѓаволот и Сатаната ги поттикнувале луѓето кои што требало да го убијат Исуса, но сепак сеуште не било дојдено вистинското време за тоа, така што Бог не дозволувал тоа да се случи. Но тогаш бил дојден вистинскиот час за тоа.

Егзекуцијата на крстот, можеби на физичките очи им

изгледа ужасна, но Исус знаел дека тоа бил патот којшто водел кон славата. Откако ја скршил силата на смртта, се воскреснал и го исполнил Својот повик како Спасител, Тој требало да ја прими духовната сила и слава да стане Кралот над кралевите и Господарот над господарите. Па така, кога Исус се помолил, „Прослави Го Својот Син, за да може и Синот Тебе да Те прослави," Тој кажувал дека ја подига кон Бога сета слава што Тој ќе ја прими по Неговото страдање на крстот. Овие зборови исто така ја искажувале Исусовата љубов за Бога, покажувајќи ја Неговата желба за прославувањето на Бога преку верното исполнување на Својот повик како Спасител.

„Иако Си Му Го дал авторитетот над телесното, за да на сите на кои што Си им Го дал, Тој може да им го даде животот вечен. Тоа е вечниот живот за да можат да те познаат Тебе, единствениот вистински Бог и Исуса Христа, кого што Ти Си Го испратил." (17:2-3)

Па што мислите, каква слава примиле Бог и Исус, по Неговото страдање на крстот? Преку испраќањето на Својот Еден и Еднороден Син Исус на овој свет и преку дозволувањето Тој да умре на крстот, Бог се здобил со безброј чеда на верата. Па потоа Тој, *„Му го дарувал Нему [на Исуса] името коешто е над сите имиња,"* давајќи Му ја на Својот Син највисоката власт над сите нешта (Филипјани 2:9-11).

Бог изворно му ја дал оваа власт на првиот човек, Адам.

Но како резултат на земањето и јадењето на плодот на знаењето за доброто и злото, Адам му станал роб на гревот, предавајќи му ја сета власт на непријателот ѓаволот и Сатаната.

Во Лука 4:5-7, откако Исус го завршил Својот 40 дневен пост, ѓаволот дошол кај Него и Му Ги покажал сите кралства на овој свет. Потоа го искушал Исуса кажувајќи Му, *„Ќе Ти Ги дадам сите овие кралства и нивната слава; бидејќи ми беа предадени на мене, а јас можам да му ги дадам на кого што сакам. Затоа, ако ме обожуваш, ќе бидат Твои."*

Според Словото коешто кажува дека му стануват робови на оној на кого што му се покорувате, ако го обожувате ѓаволот, тогаш ќе станете негови робови (Римјани 6:16). Знаејќи го грешниот ѓаволов план, Исус цврсто ги отфрлил искушенијата кажувајќи, *„Запишано е, 'ЌЕ ГО ОБОЖУВАШ ГОСПОДА ТВОЈОТ БОГ И САМО НЕМУ ЌЕ МУ СЛУЖИШ'"* (Лука 4:8).

Непријателот ѓаволот и Сатаната се здобиле со силата на тој начин, што ги прелажале Адама и Ева. Сепак, Исус се обидел ја откупи таа сила, преку стриктното придржување кон духовниот закон. Преку Своето целосно саможртвување, Тој ја откупил таа сила од ѓаволот.

Кога веруваме во Исуса, можеме да ги победиме и покориме непријателот ѓаволот и Сатаната. Тогаш ќе можеме да ја имаме заштитата од искушенијата и испитувањата, од болестите и несреќните случаи. И не само тоа, туку преку тоа се здобиваме и со вечниот живот, па наместо да појдеме кон вечната смрт, Пеколот, ќе појдеме кон вечните Небеса.

Па што тогаш значи, кога Писмото кажува, „Познавањето на Бога и на Исуса Христа е вечниот живот"? Јован 6:40 кажува, „*Бидејќи ова е волјата на Мојот Отец, да секој кој што ќе се угледа на Синот и ќе поверува во Него, ќе има вечен живот, а Јас Самиот ќе го подигнам во последниот ден.*"

Бог Го испратил Својот Син на овој свет, за да можат сите луѓе да го примат спасението. Преку тоа што дозволил да Исус—кој што бил безгрешен и кој што бил самата добрина и љубов—биде закован на крстот, Бог го направил Него Спасител на голем број на луѓе. Поради тоа луѓето, кои што праведно треба да отидат во Пеколот поради своите гревови, можат да се здобијат со вечниот живот преку верувањето во Исуса Христа.

Оние луѓе кои што ќе се здобијат со спасението преку Исуса Христа, многу добро ќе дознаат за тоа како Бог ја истурил таквата љубов, за грешниците коишто не го заслужуваат тоа. Тие ќе ја дознаат вистината за Бога—не за страшниот Бог, кој што стриктно суди според Законот—туку за Богот на љубовта, кој што го жртвувал Својот Сопствен Син, за да го отвори патот на спасението за грешниците. Поради тоа, оние луѓе кои што ќе ја искусат вистинската радост на спасението, знаат дека не постои ништо друго коешто е поголемо од милоста на Исуса Христа и од љубовта на Бога; па го нарекуваат Бога со „Ава Отецот."

„Оче, Прослави Ме Заедно Со Тебе"

„Те прославив на земјата, завршувајќи ја работата којашто си Ми ја дал. Сега, Оче, прослави Ме заедно со Тебе, со славата којашто ја имав со Тебе, уште пред да настане светот." (17:4-5)

Исус го прославил Бога преку исполнувањето на целиот Божји план и провидение, па затоа подигнал една молитва, молејќи го Бога да го прослави и Него, исто така. Исус изворно бил со Бога уште пред создавањето на светот и славата којашто ја имал била толку многу благородна и убава, што со зборови не се опишува. Но за да ја исполни Божјата волја, Тој ја оставил сета Своја слава, го облекол телото и дошол на овој свет, земајќи ја смртта на крстот, за да го исполни Својот повик како Спасител.

Како што е запишано во 1 Коринтјани 10:31, *„Било да јадете или пиете, или било што друго, правете го тоа за славата на Бога,"* за време на Неговото свештенствување тука на земјата, Исус никогаш не барал богатство или слава за Себе. Единственото нешто што го барал, било да го прославува Бога. Поради тоа Тој храбро можел да се помоли со зборовите, „Оче, прослави Ме заедно со Тебе."

Бог сака да ние, исто како и Исус, го прославуваме Бога во сѐ што работиме. Тоа не е затоа што Бог сака да ја прими сета слава. Согласно со духовниот закон којшто кажува дека човекот ќе го пожнее она што ќе го посее, Бог сака да му ги даде на секого од нас, наградите и славата што им доликуваат на Неговите чеда. Затоа во Јован 13:32,

Исус кажал, „Ако Бог се прослави во Него, тогаш Бог исто така ќе го прослави Него во Себеси и веднаш ќе го прослави."

Молитвата За Учениците

За да може да ја исполни од Бога дадената работа, Исус ретко имал време да спие или да се одмара. Без оглед на сé, Тој сепак никогаш не престанал да се моли. Сега, кога дошло времето да ја исполни мисијата на крстот, што мислите колку искрено и ревносно мора да се молел? Како прво се молел да може да го прослави Семоќниот Бог, а потоа се молел за Своите сакани ученици.

Исус Со Вера Ги Видел Своите Ученици

„Им го јавив името Твое на луѓето кои што си Ми ги дал на овој свет; тие беа Твои и Ти Ми ги даде, и тие го запазија Словото Твое." (17:6)

Кога Исус кажал, „Им го јавив името Твое," Тој мислел на тоа дека ги поучил за Божјото срце и волја. Исус бил заедно со Бога уште пред самото создавање на светот и заедно со Него го создал универзумот. Па така нормално дека бил во состојба да јасно ги прикаже срцето и волјата на Бога.

Исус кажал, „Тие беа Твои и Ти Ми ги даде, и тие го запазија Словото Твое." На ова место, 'тие' се однесува на луѓето кои што биле култивирани од страна на Бога, за да станат Неговите вистински чеда. Тие му припаѓаат на Бога, но Исус кажал, „Ти Ми ги даде," бидејќи тие преку Него, Исуса Христа, се здобиле со спасението. Зборувајќи за оние луѓе кои што се спасени, Исус изјавил, „...и тие го запазија Словото Твое." Ова значи дека тие вистински верувале во Бога и вистински го имале примено Исуса како својот Спасител; па затоа ја имале квалификацијата да можат да бидат спасени.

Како што е запишано во Јаков 2:22, *„Гледате ли дека верата им помогна на делата Негови, и дека преку делата, верата стана совршена,"* вистинската вера е придружена со дела. Фактот дека го запазиле Словото Божјо, значи дека ја имале верата да бидат спасени, или верата да делуваат во согласност со Божјото Слово.

„Сега разбраа дека сé што си Ми дал е од Тебе; затоа што зборовите што си Ми ги дал, Јас им ги предадов на нив; и тие ги примија нив, навистина сваќајќи дека сум дошол од Тебе и верувајќи дека Ти си Ме пратил." (17:7-8)

Ако една личност верува дека силните Исусови дела се од Бога, таа исто така ќе поверува и во тоа дека Исус е Спасителот. Како што е возможно да се препознае дрвото по својот плод, така и ако некој изведува знаци и чудеса, ќе можеме да препознаеме дека Бог е со него. Исус му кажувал на Бога во врска со Своите ученици и во врска со другите луѓе, кои што ја имаат ваквата чиста вера. Сето тоа не значело дека овие луѓе ја имале целосната вера во тоа време. Едноставно значело дека преку добрината која што ја имале, тие се исповедале и поверувале во Бога и Исуса, во најдлабокиот дел на своето срце.

Па така Исус се молел за Божјата милост, да биде со учениците и со добрите луѓе коишто, иако сеуште слаба, сепак ја имале верата сплотена во нивните срца. Исус многу добро ја познавал верата којашто ја имале Неговите ученици. Иако тие сите ќе се разбегаат во страв, кога Тој ќе биде фатен (Матеј 26:31), Исус се помолил, опишувајќи Му на Бога како тие подоцна ќе се здобијат со целосната вера и ќе се трансформираат во Господовите силни сведоци. Преку оваа молитва, можеме да ја видиме Исусовата вистинска љубов. Иако Тој видел 99 негативни фактори во нив, Тој сепак на Бога му Ги кажал само оние позитивните.

„Се молам во нивно име; не се молам за сиот свет, туку за оние кои што Ти си Ми ги дал; бидејќи се Твои; и сите нешта коишто се Мои, се Твои, а Твоите се Мои; и Јас се прославив во нив." (17:9-10)

„Светот" тука го означува непријателот ѓаволот и

Сатаната, кои што застанале спротивно од Исуса Христа. Богот на љубовта го испратил Исуса на овој свет, за да го спаси човештвото; но тоа не значи дека секој ќе биде спасен. Една личност чие што срце е зло и која што му ја предава на Сатаната контролата врз себе, на крајот нема да биде спасена. Словото на животот и на вечниот живот е наменето само за оние луѓе кои што веруваат во Исуса, како во нивниот Спасител; и било наменето за оние луѓе, за кои што Исус Му се помолил на Бога.

„Сите нешта коишто се Мои, се Твои, а Твоите се Мои," ни покажува како Бог и Исус се едно (1 Коринтјаните 8:6). Ова значи дека, бидејќи Двајцата се едно, славата и страдањето кои што Исус ги примил, Бог исто така ги примил. Понатаму, славата којашто Исус ќе ја прими по умирањето на крстот, по воскреснувањето и постанувањето на Спасителот, Бог исто така ќе ја прими.

Исус знаел дека низ Неговите страдања на крстот, ќе се отвори вратата на спасението; и дека голем број на души ќе поверуваат во Господа и ќе станат вистинските чеда Божји. Тој оваа исповест ја направил исто така поради фактот што знаел дека овие души ќе му ја оддаваат славата на Бога, кој што поради Неговата прекрасна љубов, им го припремил патот на спасението. Славата била и за Исуса Христа кој што се жртвувал Себеси во целост, за да ја исполни Божјата волја.

„Да Можат И Тие Да Бидат Едно, Како Што Сме Ние"

„Повеќе не сум во светот; но сепак тие се во светот, а Јас доаѓам кај Тебе. Оче Свети, запази ги во Твое име, во името коешто Ти си Ми го дал, да можат и тие да бидат едно, како што сме Ние." (17:11)

Како би можеле некогаш да во целост ја изразиме Исусовата љубов и приврзаност за Своите ученици? Бидејќи ја имал љубовта за оние кои што ги остава зад Себе, Тој постојано Мусе молел на Бога Отецот во нивно име. Исус си одел, но набргу потоа, Светиот Дух, кого Тој ни го ветил, ќе дојде на земјата. Една личност која што верува во Словото на вистината, на кое што поучува Светиот Дух и му се покорува, ќе може да стане едно со Бога, исто како што и Исус и Бог се едно.

Сé до тој момент, учениците ја учеле вистината од Исуса, па кога ќе му се покореле на Неговото Слово, искусувале некои прекрасни нешта (Матеј 17:27). Кога Светиот Дух дошол на земјата, секој можел да види толку многу прекрасни дела Божји, исти како и оние кои што се случувале додека Исус бил тука на земјата. Понатаму, кога Исус бил тука, ако некој сакал да го чуе Словото на вистината, морал да биде во Негова близина. Но кога Светиот Дух дошол кај секоја индивидуа, секој можел да го чуе зборот на вистината и да ја прими Божјата заповед.

Затоа Исус се молел барајќи од Бога да го истури Светиот Дух врз Неговите сакани ученици, со цел да тие можат успешно да ја исполната Божјата волја.

„Додека бев со нив во светот, Јас ги пазев во Твоето име оние кои што Ти си Ми ги дал; ги зачував и никој од нив не загина, освен погибелниот син, за да може да се исполни Писмото." (17:12-13)

Кога Исус кажал, „Додека бев со нив во светот, Јас ги пазев во Твоето име," она што го мислел било дека Тој ги пазел со Божјото срце и љубов. Поучувајќи ги преку авторитетните зборови и покажувајќи им ја чудесната сила, Тој ги повел Своите ученици кон животот во вистината. Но сепак постоеле некои одредени исклучоци. Како што Исус кажал, „Никој од нив не загина, освен погибелниот син, за да може да се исполни Писмото," Јуда Искариот на крајот го предал Него и тргнал по патот на смртта.

Ова не се случило поради тоа што Исус имал недостаток на сила—тоа бил еден настан којшто веќе бил проречен во Библијата. Се случило токму онака како што и било запишано во Псалм 41:9, *„Дури и Мојот близок пријател на кого што му верував, кој што го јадеше Мојот леб, ја подигна петата своја против Мене."* Одпрва можеби изгледа дека Исус бил фатен поради Јуда Искариот, но сите тие нешта се имаат случено бидејќи така било допуштено од страна на Бога.

Земањето на крстот од страна на Исуса не покажува дека непријателот ѓаволот и Сатаната ја извојувале победата—

тоа само го покажува Божјиот план за спасението на човештвото, којшто без грешка се одвивал. Ова исто така ја покажува и Божјата грижа за учениците, за да потоа не ја изгубат силата, туку да ја почувствуваат радоста, доживувајќи ги делата на Светиот Дух.

„Јас им го дадов Твоето Слово; па светот ги замрази, бидејќи не се од светот, како што и Јас не сум од него." (17:14)

Зборовите коишто Исус им ги дал на Своите ученици била самата вистина и светлина. Но светот, или луѓето кои што се дел од непријателот ѓаволот и Сатаната, го мразеле Исуса, кој што бил Светлината (Јован 3:20). По слушањето на Исусовите зборови, првосвештениците и Фарисеите, наместо да се покајат, биле сé понестрпливи и желни да го убијат Исуса (Матеј, глава 21). Светот исто така ги мразел и учениците коишто биле дел од Светлината, поради тоа што го примиле Божјото Слово од Исуса, кој што бил Светлината.

Во Јован 15:19 Исус кажал, *„Да бевте од овој свет, тогаш светот ќе го љубеше своето; но бидејќи не сте од светот, туку Јас ве избрав од светот, затоа и ве мрази светот."* Поради тоа, ако не се здружиме со овој свет, тогаш сме осудени на омразата од негова страна. Во Матеј 10:35-36, е запишано, *„Зошто дојдов да го разделам човекот од татка си, ќерката од мајка си, а снаата од свекрвата своја; и непријателите на човека ќе бидат неговите домашни."* Ова значи дека во моментите кога делуваме во вистината, членовите на нашите семејства, коишто не се верници, можеби нема да не сватат, па дури може и да не замразат.

Сепак, една личност којашто го сака Господа и којашто ја познава вистината, никогаш нема да стане едно со светот, па дури и да тоа значи поминување низ потешкотии. Ако една личност не е од вистината, тогаш вистинскиот верник никогаш не би направил компромис со неа, па дури и да таа личност му е член на семејството. Затоа еден верник никогаш не би се фатил рака под рака со темнината. Исто како што не можат да се мешаат светлината и темнината, исто така ако некоја личност преферира да го сака светот и нештата во него, тогаш Божјата љубов нема да биде во него. Исус им ги кажал во детали сите настани коишто тие требале да ги доживеат во иднината, за да можат среќно и радосно да го прифатат повикот да станат Негови сведоци. Потоа уште еднаш подигнал искрена молитва верувајќи Му ги Своите ученици на Бога.

„Не Те молам да ги земеш од светот, туку да ги зачуваш од злобниот." (17:15)

Некои родители претеруваат во заштитата на своите деца, исто како што некои растенија се наоѓаат под оранжерии, воспитувајќи ги така што тие сигурно ќе станат зависни луѓе. Но некои од нив, коишто се помудри, ги наоружуваат своите деца со способноста сами да се соочат со неволите во животот. Наместо да им фатат риби, тие ги учат како самите да рибарат.

Божјото срце е слично на нив. Тој не поучува да самите можеме да се избориме со злото, преку добрината и да станеме чеда коишто го следат Божјиот лик. Познавајќи го Божјото Срце, Исус не Му се молел на Бога да ги земе Неговите ученици од грешниот свет во Небесата; туку да ги заштити да не паднат во гревот. Од една страна Исус алудирал на фактот дека по Неговото заминување, учениците би биле способни да живеат во вистината, помогнати од силата на Светиот Дух.

„Освети Ги Во Вистината...“

„Тие не се од светот, како што и Јас не сум од него. Освети ги во вистината; Твоето Слово е вистината." (17:16-17)

За време на Исусовото јавно свештенствување, учениците секогаш биле со Него, слушајќи ги Неговите пораки на вистината и сведочејќи на Неговите дела. Следејќи ги Исусовите стапки, тие ги задржале своите срца во вистината и не направиле компромис со светот. Додека свештенствувал заедно со нив, Исус силно ги водел Своите ученици во вистината. Тој особено ги припремил да си постават стриктни граници, па така да не можат да бидат врзани преку телесните страсти или семејните релации (Лука 9:59-62).

Тој го сторил сето тоа поради фактот дека ако

некоја личност е фрлана од една страна на друга поради своите семејни односи, пријателствата на училиште или пријателствата од детството, тогаш многу лесно може да се случи таа да не може да донесе непристрасни одлуки и на крајот да заврши со вршењето компромис со невистината. Во Марко 10:29-30, Исус кажал, „*Вистина ви велам, нема таков што оставил куќа, или браќа, или сестри, или мајка, или татко, или деца, или имот, заради Мене и Евангелието, а да не примил сто пати повеќе во денешно време, куќи и браќа и сестри и мајки и деца и имот, заедно со прогонствата; и во времето што доаѓа, вечниот живот.*"

Но сепак, тоа не значи дека една личност треба да биде студена и неодговорна кон својата фамилија. Праведно е само кога си ги исполнуваме нашите обврски и им служиме на нашите родители. Но тоа значи дека само кога во целост ќе си ги заковаме нашата телесна љубов и себичност на крстот, само тогаш ќе можеме навистина да го сакаме Бога, ставајќи го на прво место, пред сѐ друго, оддавајќи им почит на нашите родители, како што тоа го прават вистинските, верни чеда. Одличен пример за ова е кралот Аса, третиот крал на Јудеа, јужното кралство.

Кралот Аса го сакал Бога и повел широки религиозни реформации, строго очистувајќи го идолопоклонството. Кога неговата мајка, кралицата Маха, извршила идолопоклонство, тој дури и неа ја симнал од позицијата. Тој бил загрижен дека ако и прогледа низ прсти на мајка си, тогаш многу лесно идолопоклонството би можело уште еднаш да преовлада меѓу луѓето. Но иако ја свргнал макја си, тој сепак, без разлика на сé и служел и ѝ ја оддавал почита. Низ ова искуство, Маха најверојатно била осветена и најверојатно доживеала голема можност да се покае пред Бога. Вистинското почитување на родителите, значи водењето на нивните души кон спасението.

Како што е запишано во 2 Тимотеј 2:4, *„Бидејќи ниту еден војник којшто е во активна служба, не се вплеткува себеси во прашањата од секојдневниот живот, за да му угоди на оној кој што го регрутирал како војник,"* нашите семејни и пријателски врски не би требало да ни го свртат вниманието од Божјата работа. Причината поради која Исус толку силно ги водел Своите ученици кон вистината, лежела во тоа што тие требало да ја првеземат на себе големата одговорност, за тоа да бидат сведоци дека Исус е Христос. Но пред да станат силните работници кои што си ги исполнуваат своите повици, Тој сакал на прво место, тие да станат свети и да бидат во вистината.

Како што Исус се молел, „Освети ги во вистината," Тој сакал тие како прво, да го закрепнат ликот на Бога во нив самите. Бог сака да си го изгради Своето кралство низ чедата кои што се облечени во светоста. Како што Евреите 12:14 ни кажува, *„Барајте ги мирот со сите луѓе и светоста, без којашто никој нема да го види Господа,"* ние мораме во целост да се осветиме себеси, без да имаме во себе ниту лик на злото, за да живееме во близина на Господовиот престол и да ја споделуваме вечната среќа и радост, кога ќе отидеме на Небесата.

„Како што Ти Ме испрати Мене на овој свет,

така и Јас исто ги испратив нив во светот. За нивно добро се осветив Себеси, за да и тие самите можат да бидат осветени во вистината." (17:18-19)

Бог го испратил Исуса на овој свет, среде Неговиот план за спасението на човештвото. Па така Исус дошол носејќи ја со Себе мисијата да стане Спасителот. Затоа учениците коишто ќе останат по Него, ја имале мисијата да бидат Неговите сведоци. Поради тоа Исус кажал, „Јас исто така ги испратив нив во светот." Преку длабоката интроспекција, можеме да видиме дека овој израз е вплотен со Исусовата искрена молба кон Богот Отецот, да им ја даде силата на учениците со којашто ќе можат да си ги бранат своите срца, за да можат верно да си го исполнат својот повик.

Ако учениците навистина го познавале Исусовото срце, тие не би го сметале нивниот повик за ширењето на евангелието, како некоја тешка работна задача. Помислувајќи на славата што подоцна ќе ја примеле на Небесата, тие би требало да бидат во состојба да си го превземат својот повик со радост и благодарност во срцата. Кога во црквата некои од луѓето ќе бидат запрашани да превземат на себе некој специјален повик, некој од нив одговараат на овој начин, „Не можам да го превземам на себе овој повик, бидејќи не се чувствувам доволно компетентен за тоа." Но ова е погрешна поставка на умот. Пред Семоќниот Бог, човечките способности—големи или мали—немаат никакво значење. Она што е навистина важно е кој може вистински да верува во Бога и да ја има способноста да доволно искрено се моли, за да ја повлече кон себе силата на Бога и да ја доживее. А за да ја доживее оваа сила, човекот мора да стане осветен. Тоа значи дека човекот мора да си го искултивира своето срце во свето.

Кога ќе погледнеме во Марко, глава 9, можеме да видиме дека сето тоа е вистина. Еден ден, таткото кој што имал син којшто бил запоседнат од страна на демонот, дошол да го побара Исуса. Тој и пред тоа ги имал посетено учениците поради овој свој проблем, но не ја искористил можноста. Поради тоа што учениците сеуште не биле во целост трансформирани со вистината, демонот не сакал да излезе, кога тие го кажувале зборот. Но штом Исус кажал, *„Ти глув и нем духу, ти заповедам, излези од него и не влегувај повторно во него"* (с. 25), демонот извикал и го напуштил младото момче. Па така да во духовниот свет, колку што повеќе сте безгрешни и свети, толку повеќе сила ќе можете да извадите.

Поради тоа Исус се помолил, „За нивно добро се осветив Себеси, за да и тие самите можат да бидат осветени во вистината," сакајќи да учениците станат совршени (Матеј 5:48). Сепак, Исус не им кажал едноставно, „Бидете свети, бидете совршени," туку им покажал како тоа се прави. Тој претставувал модел за нив, за сето она што ќе го направел.

Молитвата За Верниците

Кога ја читаме Библијата, можеме да видиме колку различно Богот Создателот мисли и како Неговата креација, луѓето, размислуваат. Исаија 55:8-9 цитира, „'Бидејќи Моите мисли не се како вашите мисли,' ниту пак се вашите патишта, Мои патишта, изјави ГОСПОД. 'Бидејќи како што Небесата се повисоко од земјата, така се и Моите патишта повисоко од вашите, а и Моите мисли исто повисоко од вашите.'" Затоа учениците не можеле да се осмелат да го сватат срцето и мислите на Исуса, кој што е едно со Бога. По молењето за Себеси и за Своите ученици, Исус потоа се помолил за сите души коишто ќе дојдат да го примат спасението низ свештенствувањето на учениците. Како можат луѓето да станат поблиску од тоа да ја восприемат оваа голема љубов

Исусова?

За Да Поверува Светот Дека Ти Си Ме Пратил...

„Но не се молам само за нив, туку и за оние кои што низ нивните зборови ќе поверуваат во Мене; за да можат и тие сите да бидат едно; како што си Ти, Оче, во Мене и Јас во Тебе, па така да и тие можат да бидат во Нас, за да поверува светот дека Ти си Ме пратил." (17:20-21)

Исус не е Спасителот за само неколку исклучителни луѓе. Затоа Исус ги испратил учениците да одат во светот и да го шират Евангелието помеѓу луѓето, како што е и запишано во Марко 16:15, *„Одете меѓу целиот свет и проповедајте му го Евангелието на сето создание,"* и во Матеј 28:19, *„Затоа одете и направете ученици од сите нации, крштевајќи ги во името на Отецот, Синот и Светиот Дух."* Овој повик за ширењето на Евангелието не бил само за учениците. Секој кој што верува во Исуса Христа и кој што го примил спасението, го има повикот да го шири Словото за благодетта на спасението, коешто на сите бесплатно им се нуди.

Апостолот Павле се исповедал, *„Задолжен сум и кон Елините и кон варварите, и кон мудрите и кон неразумните. Па од моја страна нестрплив сум да ви го проповедам Евангелието во Рим, исто така"* (Римјани 1:14-15). Исто како што се исповедал, поради тоа што бил толку многу благодарен за љубовта којашто ја примил, тој работел на ширењето на Евангелието, посветувајќи й го на таа задача целиот свој живот.

Сепак тоа не значело дека секој што ќе го чуе Евангелието, ќе го прими и спасението. Само оние, кои што вистински веруваат од центарот на своите срца, дека Бог го испратил Исуса на овој свет како Спасител, ќе можат да го примат спасението. Исто како што Бог е во Исуса, а Исус е во Бога, една личност мора да биде едно со Исуса во вистината и во духот.

На оние кои што веруваат во добрите дела на Исуса и кои што го препознаваат Исуса како Синот Божји, Бог им го дава подарокот, Светиот Дух. Откако една личност ќе го прими Светиот Дух, тогаш нејзината вера којашто е базирана на знаењето ќе се трансформира во духовна вера. Тогаш таа ќе може да го разбере Словото на Исуса, да ја свати вистинската љубов на Бога, којашто била толку голема да Тој дури и си го испратил Својот еден и единствен Син, на овој свет. Но се разбира, брзината со која некоја личност ќе го разбере Словото и ќе почне да живее во согласност со него, зависи само од неа.

Магнитудата на добрината и на невиноста на нечие срце и степенот на нејзиното почитување на гласот на Светиот Дух, ќе ја одреди брзината на чекорењето на духовниот раст, одредувајќи кога таа личност ќе може да го достигне целосното ниво на верата, кога таа ќе биде едно со Господа. Поради оваа причина, Тој се молел сите луѓе не само да го примат спасението, туку и да станат едно со Него во вистината и во духот, така што потоа ќе можат да го достигнат целосното ниво на верата.

„Славата којашто си Ми ја дал, им ја предадов на нив, за и тие да можат да бидат едно, исто како што и Ние сме едно; Јас во нив и Ти во Мене, за да можат да бидат усовршени во единството, и а да може светот да дознае дека Ти си Ме пратил, дека си ги сакал, исто како што и Мене си Ме сакал." (17:22-23)

Исус му ја оддавал славата на Бога со тоа што го ширел Евангелието за Небесата, потврдувајќи ги Своите зборови со чудеса и знаци. Па така кога рекол, „Славата којашто си Ми ја дал, им ја предадов на нив," Тој кажувал дека сака и тие исто така да му ја оддаваат славата на Бога, изведувајќи знаци и чудеса.

Исус исто така се молел да тие низ силата на името на Исуса Христа, бидат во можност да ги шират зборовите коишто Тој ги има научено, да ги бркаат демоните, да можат да лекуваат болести и да ја покажуваат силата на Бога. Во реалноста, оние ученици коишто последни го примиле Светиот Дух, извеле многу големи знаци и чудеса и му ја оддавале славата на Бога (Дела 5:15-16). Па така голем број на знаци и чудеса се имаат случено преку нив, како што и било запишано во Дела 2:43, *„И страв ја обзеде секоја душа; затоа што многу чудеса и знаци се вршеа преку апостолите."*

Исус не сакал само учениците, туку и секој друг кој што го примал Исуса, да ги покажува овие силни дела Божји. Тој сакал тие да бидат во состојба да ги изгонуваат демоните, да зборуваат многу јазици, да можат да фаќаат и подигаат змии, да не бидат повредени дури ниту кога ќе испијат отров, и да ги лекуваат болните, кога ќе ја положат својата рака на нив (Марко 16:17-18).

Нашата црква исто така му ја оддаде славата на Бога преку многуте силни дела Божји. Кога веруваме во Божјата сила, како што е запишано во Библијата и кога ќе се помолиме, тогаш слепите ќе можат да си ги отворат очите, немите да проговорат, луѓето кои што се во инвалидски колички да станат од нив и да проодат и многу други луѓе да почувствуваат дека се излечени од некои нивни заболувања. Нервите, ткивата во телата и телесните клетки кои што некогаш биле уништени од огнот, тогаш ќе можат да се регенерираат, а личноста којашто престанала да дише и чие што тело веќе било здрвено, да се поврати во живот!

За да може да ги изведуваат ваквите дела Божји, личностите ќе мораат во себе да ја имаат целосната вера. Ако сме ја комплетирале својата вера и ако Господ е во нас, а и ние сме во Господа, тогаш ништо не е невозможно за нас. Исус ни ја кажал најважната причина поради којашто мораме да станеме едно со Него.

Личноста којашто е едно со Исуса, може да го разбере срцето и провидението на Бога, кој што постоел уште од пред почетокот. Исус сакал сите луѓе да станат вистински чеда Божји, коишто ќе можат да го разберат длабокото срце на Отецот. На ваквите луѓе, како што е и запишано во Изреки 8:17, *"Ги сакам оние кои што Мене ме сакаат,"*

Бог го покажува доказот за Својата љубов кон нив.

Во времето на Мојсеја, кога целиот Египет страдал од поморите, во земјата Гошен, каде што живееле Божјите луѓе, не се случувале никакви зла. На истиот начин, оние кои што се едно со Господа, се заштитени од непријателот ѓаволот и Сатаната и го примаат благословот да бидат здрави и успешни, во сите области на својот живот. Бог сака да многу од Неговите чеда ја доживеат оваа радост, стунувајќи едно со Господа.

Исус Сака Да Ја Сподели Својата Слава На Небесата

„Оче, посакувам да и тие кои што си Ми ги дал, бидат со Мене каде што сум Јас, за да можат да ја видат Мојата слава којашто си Ми ја дал, затоа што си ме сакал уште пред создавањето на светот. О праведен Оче, иако светот не Те позна, Јас Те познав; и овие познаа дека Ти си Ме пратил." (17:24-25)

Кога го сакаме Бога и Му служиме, не само дека Тој обилно ќе не благослови, туку исто така и ќе ни ја даде незамисливата слава на Небесата. Знаејќи го многу добро ова, Исус се молел, „Посакувам да и тие кои што си Ми ги дал, бидат со Мене каде што сум Јас." Исус сакал да ја сподели вечната слава на Небесата заедно со Неговите сакани ученици и со сите оние кои што ќе го примат спасението преку слушањето на Евангелието, коешто го шириле учениците.

Иако сеуште не биле на нивото од целосната вера, Тој бил среќен само поради фактот дека тие во своите срца познале дека Исус бил Божјиот Син, Спасителот. За време на Своето јавно свештенствување, Исус покажал многу докази со коишто им помогнал на луѓето да поверуваат дека Тој бил дојден од Небесата. Низ силните дела коишто ги изведувал Исус и низ пораките на вистината коишто ги проповедал, луѓето кои што имале добри срца поверувале дека Исус бил Божјиот Син и дека бил Месијата, кој што ќе ги спаси. Како што кажал Исус, „иако светот не Те позна," непријателот ѓаволот и Сатаната се обидуваат на сите начини да им попречат на луѓето, да поверуваат во Бога, но добрите луѓе остануваат постојано на штрек и ја водат добрата битка којашто ќе ги понесе кон победата (1 Петар 5:8-9).

„И им го направив познато името Твое и ќе го објавувам, за да може љубовта со која што си Ме сакал Ти да биде во нив и Јас да бидам во нив." (17:26)

„Твоето [Божјо] име" ја содржи Божјата сила и авторитет, како и срцето на љубовта. Исус сето тоа го покажал преку силните зборови, заедно со знаците и чудесата и преку делата на проштевањето, на сочувството, на милоста и на љубовта, поучувајќи ги луѓето за Бога, кој што е љубовта.

Па што мислел Исус да каже, кога рекол, „Им го направив познато името Твое и ќе го објавувам"? Тој мислел на тоа дека со земањето на крстот, со пролевањето на сета Своја крв и вода, со умирањето и воскресението, Тој ќе го исполни Божјото провидение. Тој го направил познато срцето на Бога, кој што толку многу го сакал целото човештво, што беспоштедно го испратил Својот еден и единствен Син, да умре на крстот за нив (Римјани 8:32).

Затоа, причината поради која Исус направил да 'името на Отецот' ни биде познато, лежела во „љубовта со којашто си Ме сакал Ти (Бог) да биде во нив и Јас да бидам во нив." Исус сакал и ние да ја примиме љубовта којашто Тој ја примил од Бога и да биде во нас. Фактот дека Исус е во нас, значи дека Божјото Слово е во нас (Јован 14:21), бидејќи 'Словото коешто станало тело' е Исус. Само оние кои што живеат во согласност со Божјото Слово, ќе можат навистина да кажат дека го сакаат Бога.

Мораме да запаметиме дека поради тоа што Исус го сакал Бога, Тој во целост се придржувал кон Законот, додека бил во светот и дека во целост му се покорувал, сѐ до нивото да биде спремен да умре на крстот. Како резултат на сето тоа, Тој ја примил неверојатно големата количина на Божјата љубов.

Што мислите, каква била љубовта на Бога што Исус ја доживеал пред да дојде на овој свет, а каква била по исполнувањето на Неговата мисија и повторното вознесување на Небесата? Бидејќи Исус изворно е едно со Бога, се разбира дека ја знаел Божјата љубов, но длабочината и тежината на Божјата љубов којашто ја чувствувал пред и по завршувањето на Својот повик како Спасител, биле неспоредливи.

Авраам исто така, само по испочитувањето на Божјата заповед да си го жртвува Исака, ја почувствувал и сватил Божјата љубов на еден појасен начин. Најверојатно Бог бил навистина среќен гледајќи ја Авраамовата вера, којашто била толку голема да тој бил спремен веднаш беспоштедно да си го жртвува својот единствен син, но исто така и самиот Авраам мора да почувствувал многу длабоки емоции, кога можел да му ја покаже на Бога оваа своја голема вера!

Исус сакал и ние исто така да ја сватиме и доживееме оваа длабока љубов Божја. Кога во себе ја имаме верата и кога делуваме во согласност со Божјото Слово, предавајќи му го Нему она што ни е најмило и највредно, поради нашата љубов за Него, на тој начин можеме да ја доживееме толку големата љубов Божја, каква што никогаш дотогаш немаме почувствувано.

Глава *18*

Исус, Кој Што Страдал

1. Јуда Искариот, Оној Кој Што Го Предаде Исуса
(18:1-14)

2. Исус Застанува Пред Првосвештениците
(18:15-27)

3. Исус Застанува Пред Пилата
(18:28-40)

Јуда Искариот, Оној Кој Што Го Предаде Исуса

Откако му се помолил на Бога, токму пред Неговата смрт, Исус отишол до Гетсиманија, заедно со Своите ученици. Гетсиманија е градина којашто е лоцирана на западната страна од Елеонската Гора, сместена спроти долината Кедрон. Таа била полна со израснати дрвја и грмушки и претставувала навистина место на спокој, па затоа Исус и Неговие ученици често доаѓале на ова место.

Гетсиманската градина е местото каде што Исус, токму пред Неговото страдање на крстот, толку искрено се помолил, што Неговите капки пот станале како капки крв. Јуда Искариот, исто така многу добро го познавал ова место. Исус знаел дека Јуда ќе го предаде; но сепак, за да може да ја исполни Својата мисија како Спасител, Исус дошол на ова место.

Исус Оди До Гетсиманската Градина

„Кога Исус ги изрече овие зборови, Тој отиде преку Кидронската клисура до местото каде што имаше градина, во којашто влезе заедно со нив. А тоа место го знаеше и Јуда, кој што го предаваше, бидејќи Исус често таму се собираше со учениците Свои." (18:1-2)

Во евангелието по Матеја, Марка и Лука, сите настани коишто се случиле во периодот откако Исус тргнал за Гетсиманската градина и времето кога бил фатен, биле во детали опишани. По пристигнувањето во Гетсиманија, Исус им кажал на Своите ученици, 'Ќе одам онаму да се помолам, а вие останете тука.' Потоа ги земал Петра, Јакова и Јована и отишол да се помоли. Пробивајќи се низ дивите грмушки, одејќи подлабоко во шумата, Тој им кажал на тројцата да се помолат таму.

„*Останете тука и бидете будни со Мене*" (Матеј 26:38).

„*Молете се за да не паднете во искушение*" (Лука 22:40).

Одејќи малку понатаму во далечина, отприлика околу еден скок, Исус го ставил Своето лице на земјата и почнал искрено да се моли. Исусовиот живот зависел од таа молитва. Животот на Исуса, чија безгрешна крв ќе плати за спасението на сите души во светот, бил во прашање. Оваа молитва всушност бил крик упатен кон Бога, да Му ја даде силата и способноста, да во целост го прими разурнувачкото страдање на крстот. Исус толку искрено и со сета своја сила се молел што малите крвни садови во Неговото тело се распрскале, претворајќи Му ги капките пот во капки крв (Лука 22:42-44).

Во спокојната Гетсиманска градина, единствениот звук којшто ја кршел тишината на ноќта, бил звукот на Исусовата искрена молитва. По некое време, Исус кој што се молел, дошол кај Петра, Јакова и Јована. Нивните тела биле слаби и не можеле да се изборат со уморот, па затоа тие цврсто заспале. Исус бил многу тажен кога ја видел нивната слабост, па го разбудил Петра.

„Толку ли не можевте еден час да останете со Мене будни? Бидете будни и молете се, за да не паднете во искушение" (Матеј 26:40-41).

По малку време, Јуда Искариот, заедно со војниците ќе дојде да го фати Исуса. Поради тоа што таквиот тежок настан требало да се случи пред нивните очи, Исус сериозно се надевал дека Неговите ученици нема да паднат во искушение. Па така Исус отишол малку понатаму и продолжил да се моли. Учениците многу силно се обидувале да се молат, но на крајот, сепак не успеале да се изборат против дремката. Па така Исус бил оставен сам да се моли, со таквата силина што Неговите капки пот се претвориле во капки крв. По три интервали на молитва, Тој ги разбудил учениците и кажал, *„Станете да одиме; ете наближува оној кој што Ме предава!"* (Матеј 26:46).

Јуда Искариот Го Предава Исуса

„Тогаш Јуда, откако прими една чета Римски војници и офицери од првосвештениците и Фарисеите, дојдоа таму со фенери, факели и оружје. А Исус, знаејќи сѐ што ќе стане со Него, истапи пред нив и им рече, 'Кого го барате?' Тие Му одговорија, 'Исус од Назарет.' Тој им рече, 'Јас сум Тој.' А Јуда, кој што го предаваше, исто стоеше со нив. Па кога Тој им рече, 'Јас сум Тој,' тие се повлекоа и паднаа на земјата." (18:3-6)

Штом Исус завршил со зборувањето, треперечки искри на светлина почнале да им се приближуваат. Како што светлината станувала сѐ посилна, така сѐ повеќе се слушал и топотот на чекорите од војниците. Набргу потоа, луѓето со оружје се појавиле, осветлени од факелите коишто ги носеле. Во центарот стоел еден човек со познато лице. Тоа бил Јуда Искариот, еден од дванаесетте ученици.

Групата на војници носеле мечови и шипки, спремни како да требало да фатат некој злобен криминалец. По тоа можеме да видиме колку биле исплашени затоа што морале да го фатат Исуса. Јуда Искариот исто така, иако со себе ја донел целата чета вооружени војници, бил многу исплашен поради Исусовиот духовен авторитет.

„Кого го барате?"

„Исус од Назарет."

Тогаш Јуда Искариот кој што се имал договорено со групата војници, кажал, *„Оној кого што ќе го целивам, Тој е; фатете Го "* (Матеј 26:48). Бидејќи Исус веќе си го имал припремено срцето да ѝ се покори на Божјата волја, сé до нивото да оди и во смртта, Тој бил храбар—па дури и пред тешко наоружаните војници. Луѓето на вистината, како Исуса, кои што застануваат среде Божјата волја, можат да ја покажат храброста, иако дури и се повлечени во смртта.

Ваквите луѓе се плашат да не бидат одвлечени од Божјата волја—но не се плашат од тоа дали ќе си го загубат животот или пак ќе им биде нанесено некакво страдање. Тоа е така бидејќи тие цврсто веруваат во тоа дека единствениот кој што го има авторитетот над животот и смртта, е Богот Отецот. Затоа во Матеј 10:28 се кажува, *„ Не плашете се од оние кои што го убиваат телото, но душата не можат да ја убијат; туку плашете се од Оној кој што може да ги уништи и телото и душата во пеколот."* Исус храбро им се покажал на четата војници, кажувајќи, „Јас сум Тој."

Во тој момент Неговата духовна сила била толку многу голема, што оние кои што дошле да го фатат, се повлекле наназад и паднале на земјата. Во тој момент, Јуда Искариот се обидел да му пријде на Исуса и да го целива. *„Радувај се, Рави!"* (Матеј 26:49). Гледајќи го дури и најдлабокиот дел од неговото срце, Исус се обидел, дури и во тој последен момент, да му ја даде последната шанса на Јуда Искариот.

„Јудо, со целив ли го предаваш Синот Човечки?" (Лука 22:48).

Ако во себе имал макар и малку совест, штом веќе неговото најдлабоко делче од срцето било откриено, тој не би можел да се осмели да го целива учителот, за да го предаде. Но бидејќи Јуда Искариот веќе бил обземен од страна на Сатаната, тој го целивал и предал својот учител. Но сето тоа морало да се случи, поради исполнувањето на планот за спасението, преку крстот.

За да го сокрие фактот дека го предава Исуса, Јуда Искариот не кажал директно, „Оваа личност е Исус од Назарет." Тој исценирал едно шоу и изглумил дека тој самиот нема ништо со групата луѓе кои што дошле да го фатат Исуса. Поради својата измамничка природа, тој до самиот крај се обидувал да го сокрие фактот дека тој е оној, кој што го продал Исуса.

Исус Се Обидува Да Ги Заштити Учениците

„Тогаш пак ги праша, 'Кого го барате?' А тие Му рекоа, 'Исус од Назарет.' Исус одговорил, 'Ви кажав дека Јас сум Тој; па ако Ме барате Мене, оставете ги овие да си одат,' за да се исполни Словото коешто Тој го кажал, 'Од оние кои што си Ми ги дал, не загубив ниту еден.'" (18:7-9)

Иако Исус открил кој е, групата војници не го фатила. Па затоа Тој уште еднаш ги прашал. „Кого го барате?"

Постоела причина зошто Исус повторно ги прашал. Тој се обидувал да ги заштити учениците кои што биле со Него. Со тоа што направил војниците повторно да кажуваат со усните, „Го бараме Исуса од Назарет," Исус се обидувал да ги спречи во тоа да ги стават рацете на било кој друг, освен на Него.

Тие одговориле, „Исус од Назарет." „Ако Ме барате Мене, оставете ги овие да си одат," кажал Исус. За да се осигура дека учениците нема да бидат повредени на било кој начин, Исус мудро ставил заштитен штит околу нив. Пред да дојде до Гетсиманската градина, Тој подигнал кон Бога, една молитва на љубовта. Во неа, Тој се исповедал, *„Додека бев со нив во светот, Јас ги пазев во Твоето име оние кои што Ти си Ми ги дал; ги зачував и никој од нив не загина, освен погибелниот син, за да може да се исполни Писмото"* (Јован 17:12).

Молејќи се, Тој бил загрижен за безбедноста на Своите ученици, повеќе отколку за Својата безбедност, па без разлика со каква и да опасност се соочувал, Тој не се помрднал од местото. Во повеќето случаи, кога луѓето се соочуваат со некои опасни ситуации кога можат да бидат обесправени или да се соочат со некои лоши последици, тие или ја префрлаат одговорноста на некој друг или пак се обидуваат да избегаат од тоа место. Но Исус спремно Самиот ја прифатил опасноста и потешкотиите коишто следеле.

„Симон Петар тогаш, имајќи нож, го повлече и го удри робот на првосвештеникот, отсекувајќи му го

десното уво; името на робот беше Малх. Но Исус му рече на Петра, 'Стави го ножот во ножницата; зарем да не ја испијам чашата којашто ми ја дал Отецот?'" (18:10-11)

Во Петровите очи, кој што бил ученик под Исусовата грижа, оваа ситуација била мошне сериозна. Иако Исус веќе му кажал дека ќе биде фатен, во согласност со Божјата волја, сè до тој момент, Петар и понатаму не го сваќал тоа. Опколен од групата луѓе кои што стигнале таму наоружени со мечови и шипки, ситуацијата за него изгледала навистина страшна, бидејќи не знаел што следно би можело да му се случи. Во еден момент, Петар го извадил ножот и му го пресекол увото на еден од нив. Никој немал време да реагира, да го спречи, или да го блокира. Личноста која што офнала од болка и паднала на земјата бил 'Малх', робот на првосвештеникот.

Петар не можел само така да стои и да гледа како неговиот сакан учител бива заробен. Исус го познавал Петровото срце, но му го дал духовниот укор, „Стави го ножот во ножницата; зарем да не ја испијам чашата којашто ми ја дал Отецот?" Планот за спасението преку крстот, било по Божјото провидение, датирајќи дури пред почетокот на времето. Иако Петар му го отсекол увото на Малха, обидувајќи се да ја спречи неминовната опасност, тој не можел да го смени планот за спасението на човештвото, кој што водел преку Исуса. Гледајќи го Петра како удира со својот нож, без да навистина го познае Исусовото срце, коешто сакало само да ѝ се покори на Божјата волја, го

:: Патот којшто води до локацијата каде што Кајафа го испрашувал Исуса

:: Локацијата каде што Кајафа го испрашувал Исуса

исполнило Исуса со тага.

Исус Е Уапсен

„Па Римската чета и командирот и слугите на Јудејците, го фатија и го врзаа Исуса, па прво го поведоа кај Ана; затоа што тој беше дедото на Кајафа, кој што таа година беше првосвештеник. А Кајафа беше оној кој што ги посоветува Јудејците дека е подобро еден човек да умре, заради доброто на другите." (18:12-14)

Без разлика колку и да била силна Римската кохорта, командирот и слугите на Јудејците, тие не би можеле ниту да стават еден прст на Исуса, ако сето тоа не било Божја волја. Никој не би се осмелил да дојде пред Исуса, поради Неговата духовна сила. Но бидејќи бил дојден моментот и Бог дал допуштение за тоа, тие го врзале Исуса и го повеле кај Ана.

Во тоа време првосвештеник бил Кајафа. Но зошто групата прво го повела кај Ана? Тоа било поради фактот што Израел бил под контролата на Рим. Ана всушност бил првосвештеник, но поради римската одлука, Кајафа онака случајно бил ставен да биде првосвештеник. Но сепак, личноста којашто Јудејците ја следел и ја препознавале како вистинскиот првосвештеник, бил Ана. Поради тоа што Ана му бил дедо на Кајафа, двајцата морало да биле во таен однос. Поради ова историска позадина, иако требало да има само еден првосвештеник, Четирите Евангелија кажуваат, зборувајќи за првосвештениците, во множинска форма (Јован 7:32, 11:47).

Кајафа, првосвештеникот, кажал, „*'Вие ништо не знаете, ниту помислувате дека за нас е подобро да умре еден човек за народот, отколку сиот народ да пропадне'*" (Јован 11:50). На ова место, тој се осврнувал на смртта на Исуса. Во тоа време, Кајафа најверојатно и не знаел за што точно зборува, но изгледало како да објавува дека смртта на Исуса била дел од Божјиот план и провидение.

Првосвештениците, Ана и Кајафа, биле употребени како злите инструменти кои што ќе ги спроведат фаќањето и смртта на Исуса. Поради тоа што овие двајца луѓе веќе долго време си ги натрупувале гревовите, тие многу лесно ја земале улогата во испраќањето на Исуса на крстот.

Исус Застанува Пред Првосвештениците

Првосвештеникот бил единствената личност којашто можела да влезе во светиот Храм еднаш годишно, за да Му понуди дарови на Бога, поради гревовите и вината. Во тоа време, првосвештеникот бил претседателот на 'Синедрионот', највисокиот владеачки совет на Израел, па тоа значи дека првосвештеникот бил човек со многу голема сила. Поради оваа причина Исус бил фатен и одведен пред нив, за да биде испитан. Штом Исус бил фатен, учениците биле обземени со шок, страв и збунетост. Чувствувајќи ја неизбежната опасност, тие сите се разбегале (Марко 14:27; Јован 16:32). Но меѓу нив имало и некои кои што цело време го следеле Исуса, сѐ до местото за испрашување—се разбира од далеку, криејќи се од очите на луѓето.

„Симон Петар го следеше Исуса, а исто така и уште еден од учениците. Ученикот којшто му беше познат на првосвештеникот, влезе со Исуса во судницата на првосвештеникот, а Петар стоеше надвор крај вратата. Па другиот ученик, којшто му беше познат на првосвештеникот, излезе и му кажа на вратарот, па го доведе Петра внатре." (18:15-16)

Петар, кој што му го исекол увото на Малха, робот на првосвештеникот, внимателно го следел Исуса. Сликата за Исуса кој што е врзан како криминалец, му изгледала навистина чудно на Петра. Тогаш имало уште еден ученик којшто исто така го следел Исуса. Тоа бил Јован, кој што заедно со Петра и Јакова, бил секогаш на страната на Исуса. Петар можел да го следи Исуса сé до куќата на Ана, но таму му се јавиле проблемите. Јован, кој што му бил познат на првосвештеникот можел да влезе во куќата, а Петар морал да се шета наоколу, во близина на вратата. Но Јован позборувал со вратарот, за и Петар да може да влезе во куќата.

„Тогаш робинката вратарка му рече на Петра, 'Да не си и ти еден од учениците на овој човек?' Тој одговори, 'Не сум.' Робовите и офицерите стоеја таму, покрај огнот којшто си го беа направиле, бидејки беше многу студено и затоа се грееја; а со нив исто беше и Петар, стоејќи и греејќи се." (18:17-18)

Робинката го видела Петра и се запрашала. „Да не си и ти еден од учениците на овој човек?" Наеднаш, Петровиот ум се замаглил и тој рекол. „Не сум."

Тој можел само да остане така и да не каже ништо, а не да го изрече негирањето на овој начин, но телесните мисли коишто го потсетиле дека може да биде повреден, предизвикале тој да изрече лага. Тој порано се исповедал, *„Ти си Христос, Синот на живиот Бог"* (Матеј 16:16). Но сега кога бил преплашен и смрзнат од страв, тој одрекол дека му е ученик на Исуса. Понатаму, како да немал ништо со Исуса, тој се скрил меѓу робовите кои што се грееле покрај огнот.

Исус Е Испитуван Од Страна На Ана Првосвештеникот

„Првосвештеникот тогаш го праша Исуса за Неговите ученици и за Неговото учење. Исус му одговори, 'Јас отворено му зборував на светот; секогаш поучував во синагогите и во храмот, каде што сите Јудејци се собираат; ништо не кажував тајно. Зошто Мене Ме прашуваш? Прашај ги оние кои што го имаат чуено она што го зборував; тие знаат што кажав.'" (18:19-21)

Стоејќи пред Ана, највлијателниот човек помеѓу Јудејците во тоа време, Исус бил храбар. Иако бил во ситуацијата во којашто можел да го загуби животот, Тој не се обидел да избега или да ги избегне околностите. Поради тоа што ја имал целосната вера во Бога, Тој безрезервно го прифатил Божјото провидение. Исто така, бидејќи бил безгрешен и свет, Тој немал за што да се плаши (Евреите 7:26).

Ана го прашал Исуса за сите нешта за коишто зборувал и за Неговите ученици, но Тој не спомнал ништо за нив. И кажувајќи, „Отворено зборував," и „Зборував," и „Кажав," Исус се обидувал да го задржи фокусот на Него. Тој ги заштитил учениците не спомнувајќи ги ниту еднаш.

Исус има дојдено на овој свет, во согласност со Божјата волја. Кога зборувал и поучувал за Евангелието за Небесата, Тој тоа го правел на сосем отворен начин. Тој поучувал во синагогите и во Храмот, каде што се собирал голем број на Јудејците. Тој своето учење не го правел по некои мрачни места. Садукеите и првосвештениците најмиле луѓе кои што го шпијунирале Исуса, па тие знаеле сé за Неговото учење. Знаејќи го овој факт, Исус му одговорил на Ана со прашање, „Зошто Мене Ме прашуваш? Прашај ги оние кои што го имаа чуено она што го зборував; тие знаат што реков." Првосвештеникот бил запрепастен. Не само што немал повеќе причина да го испитува или побива Исуса, туку сега и се нашол во ситуацијата да тој самиот биде испрашуван.

„Кога Тој го кажа ова, еден од слугите кој што стоеше во близина, го удри Исуса кажувајќи, 'Така ли се одговара на првосвештеникот?' Исус му одговори, 'Ако грешно кажав, посведочи дека грешам; но ако сум прав, зошто тогаш Ме удираш?'

„Па Ана го испрати заврзаниот Исус до Кајафа, првосвештеникот." (18:22-24)

Кога изгледало дека ситуацијата се свртува против првосвештеникот, еден од слугите кои што присуствувале и гледале што се случува, го удрил Исуса со раката. „Така ли се одговара на првосвештеникот?" Бидејќи бил уапсен, сите очекувале да Тој ја наведне главата и да има понизно однесување. Но Исус воопшто не бил таков. Тој не покажувал никаков знак на поклонување кон првосвештеникот, кому сите му служеле. Сепак постоела друга причина поради која слугата го удрил Исуса. Тој тоа го сторил поради тоа што ако продолжил да зборува, сите ќе можеле да ја видат Неговата невиност; па затоа тој се обидел да ја прекине таа ситуација. Се разбира дека Исус знаел што се случува во неговото срце.

„Ако грешно кажав, посведочи дека грешам; но ако сум прав, зошто тогаш Ме удираш?"
Кога Исус прозборел за Својата невиност, слугата се обидел да го прекине тоа што Исус го кажувал, но немало ништо повеќе што би можел да каже. Ана, чувствувајќи дека нема да може ништо повеќе да направи, со силата којашто ја имал, за да ја порекне Исусовата невиност, го испратил кај Кајафа. Тој не успеал да најде никакво обвинение против Него, но исто како што пред тоа се договарале, првосвештениците се обидувале да го одведат Исуса во смрт. Првосвештеникот, знаејќи дека Исус нема вина, ниту грев, сепак вредно работел на задачата, бидејќи бил роб на

Сатаната.

Петар, Оној Кој Што Три Пати Се Одрече Од Исуса

„А Симон Петар стоеше и се грееше. И му рекоа, 'Да не си и ти еден од учениците Негови?' Тој одрече и рече, 'Не сум.' Еден од робовите на првосвештеникот, кој што му беше роднина на оној, кому што Петар му го исече увото, кажа, 'Не ли те видов во градината заедно со Него?' Петар тогаш уште еднаш одрече, и веднаш петел запеа." (18:25-27)

Додека Исус бил испрашуван, Петар стоел надвор во дворот, греејќи се, заедно со слугите. По силното одречување кое што го кажал поради сомнежот на робинката, вратарка, Петар се однсувал како да ништо немал со Исуса. Сепак, тој не можел да го отфрли стравот дека некој може да го препознае.

Иако тие го зачнале огнот, поради тоа што било доцна во ноќта, скоро блиску до изгрејсонцето, атмосферата била темна и пламените на огнот правеле да биде тешко препознатливо, кој е кој. Но робовите не можеле а да не го запрашаат странецот, којшто се греел заедно со нив. Почнале да си дошепнуваат еден на друг, „Не ли е овој ученикот на Исуса? Тој е, или не е?" Па по внимателното студирање на Петровото лице, еден од нив го запрашал, „Да не си и ти еден од Неговите ученици?"

Петар бргу му одговорил, „Не сум." Тој веќе се имал одречено два пати од Исуса. Па со растењето на нивото на напнатоста поради стравот, на крајот роднината на Малха, кому што Петар му го отсекол увото, го препознал.

„Не беше ли и ти во градината со Него?" Сепнат од тоа, Петар силно го одрекол тоа. Ако Петар бил храбар среде вистината, тој најверојатно не би се одрекол од познавањето на Исуса. Тој тогаш храбро би му се доверил на Бога, да го води низ сите настани коишто требало да се случат во согласност со Неговото провидение. Сепак, Петар бил исполнет со грижи, 'Што ако ме препознаат и ме фатат?', 'Со каква опасност ќе морам да се соочам ако ме фатат?', и 'Што следно ќе се случи?'

Поради инкорпорирањето на неговите телесни мисли и одрекувањето од Исуса еднаш, тој потоа уште еднаш морал да се одрекне од Него. Тој не се одрекол преку едноставното „Не." Кога помислил дека луѓето не му веруваат, неговото одрекување секој пат станувало сѐ посилно, секој нареден пат. Во Матеј 26:74 се кажува, *„Потоа почна да колне и да псуе, викајќи 'Не го познавам овој човек!'"* Дури по слушањето на пеењето на петелот, Петар се сепнал и си дошол на себе.

Тој тогаш се сетил дека Исус му кажал, *„Петел нема да запее додека ти три пати не се одречеш од Мене"* (Јован 13:38). По истрчувањето надвор од Аниевата куќа, Петар се чувствувал навистина тешко. Овој настан на одречувањето од Исуса го прател Петра низ остатокот на неговиот живот. Во годините што доаѓале, тој се покајал, и неговите чувства на каење, посрамотеност и срам, не можеле да му исчезнат сé до последниот ден. Поради тоа, кога станувал маченик, тој рекол, „Не сум вреден да ме обесат на крстот исправен како што го ставија Господа," па затоа и бил поставен наопаку на крстот. Сé до последниот момент на својот живот, тој не можел да ги избрише од сеќавањето и срцето, овие настани.

Овој настан во целост и засекогаш го изменил Петровиот живот. Пред тоа, тој сакал да биде во центарот на вниманието, и бил склон кон тоа да биде горд и надмен. Тој исто така го имал злото коешто сеуште не успеал да го исфли од срцето, па затоа неговите дела не биле целосно сеопфатни. Но низ ова искушение, неговите телесни мисли се растрошиле, а неговото срце станало скромно и понизно. Значи дека овој инцидент станал благословената можност за Петар да ги искрши рамките на својот ум и да си го обреже срцето, за да стене еден од најголемите Исусови ученици.

Бог кој што гледа во центарот на срцето кај секој човек, знаел дека низ ова искуство, Петар ќе се издигне во тоа да стане Исусовиот најголем ученик, силно исполнувајќи си го својот повик, посветувајќи му го на тоа целиот свој живот. Дури и во тоа време, Петар доживеал голема болка во срцето, за тоа што го направил, па затоа тој инцидент станал преодната точка после којашто тој во целост се трансформирал себеси. Гледајќи го резултатот од овој инцидент, ни овозможува да ја почувствуваме Божјата љубов, бидејќи Тој секогаш делува за доброто на оние кои што го сакаат.

Она што тука треба да го сватиме, е тоа колку неуки

и бедни стануваме кога ќе ги инкорпорираме нашите телесни мисли во дело. Ако тоа го направиме еднаш, потоа стануваме многу лесно преплавени со тоа, па паѓаме уште повеќе во тоа. Колку што повеќе запаѓаме во тоа, толку помалку мир ќе имаме во срцата и толку повеќе нервозни и заплашени ќе станеме. За да можеме да го избегнеме стравот, ќе мораме веднаш да лажеме или да бидеме измамници. Сепак, ако секогаш во себе ги имаме мислите на Духот, дури и да чекориме низ долината на сенките на смртта, нашите души секогаш ќе бидат во мир.

Исус Застанува Пред Пилата

Застанувајќи пред Кајафа, првосвештеникот, Исус уште еднаш бил испрашан. Матеј, глава 26, ни го опишува во детали овој настан. Јудејците направиле сè што било во нивната моќ, за да успеат да најдат причина да го фатат Исуса, и да го убијат. Тие дури спремиле и луѓе кои што ќе бидат лажни сведоци, но сепак било навистина тешко да се пронајдат докази со коишто би можеле да го обвинат. Тогаш тие се присетиле на нешто што Исус порано го имал кажано: *„Уништете го овој храм и во текот на три дена, Јас ќе го подигнам"* (Јован 2:19). Овие зборови ја индицираат Исусовата смрт и воскресение. Сепак, во своето незнаење, обвинителите ги земале овие зборови на буквален начин, и во нив нашле аргумент со којшто ќе можеле да го обвинат. И заради добивањето на доказите коишто на крајот би можеле да поведат кон случајот на Исусовата смрт, тие намерно го дофрлиле водечкото прашање кон Исуса. *„Кажи ни дали Ти си Христос, Синот Божји"* (Матеј 26:63).

Исус можел да ја примети намерата во нивното прашање, но Тој едноставно одговорил. *„Самите го кажавте тоа"* (Матеј 26:64). На крајот, одлуката била направена, така што Исус ја добил смртната пресуда, за хулењето против Бога и Неговиот храм. Сепак, бидејќи Јудејците биле под контролата на Рим, тие го немале авторитетот да ја спроведуваат смртната казна. Па така го повеле кон Преторијата, за да му го предадат на Пилата, Римскиот префект.

„За Што Го Обвинувате Овој Човек?"

„Потоа го поведоа Исуса од Кајафа кон Преториумот, а беше навистина рано; а тие самите немаа влезено во Преториумот, за да не се осквернават и за да можат да ја јадат Пасхата. Затоа Пилат излегол кај нив и им кажал, 'За што го обвинувате овој Човек?' Тие му одговорија и му кажаа, 'Ако овој Човек не беше зол, ние не би ви го донеле вам.'" (18:28-30)

„Преториумот" бил палатата каде што живеел вицекралот на Рим, па во тоа време, вицекрал бил Понтије Пилат. Јудејците го повеле Исуса кон влезот, но тие самите не влегле, за да не се осквернават. Тие ги сметале необрежаните незнабошци како нечисти, и се обидувале да се ограничат од било каков контакт со нив. Тие специјално биле загрижени за да не се оскврнават себеси за време на Пасхата, па се обидувале да се држат настрана од Незнабошците. Тие дури и не влегле во Преториумот на Незнабошците, надевајќи се дека нема да го прекршат Законот, на некој начин.

Се разбира дека Незнабошците биле оставени надвор од пасхата. Незнабошците, ако сакале да станат дел од Пасхата, тие можеле да го сторат тоа откако ќе бидат обрежани (Исход 12:48). Спротивно од тоа, дури и личноста да е Јудеец, ако не бил обрежан, тој исто така не можел да присуствува на Пасхата. Значи не е важно дали некој е Јудеец или Незнабожец—поважно е дали е обрежан или дали е обрежан во согласност со Божјата заповед.

Слично на ова, традициите од минатото, не поучуваат дека на Бога му е подраго она што е внатре, отколку што е однадвор. Значи важно е дали сме Христијани само однадвор или не. Многу е поважно да се исчистиме од гревот, и да си ги обрежеме нашите срца. Тогаш Јудејците во Исусовото време се исповедале дека се придржуваат кон Законот, но сепак не го препознале Божјиот Син и се обиделе да го убијат. Тие покажале дека нивната вера била многу површна и базирана на формалности.

Ако тие стриктно се придржувале кон Законот, понесени од нивната вистинска љубов за Бога, тогаш тие не би го гонеле на така суров начин Неговиот Син, Оној кој што дошол во овој свет во тело и кој изворно бил едно со Бога. Од надвор тие тврделе дека се придржуваат кон Законот на Мојсеја и дури ја создале и традицијата на старите кон којашто се придржувале, но одвнатре, нивните срца биле исполнети со зло и нивните духовни очи биле во целост покриени. Не само дека не го препознале Месијата, кого што го очекувале толку долго време; туку се обиделе да го убијат преку најсуровата можна казна—преку распетието.

Како да не ги познавал обичаите на Јудејците кои што не влегувале во Преториумот за да не се оскверневат и да можат да ја јадат пасхата, Пилат излегол и ги прашал: „За што го обвинувате овој Човек?" „Ако овој Човек не беше зол, ние не би ви го донеле вам."

Во едно легитимно судење, обвинителот мора да му ги изложи на судијата сите детали во врска со неговото обвиниение. Потоа, за да се одреди вистината, судијата мора да му даде шанса на обвинетиот, да каже сѐ што има во своја одбрана. Но без правењето на јасно обвинение, првосвештениците и старите тврдоглаво го обвинувале Исуса дека е злосторник. Во стварноста, тие и самите знаеле дека Исус нема гревови. Но штом нивните луѓе започнале да го следат Исуса и кога изгледало дека нивниот стекнат авторитет е доведен во прашање, тие станале одлучни во намерата да го обвинат како да е злосторник.

Но сепак, обвинувањата коишто ги направиле Јудејците во врска со хулењето на Храмот Божји и на Бога, не биле сметани за грев во согласност со Римскиот закон. Уште повеќе, и на прв поглед секој можел да види дека се работи за заговор смислен поради љубомората на група луѓе поврзани со првосвештеникот. Во очите на Пилата, всушност му било повпечатливо тоа што го гледал Исуса, кој што не кажувал ниту еден единствен збор на протест, кон овие луѓе кои што всушност правеле една стандардна кривоклетничка завера против Него (Марко 15:5).

Па кога Пилат конечно објавил, „*Не наоѓам вина во овој Човек*" (Лука 23:4), првосвештениците и толпата му одговориле со една насилна врева.

„Земето Го Самите И Судете Му Според Вашиот Закон"

„А Пилат им рече, 'Земете го самите и судете Му според вашиот закон.' Јудејците му рекоа, 'Нам не ни е дозволено никого да убиеме,' за да се исполни Словото Исусово кое што го кажа, кажувајќи со каква смрт ќе умре." (18:31-32)

Пилат не сакал да се вплеткува во Јудејските религиозни проблеми. Тој единствено сакал да се откачи од овој незгоден случај. Тогаш слушнал дека Исус е од Галилеја (Лука 23:5-6). Во Израел, во тоа време, регионот на Јудеја, којшто се наоѓал околу Ерусалим, бил под власта на Пилата, но северниот регион Галилеја бил под власта и надлежноста на Ирода (Ирод Антипа).

Одвреме навреме, Ирод доаѓал во Ерусалим, сакајќи да присуствува на Пасхата, па Пилат веднаш го испратил Исуса кај него (Лука 23:6-7). Ирод бил навистина радосен поради тоа. Тој веќе долго време имал слушано за Исуса, па сакал со свои очи да присуствува на некое од Неговите чуда. Но сите негови очекувања му се искршиле. Кога не добил ниту еден одговор на неговите прашања, а камоли некое чудо, тој тогаш им кажал на своите војници да се подбиваат со Исуса. Па облекувајќи го во една прекрасна облека, тој го испратил назад кај Пилата (Лука 23:8-11).

Пилат сеуште сакал да ја префрли одговорноста за судењето на Јудејците. „Земето го самите и судете Му според вашиот закон." Но казната којашто Јудејците ја барале била таква да не завршувала со само некоја едноставна болка. Тие сакале Исус да биде распнат.

Исус веќе знаел преку каква казна ќе се соочи со смртта. Тој кажал во Јован 12:32, „*И јас, кога ќе бидам издигнат од земјата, ќе ги повлечам сите луѓе кон Мене.*" Исто како што овој стих ни кажува, првосвештениците и толпата извикувале барајќи да егзекуцијата се спроведе преку распнување, вршејќи притисок врз Пилата да им удоволи на барањето. Тие ја одиграле улогата за да се случи току како што и било кажано во Исусовите зборови.

„Ти Ли Си Кралот Јудејски?"

„Затоа Пилат повторно влезе во Преториумот, повикувајќи ги Јудејците, па Му рече, 'Ти ли си кралот Јудејски?' Исус одговорил, 'Сам ли го зборуваш тоа, или други ти кажаа за Мене?'" (18:33-34)

Пилат се почувствувал понижен пред толпата којашто жестоко ја барала смртта на Исуса. Иако нивните обвинувања изгледале како да се само обични шпекулации, поради фактот што толку голема толпа на луѓе интензивно ја барала егзекуцијата преку крстот, тој не можел а да не се почувствува беспомошно. Толпата сега се претворила во разгневена маса на луѓе и се чинело дека нивните извици почнале да ја разнишуваат основата на Преториумот. Не знаејќи што да направи, Пилат се вратил назад во Преториумот и го запрашал Исуса. „Ти ли си кралот Јудејски?"

Во тие моменти Исус бил толку многу смирен, да никој не можел ни да помисли и поверува дека Тој се соочува со Неговата смртна пресуда. На Пилатовото прашање Исус одговорил со друго прашање, „Сам ли го зборуваш тоа, или други ти кажаа за Мене?"

Според физичкиот родослов Исус бил роден како потомок на успешниот крал Давид. Се разбира дека бил зачнат од страна на Светиот Дух низ Девицата Марија, а нејзиниот маж Јосиф всушност бил потомок на Давида (Исаија 11:10). Исто така, кога Исус бил роден, тројца мудреци од исток кажале, *„Каде е новородениот крал Јудејски? Ја видовме Неговата ѕвезда на истокот па дојдовме да му се поклониме"* (Матеј 2:2). Така што не само дека Тој е Исус, кралот на Јудејците; туку духовно Тој исто така бил и Кралот над кралевите (Откровение 17:14).

Исусовиот одговор бил еден многу мудар исказ, кој што покажал колку било бесмислено и незначајно Пилатовото прашање. Пилат знаел што Исус има направено и на што поучувал, бидејќи сето тоа го имал и претходно чуено. Сретнувајќи се со Исуса лице в лице, тој ја почувствувал толку големата духовна величественост, што не би можела да се почувствува пред ниту било кој друг крал на земјата. Па кога Исус го запрашал дали навистина сака да дознае нешто или пак го поставува прашањето само поради тоа што бил понесен од страна на обвинувањата на Јудејците, Пилат се почувствувал навистина засрамено и шокирано.

„Пилат одговори, 'Па јас Јудеец ли сум? Твојот народ и првосвештениците Те предадоа на мене; што имаш направено?' Исус му одговори, 'Моето кралство не е од овој свет. Да беше кралството Мое од овој свет, тогаш слугите Мои би Ме бранеле и не би дозволиле да им бидам предаден на Јудејците; но кралството Мое не е од овој свет.'" (18:35-36)

Пилат му ја дал шансата на Исуса да се одбрани Себеси, со што би си ја докажал Својата Сопствена невиност. „Па јас Јудеец ли сум? Твојот народ и првосвештениците Те предадоа на мене; што имаш направено?" Но одговорот којшто го примил бил оној којшто најмалку го очекувал. „Моето кралство не е од овој свет. Да беше кралството Мое од овој свет, тогаш слугите Мои би Ме бранеле и не би дозволиле да им бидам предаден на Јудејците; но кралството Мое не е од овој свет."

Пилат ги сметал Јудејците и Исуса за луѓе од иста нација. Сепак, Исус јасно се одделил Себеси од нив. Сето тоа зависи од тоа дали една личност го восприема тоа со своите духовни очи или пак го прави тоа со очите на телесното. Ако длабоко во духот промислите за Исусовите зборови, тогаш ќе можете да го дознаете изворот на Исуса. Изворно, Исус е едно со Бога, а како Негов Син, Тој исто така го има неограничениот авторитет и сила. Но за да го исполни провидението за спасението, Тој дошол на овој свет. Ако беше дошол на овој свет за да стане негов крал, како што и луѓето од овој свет и си мислеле дека ќе направи, тогаш големи армии на ангели би биле со Него, пазејќи на Него и заштитувајќи Го. Но сепак, целта поради која Исус дошол на овој свет била во тоа да Тој стане откупителната жртва за греовите на човештвото, коешто му станало роб на гревот. Резултатот којшто би следел од сето тоа е дека Тој би станал Крал над кралевите и Господар над господарите.

„Јас Не Наоѓам Никаква Вина Во Него"

„Поради тоа Пилат му кажа, 'Значи Ти си крал?' Исус одговори, 'Право велиш дека Сум крал. За тоа и бев роден и затоа и дојдов на овој свет, за да посведочам за вистината. Секој кој што е од вистината, го слуша гласот Мој.' Пилат му рече, 'Што е тоа вистина?' Па откако го изрече сето ова, тој пак отиде кај Јудејците и им кажа, 'Јас не наоѓам никаква вина во Него.'" (18:37-38)

Исус зборувал искажувајќи го духовното значење, но Пилат не можел да го разбере. Како да не знаел што претходно го има прашано, тој пак запрашал: „Значи Ти си крал?" „Право велиш дека Сум крал. За тоа и бев роден и затоа и дојдов на овој свет, за да посведочам за вистината. Секој кој што е од вистината, го слуша гласот Мој."

Една личност којашто во себе има добро срце и којашто се плаши од Бога, од самиот центар на своето срце, знае и верува дека Исус е Божјиот Син и дека Тој дошол на овој свет за да биде Спасителот. Но бидејќи Пилат не можел да ги разбере Исусовите духовни зборови, затоа тој станал фрустриран. Секое натамошно испитување би било веќе безначајно и излишно. Како своето последно прашање, тој го поставил ова: „Што е тоа вистина?"

Тој дури и не очекувал никаков одговор. Ова прашање било само еден обид да си го исчисти своето збунето срце. Тој веднаш се упатил кон толпата која стоела надвор. Кога луѓето повторно го виделе Пилата, тие повторно започнале да се туркаат. Тогаш Пилат извикал кон нив. Без разлика колку многу толпата сакала Исус да биде осуден на смртна казна, тој не можел да осуди невин човек, како да е грешник, „Јас не наоѓам никаква вина во Него."

Исус, кој што бил испрашуван во Пилатовата судница, бил навистина многу смирен и спокоен. Тој не покажал никакво негирање на било кој збор, ниту пак покажал лутина поради нешто. Никој не би можел да најде никакво зло во Него. Тој на поставените прашања одговорил со супериорната мудрост и со духовното значење. Ако кај Него се најдело макар и најмалото делче на зло, тогаш Тој секако би протестирал употребувајќи некои тешки зборови или пак би покажал излив на гнев и на фрустрираност, за да може да се пожали поради Неговата невиност. Како и да е, Исус во Себе немал ниту малку зло, па затоа смирено и во духот одговарал на секое прашање.

Но причината поради која не можел јасно да се оправда Себеси дека е безгрешен, не била во тоа што одговорал со продуховени зборови. Тој во Себе и во Своето срце веќе понизно го имал прифатено страдањето на крстот, за да ѝ се покори на Божјата волја, дури и до точката да си го предаде и Својот живот. На ова место можеме да видиме дека Исусовите страдања на крстот, всушност се Божја волја и провидение.

> „'Но вие имате еден обичај, да за време на Пасхата, ви пуштам еден затвореник; дали сакате да ви го пуштам кралот Јудејски?' Но тие повторно извикаа, 'Не го пуштај овој Човек, туку пушти го Варава.' Варава, пак, беше разбојник." (18:39-40)

За да го пушти Исуса, Пилат смислил една измама. Обидувајќи се да ги освои срцата на Јудејците, тој како Вицекрал, секоја година за време на Пасхата ослободувал по еден затвореник, по желба на луѓето.

Пилат помислил дека Исусовото фаќање било само една обична завера, наместена од страна на првосвештениците и на постарите, но реакцијата на толпата го збунила. Влијанието од страна на првосвештениците и на постарите била веќе голема. „Не го пуштај овој Човек, туку пушти го Варава."

Варава бил еден насекаде познат криминалец, кој што бил затворен за убиство и за предизвикувањето на востание. Но Јудејците навистина многу сакале да го обесат Исуса, кој што бил безгрешен, барајќи го ослободувањето на Варава, наместо Неговото. Јудејците постанале една верна алатка на Сатаната, кој што сакал да го убие Исуса.

За да може да го убие Исуса, Сатаната ги подвижил злите срца кај луѓето; но како и да е, зад сето ова лежело Божјото провидение. Сатаната си помислил дека ако го закова Исуса на крстот и го убие, тогаш силата и авторитет којшто го имал над овој свет, би можеле да бидат вечни. Но тој всушност си го копал својот гроб, при самата помисла на ова. Тој не сватил дека законот на смртта не можел да се примени во случајот со Исуса, поради тоа што Тој бил целосно безгрешен.

Што си мислите дека поминувало низ Исусовиот ум, кога бил опкружен со лутите закани и барања од страна на луѓето во толпата, којашто се фрлала и превртувала како водата на разбрануваното море? Се разбира, Исус знаел дека ќе биде испрашуван и дека ќе биде осуден да го понесе крстот, поради тоа што Божјото провидение и волја го барале тоа; но Исус исто така бил на крстопатот на емоциите во тоа време.

Што си мислите, како ли се почувствувал Исус, гледајќи ги истите луѓе кои што пред два дена му пожелувале добредојде мавтајќи со палмините гранки, сега го барале Неговото распетие? Тој не бил ниту тажен, ниту фрустриран бидејќи бил натеран да страда без некое соодветно обвинение и процес. Не. Тој не бил исплашен ниту исполнет со страв, поради тоа што наскоро ќе морал да се соочи со пресудата. Она што било уништувачки за Него, бил фактот што истите луѓе кои што биле создадени според Божјиот лик, грешеле и му се покорувале на гласот на Сатаната, делувајќи како негови робови.

Од друга страна пак, Исус исто така погледнал наназад кон Своето свештенствување, кое што дотогаш Го имал изведувано. Тој ја подигнал жртвата на благодарноста кон Бога, бидејќи од моментот кога дошол на овој свет, сите настани коишто се имаат случено, се случувале според Божјата волја. Радоста и благодарноста го преплавиле срцето на Исуса, затоа што преку Неговото страдање се исполнувала Божјата волја и провидение.

Глава 19

Исус На Крстот

1. Пилат Ја Одобрува Смртната Пресуда
(19:1-16)

2. Исус Е Закован На Крстот
(19:17-30)

3. Исус Е Погребан Во Гробницата
(19:31-42)

Пилат Ја Одобрува Смртната Пресуда

Пилат бил пред една сериозна дилема. Поради фактот што Исус во Себе немал никаков грев, Пилат сакал да го ослободи во согласност со старите обичаи кои што се одвивале за време на Пасхата, но Јудејците толку силно му се спротиставиле на тоа, што навистина не знаел што да прави. Толпата собрана пред Преториумот силно извикувала да го ослободи убицата, Варава, наместо Исуса, кој што бил без и најмал грев. Во тој момент толпата веќе се трансформирала во разгневена маса на луѓе. *„Не прави му ништо на тој праведен Човек; сношти многу страдав во сонот поради Него"* (Матеј 27:19). Тогаш Пилат се присетил на пораката којашто жена му, му ја имала испратено. Сепак, тој морал да одлучи, бидејќи се наоѓал среде бранувањето и вревата на луѓето од толпата.

Причината Поради Која Исус Бил Камшикуван И Крунисан Со Круната Од Трње

„Тогаш Пилат даде да го камшикуваат Исуса. И војниците сплетувајќи венец од трње, Му го ставија на главата Негова, облекувајќи Му виолетова наметка; и почнаа да Му кажуваат, 'Поздрав до Тебе, крале Јудејски!' и Го плескаа по лицето." (19:1-3)

Пилат сакал малку да го камшикува Исуса, надевајќи се дека кога толпата малку ќе се смири, потоа ќе може да го ослободи (Лука 23:22). Во тоа време, Римските војници биле навистина многу добро истренирани и силни. Камшиците коишто ги употребувале во тоа време, биле направени од кожни каиши, на коишто им биле обесени и додадени делчиња од метал, па така што самиот поглед кон нив, кај луѓето создавал ропска понизност.

Без дури и најмала доза на сочувство, војниците почнале да го тепаат Исуса, камшикувајќи го со тие каиши. Секој пат кога камшикот ќе се удрел и ќе Му се прилепел на телото, од Него испаѓале мали делчиња, изложувајќи ги Неговите коски на погледот на луѓето. Од секоја рана којашто овие камшици ќе ја направеле, истекувале потоци крв. Потоа војниците земале една долга гранка со трње, извртувајќи ја во вид на круна, ставајќи Му ја на главата, притискајќи ја со сета сила. Оштрото трње Му се забило во главата, предизвикувајќи бликање на крв од раните што му ги направиле. Потоа Му ставиле виолетова наметка, исмевајќи Го, додека Го плескале по лицето. Виолетовото платно и круна се симбол на кралството, но тие го облекле така само за да го изложат на потсмев. Некои од војниците дури и Му се поклонувале, кажувајќи Му, „Поздрав до Тебе, крале Јудејски."

Да, Пилат ја дал заповедта сето тоа да се случи, но сето тоа не било во согласност со неговата волја. Како што било запишано во Исаија 53:5, *„И Тој беше прободен поради нашите престапи, Тој беше згмечен поради нашите беззаконија; казната за нашиот мир падна врз Него, а преку Неговото камшикување бевме излекувани,"* овој настан веќе бил проречен.

Исто така, во 1 Петар 2:24, се кажува, *„Бидејќи преку Неговите рани бевте излекувани."* Затоа и можеме да ги согледаме сите овие настани, кои што се случуваат како дел од Божјото провидение. Па како што е кажано, *„Без пролевањето крв, нема проштевање"* (Евреите 9:22), Исус бил камшикуван и Неговата крв била пролеана, за да плати за нашите гревови. Па низ оваа саможртва, гревот, којшто бил коренот на сите болести и проблеми, бил откупен.

Причината поради која Исус морал да ја понесе круната од трње, била во тоа преку Божјото провидение да не откупи за сите гревови, коишто ги имаме извршено во мислите. Луѓето обично во себе ги имаат мислите на невистината, а сето тоа е во спротивност со Божјата волја. Непријателот Сатаната ги контролира ваквите мисли, така што со тек на време луѓето стануваат сé поодалечени од Бога и стануваат неспособни да во себе ја имаат верата. Ако луѓето продолжат со примањето на мислите на невистината, коишто непријателот Сатаната продолжува да им ги праќа, тогаш сето тоа на крајот ќе мора да заврши со вечната смрт, или со други зборови – со Пеколот. Поради оваа причина Исус ја примил круната од трње и платил за сите наши гревови кои што ги имаме во мислите.

Дури и по страдањето од болката на кожните каиши, Исус не й се спротиставувал на казната. Тој молчеливо го примил сето страдање (Исаија 53:7). Напротив, Тој дури чувствувал тага за луѓето кои што Го исмевале и Го камшикувале. Тој навистина чувствувал сожалување за нив, бидејќи поведени од незнаењето тие земале учество во овие зли дела. Но знаејќи дека ова ќе го донесе мирот помеѓу човештвото и Бога, и ќе го донесе патот за спасението за светот, којшто беше тргнал по патот на смртта, Исус стрпливо ги истрпел овие нешта (2 Коринтјани 5:18-20).

„Уште еднаш Пилат излезе пред нив и им кажа, 'Еве, ви го носам, за да разберете дека не наоѓам во Него никаква вина.' Исус тогаш излезе надвор, носејќи ја на Себе круната од трње и виолетовата наметка. Пилат тогаш им кажа, 'Еве ви го Човекот!'" (19:4-5)

За да може да ја смири толпата, и за да воспостави една причина за пуштањето на Исуса, Пилат го искамшикувал Исуса, па дури потоа го изнел надвор од Преториумот. Еве, ви го носам, за да разберете дека не наоѓам во Него, никаква вина."

Извалкан од крвта којашто Му течела од раните предизвикани од камшикувањето и од трњето со коешто ја направиле круната, Исусовото лице било непрепознатливо. Дури ниту после гледањето на Исуса, кој што бил безгрешен, стоејќи пред нив во една таква жална состојба, толпата не почувствувала никаква вина во нивната совест. Гледањето на крвта всушност ги има направено уште посурови. Па затоа последната стратегија на Пилата да успее да Го пушти Исуса, полека му се ронела.

„Па кога го видоа првосвештениците и службениците, извикаа кажувајќи, 'Распни Го, распни Го!' Пилат им рече, 'Земете Го сами и распнете Го, бидејќи јас не наоѓам вина во Него.' Јудејците му одговорија, 'Ние имаме закон, по којшто Тој мора да умре, бидејќи се направи Себеси Син Божји.'" (19:6-7)

Среде толпата, првосвештениците и службениците ивикувале барајќи Исус да биде распнат. Толпата била навистина раздразнета поведена од нивната возбуда, па донесувањето на пресудата за егзекуција преку распнување, веќе било само прашање на време. Во реалноста, тие исто така ја имале видено силата којашто Исус ја имал изведувано. Тие знаеле дека Тој ги лекувал болните и дека покажувал милост и сочувство кон сиромашните и слабите. Но тие го слушале гласот на Сатаната извикувајќи и барајќи го Исусовото распнување, раздразнувајќи ја толпата да го направи истото.

Стравот којшто Пилат тогаш го почувствувал е јасно запишан во еден документ којшто му бил испратен на царот во Рим. Овој документ, којшто сега се наоѓа во џамијата Света Софија, во Турција, и во него има информации за тоа како Исус бил уапсен, испрашуван и егзекутиран.

„Тогаш јас наредив да Тој биде камшикуван, надевајќи се дека ова ќе ги задоволи, но тоа само го зголеми нивниот бес. Јас тогаш побарав сад за миење и си ги измив рацете во присуство на бучната толпа, со што посведочив дека по мое расудување Исус од Назарет нема направено ништо што би можело да го осуди на смрт; но сето тоа беше залудно; овие несреќници го бараа Неговиот живот.

Јас често, во цивилните немири кои што ги имам видено, имам видено непријателски чувства на толпата, но ништо не би можело да се спореди со ова што го видов во овој случај. Мора да се каже дека во овој случај, сите сеништа на пеколните региони се беа собрале во Ерусалим. Толпата изгледаше не како да оди, туку како да се врти во вител, бранувајќи се во живи бранови од портата на Преториумот, па сé до планината Цион, со едно такво завивање, крици, пискот и викање, какво што никогаш порано се не беше слушнало за време на буните во Панонија, или во метежите за време на форумот."

Пилат наеднаш бил исполнет со страв поради можноста да дојде до бунт и дека може да го изгуби дури и својот живот. Откако увидел дека не може ништо друго да стори, тој тогаш се обидел да се исчисти од одговорноста поради осудата, па одлучил да им го предаде Исуса во рацете на овие луѓе, кои што тогаш ќе можат сами да го судат. „Земете Го сами и распнете Го, бидејќи јас не наоѓам вина во Него."

Како судија, Пилат јасно знаел дека Исус бил без грев во Него. Но тој сепак не бил способен да направи едно фер судење, па затоа и решил да ја префрли одговорноста, давајќи им го на овие луѓе. Плашејќи се од толпата, тој одлучил да им го даде овој невин Човек во нивни раце. Колку ли кукавичка била таа одлука!

Бог не му ја дава некому улогата на чинењето на зло или на добро, чисто онака по случаен избор. Тој делува кај секоја личност во согласност со центарот на нејзиното срце. Во случајот на исполнувањето на планот за спасението преку Исусовата жртва на крстот, секоја личност којашто била инволвирана во овој случај, била употребена во согласност со видот на садот којшто го имала.

„Ние имаме закон, по којшто Тој мора да умре, бидејќи се направи Себеси Син Божји."

Кога кажале 'закон', тие мислеле на „Законот на Мојсеја" до којшто стриктно се придржувале. Јудејците се расправале велејќи дека Исус, нарекувајќи се Себеси Син Божји, со тоа имал направено грев којшто треба да биде казнет со смрт. Писмото коешто го поддржува сето ова, може да се најде во Исход 20:7, *„Не кажувајте го залудно името на вашиот ГОСПОД, вашиот Бог, бидејќи ГОСПОД нема да го остави неказнет оној кој што ќе го направи тоа."* Исто така и во Левит 24:16 се кажува, *„Уште повеќе, оној кој* што го осквернува името на ГОСПОДА, сигурно ќе биде убиен; тогаш целата заедница треба да го каменува. И странецот исто како и домашниот, кога ќе похули на Името, ќе биде убиен."

Јудејците помислиле дека Исус бил личност слична на овие кои што се споменуваат тука во Законот. Поради тој факт тие помислиле дека кога Тој се нарекол Себеси, Син Божји, Тој тогаш мора да го богохулел Божјото име. Но Исус никогаш не го кажувал името на Бога без причина, ниту пак некогаш похулил на Него. Тој всушност само му ја оддавал славата на Бога. Поради нивното незнаење и зло тие не успеале да го препознаат Исуса, кој што навистина бил Синот Божји.

Ако навистина го познавале Божјото срце и волја, коишто се содржани во Законот, тогаш тие не би се обиделе да го убијат Исуса, кој што им дошол како Месија. Но поради нивното сопствено перцепирање на 'праведноста' на Законот, базирано на нивните сопствени мисли и оквири, тие не биле во можност да донесат една вистинска одлука. Тие си помислиле дека убивањето на Исуса било единственото 'правилно' нешто, што требало да се направи.

„Оној Кој Што Ме Предаде На Тебе, Го Има Поголемиот Грев"

„Слушајќи ја оваа изјава, Пилат дури повеќе се исплаши; и повторно влезе во Преториумот, кажувајќи му на Исуса, 'Од каде си Ти?' Но Исус не му одговори. Затоа Пилат му рече Нему, 'На мене ли не ми зборуваш? Не знаеш ли дека ја имам власта или да Те пуштам, или да Те распнам?' Исус му одговори, 'Ти не би ја имал власта над Мене, ако не ти беше дадена одозгора; поради оваа причина оној кој што Ме предаде на тебе, го има поголемиот грев.'" (19:8-11)

Јудејците кажале дека мораат да го убијат Исуса поради тоа што Тој тврдел дека е „Божјиот Син." Кога Пилат ја чул оваа изјава, тој станал уште повеќе исплашен. Иако Пилат бил Незнабожец, тој чувствувал еден необјаслив страв стоејќи пред Исуса, бидејќи Тој навистина бил многу поразличен од било која друга личност, па Неговата духовна сила се чувствувала насекаде околу Него. Не знаејќи што да прави, Пилат се вратил во Преториумот и го запрашал Исуса: „Од каде си Ти?"

Исус не му одговорил. Тој знаел дека дури и да му каже на Пилата, тој сепак ќе го предадел на толпата, бидејќи чувствувал голем страв од неа. Исто како што е и кажано во Јован 2:24-25, *„Но Исус, од Негова страна не им се доверуваше, бидејќи ги познаваше сите луѓе и немаше потреба никој да му сведочи за човекот, бидејќи Тој Самиот знаеше што има во човекот."* Пилат дури и самиот не си го познавал своето срце. Тој само се почувствувал фрустриран поради тоа што Исус не сакал да му одговори на прашањето. Па затоа и Го запрашал уште еднаш: „На мене ли не ми зборуваш? Не знаеш ли дека ја имам власта или да Те пуштам, или да те распнам?" Иако нервозно погледнувал наоколу и се чувствувал вознемирен поради притисокот којшто го трпел од страна на Јудејците, Пилат почнал да се фали дека ја има власта да ја смени ситуацијата. Одговрајќи му на ова, Исус му го пружил одговорот којшто Пилат можеби можел, или не можел да го свати: "Ти не би ја имал власта над Мене, ако не ти беше дадена одозгора."

Помислувајќи на тоа дека не постои никој друг во целата Јудеја кој што би ја имал поголемата власт од него, Пилат не можел да ја свати оваа изјава. Поради тоа што сета власт и авторитет му припаѓа на Бога, дури и да е некој вицекрал на некоја силна нација, како што бил Рим, тој сепак е под власта на Бога (Римјани 13:1). Затоа ако Бог не дозволи, никој не може ништо да направи. Не знаејќи ја оваа вистина, Пилат се кочоперел со неговата сила.

Бидејќи Бог знаел дека Пилат во умот бил плиток и дека ќе го предаде Исуса на толпата, Тој ја дозволил оваа ситуација, како дел од Неговото провидение. Кога една личност која што има така плиток ум и срце, ќе се соочи со една ваква ситуација, тогаш таа ќе направи одлука којашто само може да и донесе корист на нејзе самата. Овие карактеристики не доаѓаат на површина во некои нормални ситуации, но при делувањето во некои тешки и опасни ситуации, таа личност или ќе се извлече од ситуацијата, или ќе излаже. Ако една личност има зло во своето срце, тогаш злото ќе се покаже на површината, на еден или друг начин.

Конечно, за да може да си го задржи својот статус и сила, Пилат им попуштил на барањата на Јудејците. Но сепак, поголемата одговорност за оваа ситуација ќе падне врз главата на Јуда Искариот, кој што му го беше предал Исуса. Затоа Исус кажал дека гревот на Јуда е поголем од неговиот, на Пилата.

„Како резултат на сето ова, Пилат правеше напори да го пушти Исуса, но Judejците извикуваа, кажувајќи му, 'Ако го пуштиш овој Човек, тогаш ти не си му пријател на Цезарот; секој кој што се прави крал, противник му е на Цезарот.' Затоа кога Пилат ги чу овие зборови, тој го изнесе Исуса и седна на судскиот стол, местото за судење наречено Литостротон, или на еврејски, Гавата." (19:12-13)

Пилат, на еден свој начин, многу се обидувал да го ослободи Исуса. Тој не се чувствувал добро да егзекутира некого, кој што немал никаков грев и немал починето никаков злочин, а исто го плашел и сонот на жена му. Но тогаш Judejците го кажале она што го натерало Пилата до самиот раб на нештата: „Ако го пуштиш овој Човек, тогаш не си му пријател на Цезарот; секој кој што се прави крал, противник му е на Цезарот." Било на истокот или на западот, казната за предавството е смртта. Специјално кога тоа се однесува на политичарите, тоа претставува еден смртен грев и злосторство, да дури и животите на членовите од неговото семејство, би можеле да бидат ставени во прашање. Истуркан до самиот раб, Пилат знаел дека и тој исто така, би можел да се соочи со сличен исход, по завршувањето на овој настан.

Судењето Од Страна На Пилата, Кој Што Бил Исплашен Од Толпата

„Сето тоа се случуваше во денот кога се подготвуваше Пасхата; во шестиот час. Па им рече тој на Јудејците, 'Еве ви го вашиот крал!' Па затоа тие извикаа, 'Носи Го, носи Го, распни Го!' Пилат тогаш им рече, 'Кралот ваш ли да го распнам?' Но првосвештениците одговорија, 'Немаме друг крал освен Цезарот.' Па затоа тој тогаш им го предаде, да го распнат." (19:14-16)

Во ситуацијата кога се борел факајќи се за сламка, Пилат седнал на судското место и уште еднаш, за последен пат, ги запрашал Јудејците: „Кралот ваш ли да го распнам?" Иако тој јасно знаел дека Исус немал извршено никакво злосторство, срцето на Пилата било стресено пради тоа што се видел себеси во една опасна ситуација. Неговото плитко и површно срце, тогаш било целосно разоткриено. Јудејците биле тогаш во една таква состојба, толку одлучни во намерата, да го изгубиле дури и чувството за разумност, одејќи сé до онаа фаза, да дури и не знаеле што кажауваат, „Немаме друг крал освен Цезарот."

Јудејците кажале дека тие немале друг крал освен Цезарот, кралот на Римската империја, нацијта којашто тогаш владеела со Израелот. Ова било нешто слично на ситуацијата да една нација која страда од колонизирањето на друга нација, направи сојуз со нерпијателската нација, на штета на својата. Тие не се колебале ниту да кажат некои нешта кои што биле во спротивност со нивните национални интереси и верувања, продавајќи го дури и името на Бога, нивниот Отец и крал. Биле толку многу опседнати со убивањето на Исуса, да дури и ја заборавиле и својата вера во ГОСПОДА Бога. Биле во целост потопени во нивниот закон и само-праведност, што постапувале дури и против Божјата волја, а сé со цел да си ги исполнат своите цели, заборавајќи дури и на својата вера.

Не сакајќи да биде обвинет како предавник, Пилат одлучил дека е подобро за него и посигурно, ако застане на страната на Јудејците. На крајот тој ја донел пресудата да се убие Исус. Токму пред сето ова да се случи, тој наредил да му се донесе сад со вода, во којшто си ги измил своите раце, правејќи го тоа пред толпата. Тој сето тоа го направил со намера да им покаже дека тој самиот не сакал да има ништо со оваа егзекуција. *„Јас сум невин за крвта на овој Човек; погледајте самите"* (Матеј 27:24).

Гледајќи дека ќе им се удоволи на нивните барања, луѓето станале дури и подрастични во своето однесување. *„Нека падне крвта Негова на нас и на нашите деца!"* (Матеј 27:25). Тие во тој момент не можеле ниту да претпостават што тие зборови би можеле да им донесат на нив и на нивните деца. Многуте години коишто Евреите ќе мораат да ги поминат, раштркани низ светот, губејќи ја својата татковина и смртта на милионите Јудејци од страна на нацистите, за време на Втората Светска Војна, се всушност последица на зборовите коишто ги изговориле во тој момент.

Исусовата смрт била дел од Божјото провидение, кое

што било испланирано уште пред почетокот на времињата. За време на исполнувањето на овој план, секоја личност била употребена како алатка, во согласност со нејзината добрина или злоба и во согласност со типот на садот што го имала. Во случајот со Пилата, поради неговото површно и неправедно срце, тој постанал личноста која што ќе ја одигра клучната улога во смртта на Исуса.

Исус Е Закован На Крстот

Откако бил осуден на егзекуција, Исус прво примил многу сурово камшикување. Тоа обично се одигрувало на следниот начин. Римските војници би ја соблекеле облеката на осуденикот, би го навелнале и би го заврзале за оквирот, камшикувајќи го без милост. Некои од затворениците дури и ги губеле своите животи за време на оваа сурова постапка, или пак се онесвестувале. Од вака суровото камшикување Исус исто така бил во ситуацијта на онеспособеност и слабост. Без било каква грижа, Римските војници го натерале да го носи тешкиот крст.

„Па го зедоа Исуса и го поведоа. Носејќи го Својот крст, Тој стигна до местото наречено Местото на черепите или Лобно, а на еврејски наречено Голгота. Таму Го распнаа, а со Него и двајца други, секој на една од страните на Исуса, а Него во средина." (19:17-18)

По добивањето на пресудата на распетието, осуденикот морал да го носи својот крст, на кого што требало да биде закован, сè до Голгота, местото каде што на крајот ќе бил закован на крстот. По тешкото чекорење по тесната улица „Улицата на Болката", или „Виа Долороса", Исус многу пати паднал на земја. Иако бил Божјиот Син, поради тоа што, исто како и ние, имал месо и коски, Тој не можел а да не стане изморен. Бидејќи биле нестрпливи, Римските војници на крајот го натерале Симона од Кирена (денешната Либија), да му го носи крстот и да го следи Исуса (Лука 23:26).

Што мислите дека му поминувало низ умот, кога Исус го носел крстот од Пилатовиот Преториум, па сè до Голгота? Тој не мислел само едноставно на тежината на крстот, или на страдањето кое што Неговото тело го чувствувало. Носејќи го крстот, Тој во Себе си повторувал некои сцени. Тој си помислувал на Божјата намера во создавањето на човекот и на значењето на култивацијта на луѓето. Исто така си помислувал и на крајната причина зошто Тој морал да биде понуден како откупителна жртва, па длабоко од Своето срце подигал молитва на благодарноста кон Бога.

Како што е запишано во Јован, глава 1, Исус, кој што бил Словото што дошло на овој свет во тело, изворно е едно со Бога, а и бил со Бога уште од самиот почеток. Затоа и знаел сè што се случувало уште од моментот на самото создавање. Кога Бог ги создал Небесата и земјата и сите живи суштества, како што и кажува Писмото, *„И виде Бог дека тоа е добро"* (Битие 1:25). Но кога нештата почнале да се менуваат поради гревот на човекот, Исус тогаш можел да ја почувствува болката, заедно со Богот Отецот.

Од човечка гледна точка, бидејќи сите Негови следбеници отишле, немајќи ниту сила ниту јачина, Исус не бил ништо друго освен еден јаден, мизерен криминалец. Но гледано пак од духовна гледна точка, ова бил еден славен момент кога Исус ја исполнувал најголемата мисија, низ љубовта. Ова бил моментот во којшто Оној кој што ја имал неограничената слава, власт и сила, се одрекол од сѐ, само за да постане откупителна жртва за гревовите на човештвото. Ова бил еден историски момент, кога големата мисија— Божјиот таен план којшто бил уште од почетокот на времињата, планот за спасението на човештвото, почнал да се исполнува.

Најпосле пристигнале и на ридот наречен Голгота. Голгота, што на Еврејски значи „череп", бил местото наменето за егзекуцијата на криминалците, веднаш зад ѕидините на Ерусалим. За да можат да го максимизираат чувството на увреда, војниците му ја одземале на Исуса целата облека, па потоа Го ставиле на крстот. Потоа Му ги заковале рацете и нозете на крстот. Звукот на ехото којшто се правел додека го правеле ова удирајќи со чеканите, им ги ежел срцата на присутните.

Формата на гигантскиот крст била исправена, наликувајќи како да се извива угоре кон небото. Како што тежината на целото тело се наведнувала кон закованите раце и нозе, така и необјаснивата болка Му се појавувала низ целото Негово тело. Распетието претставувало една од најсуровите форми на егзекуција. Споредено со другите форми на казнување, егзекуцијата преку распетието, правела да една личност се почувствува скршена од болка, во текот на еден долг временски период. Одвреме навреме имало и случаеви каде што целатите покажувале милост кон осудениците, кршејќи им ги потколениците, или пак боднувајќи ги од страната, за да можат да доживеат побрза смрт. Но во најголемиот број на случаеви, криминалците биле оставани да патат една долга и ужасна, спора смрт, која што можела да се одолговлече од еден па и до неколку денови. Покрај болката која што ја трпеле поради тоа што биле заковани на крстот, распнатите личности исто така морале да патат и од неверојатната жед и дехидрација, па и откажувањето на повеќето од органите, поради фактот што ја имале слабата циркулација на крвта. Како врв на сето тоа, тие исто така морале да страдаат и од бубачките коишто се роеле околу нив, поради миристот на крвта!

Но сепак, Исус страдал од 9 часот наутро па сѐ до 3 часот попладне. Спротивно на вообичаеното, Тој умрел по 6 часа. Тогаш со Него биле распнати и двајца разбојници—по еден на секоја од Неговите страни. Ова било една тајна, нечесна пресметка на Јудејците, кои што сакале да го претстават Исуса како личност којашто си ја плаќа сметката за своите гревови, исто како и другите двајца обични разбојници.

„Пилат напиша натпис којшто го стави на

крстот. На него стоеше, 'ИСУС ОД НАЗАРЕТ, КРАЛОТ НА ЈУДЕЈЦИТЕ.' Затоа многу од Јудејците можеа до го видат натписот, бидејќи местото каде што Исус беше распнат, беше блиску до градот; а запишано беше на Јудејски, Латински и на Грчки. Па затоа првосвештениците од Јудејците му кажуваа на Пилата, 'Не пишувај, "Кралот на Јудејците"; бидејќи Тој Самиот кажа, "Јас сум кралот на Јудејците." Пилат им одговори, 'Што напишав, напишав.'" (19:19-22)

Пилат бил кукавица којашто им го предала Исуса на луѓето од кои што се исплашил, но на крајот сепак ја послушал својата совест. Затоа им рекол на војниците да направат еден натпис, на којшто ќе стои, "ИСУС ОД НАЗАРЕТ, КРАЛОТ НА ЈУДЕЈЦИТЕ" па потоа да го стават на крсот. Тој овој натпис не го направил за да му се потсмева на Исуса, или да бие шега со Него. Пилат навистина чувствувал дека Исус е кралот Јудејски.

Првосвештениците го виделе овој натпис и се разгневиле. Чувствувајќи се како жртви на некој смртен грев, тие не се колебале да го запрашаат Пилата да го смени натписот, којшто според нив требало да гласи, "Тој рече 'Јас сум кралот на Јудејците.'" Сè до самиот крај тие се обидувале да го оправдаат своето однесување преку додавањето на некои зборови, "Тој рече" така што Исус би требало да изгледа како грешник. Но кажувајќи им, "Што напишав, напишав," Пилат уште еднаш изразил, дека според негово мислење, Исус немал извршено никаков грев.

Дури и во оваа ситуација, Исус помислувал на Божјата љубов. Тој ја почувствувал љубовта на Бога, кој што не го штедел ниту Својот еден и единствен Син, за спасението на човештвото, кое што му станало роб на непријателот ѓаволот и на Сатаната, чекорејќи по патот на смртта. Што се однесува до Божјата љубов, 1 Јован 4:9-10 ни кажува, „*Преку ова Божјата љубов беше манифестирана во нас, затоа што Бог го испрати Неговиот еден и единствен Син на овој свет, за да ние можеме да живееме преку Него. Во сето ова можеме да ја видиме љубовта не нашата кон Него како кон Бога, туку Неговата љубов кон нас, кој што го испратил Неговиот еден и единствен син, за да биде помилувањето за наштие гревови.*"

Провидението Коешто Лежи Зад Разделувањето На Неговата Надворешна Облека И Фрлањето На Коцките, за Неговата Внатрешна Облека

„Потоа војниците, откако Го распнаа Исуса, ги зедоа алиштата Негови и ги разделија на четири дела, по еден за секој од војниците а исто и туниката; но туниката беше бесшевна, исткаена во еден дел. Па си рекоа еден на друг, 'Да не ја кинеме, туку да фрламе коцка за неа, за да одлучиме кому ќе му припадне'; сето ова беше така за да се исполни Писмото: 'ЈА ПОДЕЛИЈА НАДВОРЕШНАТА ОБЛЕКА МЕЃУ НИВ, А ЗА ТУНИКАТА МОЈА ФРЛИЈА КОЦКА.'" (19:23-24)

По Исусовото распетие, војниците направиле нешто што не било вообичаено. Зборувајќи помеѓу себе, тие одлучиле да ја поделат Исусовата надворешна и внатрешна облека и да секој од нив земе по еден дел. Надворешната облека ја поделиле на четири дела, по еден за секој од војниците, но се мислеле што да направат со Неговата туника, бидејќи била исткаена во еден дел, па на крајот решиле да фрлаат коцка за неа. „Да не ја кинеме, туку да фрламе коцка за не, за да одлучиме кому ќе му припадне."

Обично гледано, изгледало како да овие војници едноставно ја делеле облеката и фрлале коцка, но гледано од духовен аспект, тоа не било таков случај. Овој настан веќе бил опишан и проречен во Псалм 22:18, *„Ја поделија облеката Моја помеѓу нив, а за туниката Моја фрлија коцка."* Иако најверојатно војниците помислиле дека го прават она што сакале да го направат, сепак сите овие настани се случиле спрема прецизното Божјо провидение. Исусовата облека не била некоја скапа или вредна облека, за да војниците ја делат помеѓу себе и да сакаат да ја задржат. Но зошто ја поделиле Неговата облека и фрлиле коцка за Неговата туника?

Ако погледнеме на историјата на Израел по 70 година после Христа, можеме да видиме зошто сето ова се има случено. Поради тоа што Исус бил кралот на Јудејците, Неговата облека го симболизира Израел, или Јудејците. Фактот што војниците ја поделиле Неговата облека на четири дела и секој од нив земал по еден дел, го наговестува тоа дека нацијата на Израел ќе биде уништена од страна на Незнабошците и го означува начинот на којшто тие ќе бидат раштркани низ целиот свет. Ова е пророштвото дека нацијата на Израел во иднина ќе биде уништена од страна на Римјаните, бидејќи тие Јудејците го убиле Исуса, кој што дошол кај нив како нивниот крал и Месија.

Всушност во 70 година после Христа, Римскиот генерал Тит го завземал Израел, а Храмот тогаш бил во целост уништен, така што ни камен на камен не останал на тоа место. Тогаш биле убиени 1,100,000 Јудејци, а останале живи само околу 9,000 од нив. Оние кои што преживеале биле или земени како робови, или пак биле раштркани наоколу. Ова била една од причините затоа што дури и ден денеска Јудејците се сеуште раштркани низ целиот свет.

Додека Исусовата надворешна облека го симболизира физичкиот аспект на Израел, Неговата внатрешна облека, туниката, го симболизира срцето на луѓето од Израелот. Фактот што Исусовата туника била бесшевна, исткаена во еден дел, означува дека дури од раѓањето на Израелот, преку раѓањето на Јакова, па сé до денешно време, нивното наследство никогаш се нема измешано со Незнабошците, што означува дека нацијата на Израелот се состои од хомогена структура на луѓе. Самиот факт што туниката не била искината како и другата облека, туку била превземена во еден дел, откако за неа била фрлена коцка, го симболизира фактот дека нивната националност, или нивното срце кое што му служи на Бога, не било прекинато, туку било заштитено.

Ова било пророштво што кажувало дека иако нацијата ќе биде уништена од страна на Незнабошците, а нивната територија завземена, срцето на Израелот посветено кон Бога, сепак никогаш се нема изменето. Исто како што Исусовата туника била исткаена во еден дел и не можела да биде искината, исто така и срцата на Израелците не можеле да бидат искинати, а нивната нација повторно била родена. Деветнаесет века по губењето на својот суверенитет, на 14-ти мај, 1948 год., нацијата на Израелот повторно ја добила својата независност и го изненадила целиот свет. И во многу краток временски период потоа, нацијата на Израелот се развила во една од најпросперитетните нации во светот, докажувајќи дека луѓето на Израелот се посебни луѓе.

„Кај крстот Негов стоеја мајка Му Негова, сестра ѝ на мајка Му Марија, жената на Клеопа и Марија Магдалена. Кога Исус ја виде мајка Си и ученикот кого што го сакаше, како стојат во близина, Тој ѝ кажа на мајка Си, 'Жено, ете ти син!' Па му се обрати на ученикот, 'Ете ти мајка!' Од тој момент ученикот ја зема дома кај себе." (19:25-27)

Во близина на Исусовиот крст стоеле луѓе кои што сакале да Му се потсмеваат и да ја гледаат Неговата смрт; но меѓу нив исто така биле и Неговиот сакан ученик и жената која што го имала примено Неговиот благослов. Овие луѓе се наоѓале во ситуација којашто била многу опасна и тие си ги ставале и своите животи во опасност; но поради Исуса, тие примиле нов живот, а нивниот живот од јаден се претворил во живот од вредност. Во моментот кога слушнале дека Исус бил фатен, тие потрчале кон Исуса и останале до Него, сé до моментот кога го испуштил Својот последен здив. Дури и додека го трпел страдањето на крстот, Исус ја барал Девицата Марија, за да и каже, „Жено, ете ти син!" а на ученикот му кажал, „Ете ти мајка!"

На ова место зборот, 'син' се однесувал на Неговиот сакан ученик, Јован. Исус и кажувал на Марија дека таа би требало да го гледа Јована како да и е нејзин син, а Јован, како чедо Божјо, да и служи на неа, како на својата сопствена мајка.

Причината поради коај Исус ѝ се обратил на Марија со 'жено', наместо со 'мајко', во себе има едно духовно значење. Исус едноставно бил роден преку телото на Девицата Марија, но не и преку нејзината јајце клетка. Тој бил зачнат од страна на Светиот Дух и е едно со Бога. Богот Создателот е всушност кој бил Тој (Исход 3:14), а Тој е и алфа и омега (Откровение 1:17, 2:8), па така заради тоа и не можел да има мајка. Поради тоа Исус не ѝ се обратил на Марија, употребувајќи го зборот 'мајко'.

Иако таа не му била мајка на Исуса, Тој го познавал нејзиното срце. Исус ја разбирал Марија, која што го гледала Исуса како расте и созрева, уште од самото Негово раѓање, па затоа и го познавал нејзиното срце, подобро од било кој друг. Како можела Марија да ја изрази болката кога го гледала Исуса, кого го сакала најповеќе на светот, повеќе и од својот сопствен живот, како умира преку една таква мизерна смрт на крстот?

„Господи, мој Господи! Со Божјата благодет

Тој направи да Ти дојдеш на овој свет, преку сиромашната и бедна слугинка, но гледајќи Те таму горе, од ова место долу, моето срце не знае што да направи. Гледајќи Те секој момент додека растеше, се чувствував како да го среќавав Отецот во Небесата... Секогаш бев внимателна, заштитувајќи го секое влакно од Твојата глава... гледајќи Те како растеш, секогаш во моето срце се грижев да не бидеш ранет ниту обесчестен на било кој начин... но сега кога морам да присуствувам на ова Твое мизерно страдање, што треба да направам Господи? Што да направам? Зошто моето јадно срце не може да биде утешено..."

Познавајќи го срцето на Марија многу добро, Исус го замолил Јована да и служи како на својата сопствена мајка. Оваа ситуација не поучува дека во верата, секој човек ни е брат или секоја жена ни е сестра, како во една голема фамилија. Матеј 12:48-50 ни го опишува тоа: *„Но Исус му одговори на оној кој што му зборуваше и му кажа, 'Која е Мојата мајка и кои се Моите браќа?' Па пружајќи ја раката кон Своите ученици, Тој рече, 'Еве ја Мојата мајка и еве ги Моите браќа!' Зошто секој кој што ја следи волјата на Мојот Отец, кој што е на Небесата, е Мој брат и е Моја сестра и Моја мајка,"* поучувајќи не за 'духовната фамилија'.

Од тој момент, Јован и служел на Марија како на своја сопствена мајка и ја земал во својата куќа. Слушајќи ја

Марија како зборува за тоа како Исус израснал, тој ја добил поголемата вера и уверување дека Тој навистина бил Христос; па затоа и можел да го земе својот повик преку своето целосно срце.

Исус Умира На Крстот

„По ова Исус, знаејќи дека е сé свршено, за да го исполни запишаното во Писмото, кажа, 'Жеден Сум.' Еден сад со вински оцет беше во близина; па ставајќи сунѓер во него, тие го натопија и го закачија на една исопова гранка, принесувајќи му го до устата. А кога Исус го вкуси оцетот рече, 'Се заврши!' И наведнувајќи ја главата, го предаде Својот дух." (19:28-30)

Исус знаел дека нема уште долго да живее. Колку што се наближувал кон Својата смрт, толку повеќе Неговото срце почнало да го притиска поради сите души, „Жеден Сум."

Бидејќи веќе ја имал пролеано крвта во текот на долг период, стоејќи на сонцето, се разбира дека бил жеден. Но кога Исус кажал, „Жеден Сум," тоа не ја означувало само Неговата физичка жед. Тоа исто така било и изразување на жедта на Неговото срце за спасението на сите души, коишто умирале поради своите гревови.

Постојат луѓе кои што не го разбираат духовното значење коешто лежело зад зборовите што Исус ги изрекол, откако војниците го натопиле сунѓерот во оцедот и преку исоповото гранче му го принеле до усните. Пророштвото од Псалм 69:21 ни кажува, *„Тие исто така Ми дадоа жолчка за храна и оцет за пиење"* и тоа се исполнило. Духовно виното ја симболизира крвта. Исусовото пиење на винскиот оцет го симболизира фактот дека преку љубовта го има исполнето Законот од Стариот Завет и дека врз Себе ги превземал гревовите и клетвите насочени кон целото човештво. Во времињата од Стариот Завет, уште пред Исусовото доаѓање на овој свет, секој пат кога некоја личност ќе згрешела, таа потоа морала да убие некое животно, нудејќи ја крвта од животното како жртва кон Бога.

Но бидејќи Исус бил закован на крстот, ја имал пролеано Својата крв за нас, давајќи ја вечната жртва (Евреите 10:10), ние веќе не мораме да убиваме и да жртвуваме животни. Ние едноставно мораме да го прифатиме Исуса Христа преку верата, па на тој начин да ја добиеме прошката за нашите гревови. Винскиот оцет го претставува Законот од Стариот Завет, а новото вино ја претставува милоста на спасението низ Исуса Христа. Па така за да може да ни го даде ова ново вино, Исус Самиот морал да го прими винскиот оцет, наместо нас.

Исус бил жеден поради тоа што веќе ја имал пролеано Својата крв. Тој се почувствувал жеден поради тоа што ја имал пролеано Својата света крв, за наше спасение. Па така, за да можеме да ја изгасиме жедта на Господа, ние мораме да ја откриеме вистинската вредност на Неговата крв. Мораме да ги поведеме сите луѓе—за кои што Исус платил со Својата крв—кон патот на спасението. По пиењето на винскиот оцет, Исус изјавил, „Се заврши!" Ова значи дека Тој веќе го уништил ѕидот на гревот којшто бил помеѓу луѓето и Бога, комплетирајќи го со тоа патот на спасението. По целосното завршување на Својата мисија, Исус извикнал: *„Оче, во Твоите раце Го предавам Својот дух"* (Лука 23:46).

Откако го изрекол ова, Тој ја навеↄнал главата и го испуштил Својот последен здив. Ова во Писмото било изразено како, „Тој Го предаде Својот дух." Тоа означува дека Тој, како Спасителот кој што го комплетирал патот на спасението, ќе се врати на Својата славна позиција.

Четирите Евангелија ги имаат забележано сите зборови коишто ги имал кажано Исус, сé до моментот кога умрел на крстот. Овие зборови се нарекуваат 'Последните Седум Збора на Крстот' и секој од нив, во себе содржи едно длабоко духовно значење. Учениците и жените кои што се наоѓале во подножјето на крстот, кога виделе дека Исус умрел, почнале горко да плачат и да го оплакуваат. Една од нив била и Марија Магдалена, која што извикувала и ја тешела Девицата Марија.

„Господи, што ми е поскапоцено од мојот сопствен живот...

Господи, кој ми го даде новиот живот и ме водеше сé досега...

Јас бев исто како мртва, немајќи живот.

Но Те сретнав Тебе и Ти ми даде нов живот.

Ме ослободи од страдањата

и ме поведе кон животот на вистинска личност.
Господи, како е можно да Си таму горе?
Како може Ти да страдаш таму горе?
Господи, не можам да живеам без Тебе.
Ако само можев да ја спасам крвта
Којашто ја пролеваш таму горе...
Ако само можев да ги превземам страдањата Твои на себе...
Како можам да Ти ги ублажам болките?
Како можам да ги споделам Твоите страдања?
Господи, зошто мора вака да умреш?"

Марија Магдалена горко плачела стоејќи во подножјето на крстот, чувствувајќи се толку беспомошно; сето што можела да го направи било само да ги гледа Исусовите страдања. Иако таа била само жена и немала сила ништо да направи, освен да ги пролева своите солзи, нејзината љубов за Исуса била навистина голема. Вистинската љубов во нејзиното срце го погодила Божјото срце. Затоа подоцна таа го примила благословот да биде првата личност која што ќе го сретне Господа по Неговото воскресение.

Исус Е Погребан Во Гробницата

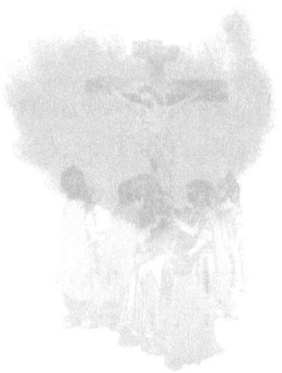

Било некаде околу 3 часот попладне кога Исус умрел на крстот. Во тоа време, сонцето ја губи својата светлина, па почнува да се стемнува. Тогаш земјата се затресла, а карпите се отвориле. Луѓето просто можеле да ја почувствуваат болката и тагата која што ја чувствувал Бог кон злобното човештво. Во исто време кога Исус починал, засторот кај Храмот се преполовил на два дела, поаѓајќи од самото дно (Лука 23:44-45).

'Засторот на Храмот' претставувала всушност една завеса којашто го делела Светилиштето од Светоста над Светите. Поради тоа што во Светилиштето се наоѓало Божјото присуство, една обична личност не можела да влезе внатре. Уште повеќе, Светоста над Светите било едно место каде што само првосвештениците можеле да влезат

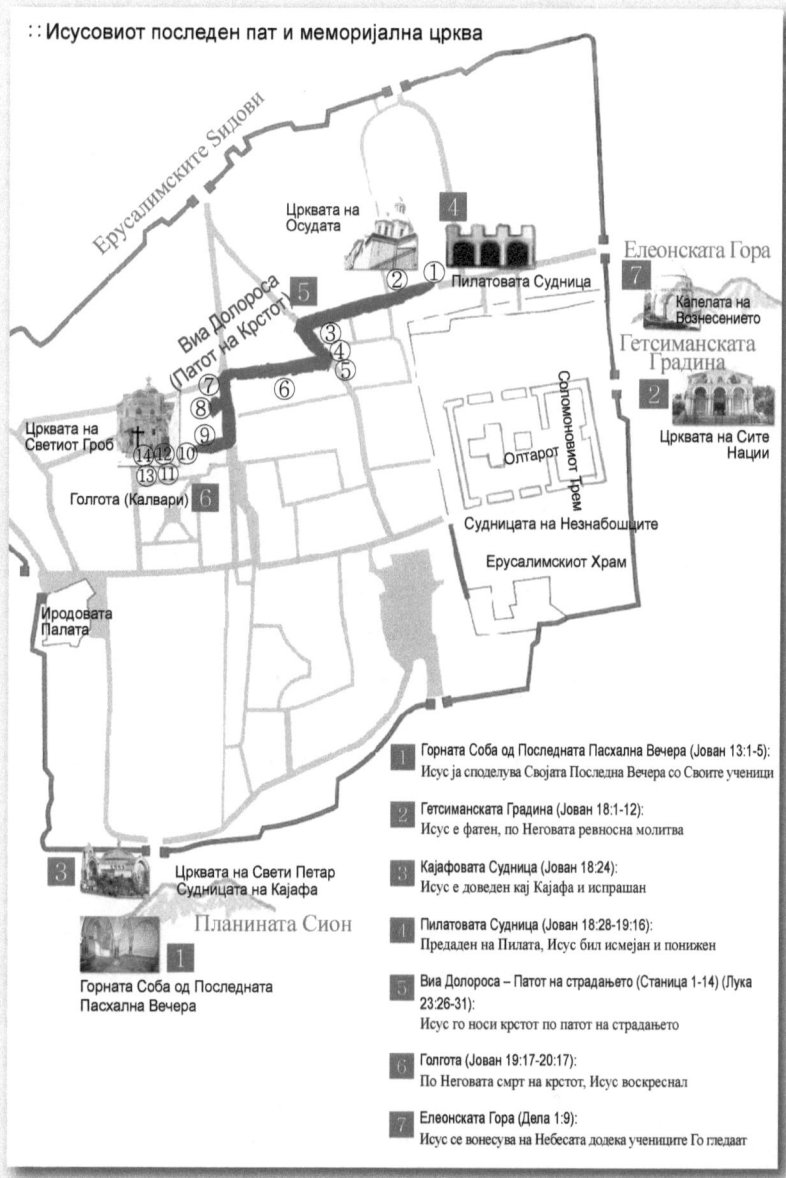

само еднаш годишно. Фактот што овој застор се искинал на два дела го симболизира тоа што Исус го уништил ѕидот на гревот, станувајќи Самиот откупителна жртва. Поради овој факт секој кој што верува во Исуса Христа може да влезе во Храмот и да се помоли, обраќајќи Му се директно на Бога (Евреите 10:19-20).

Причината Поради Која Исусовите Нозе Не Биле Искршени

„Потоа Јудејците, бидејќи беше денот на подготовките за големиот празник којшто следеше, и телата за да не останат на крстот за време на Сабатот (бидејќи Сабатот беше голем ден), го запрашаа Пилата да им ги скрши нозете, па да можат да бидат однесени од таму. Дојдоа војниците и им ги скршија нозете на двата разбојника кои што беа распнати заедно со Исуса; но доаѓајќи кај Него, кога видоа дека веќе е мртов, не Му ги скршија нозете." (19:31-33)

Денот кога Исус бил распнат, бил ден за припреми. 'Денот за припреми' бил петок, ден кога се припремало сѐ за Сабатот. Сабатот пак бил свет ден и никој не смеел ништо да работи на тој ден. Согласно со Законот, не било законито да се остават телата да висат на дрвјата преку ноќта. Затоа Јудејците отишле кај Пилата, за да го замолат да им ги скрши нозете на криминалците кои што биле на крстовите.

Во согласност со Римскиот обичај, мртвото тело на некој криминалец, обично се оставало на крстот, за да ги предупредува другите луѓе, да не прават слични дела. Поради тој факт, Јудејците морале да одат и да побараат дозвола од Пилата, пред било што да направат со распнатите тела. На криминалците кои што биле распнати обично им требало многу време да умрат, бидејќи тие можеле малку да се потпрат на своите нозе, да би ја ослободиле напнатоста којашто им се јавувала во нивните раце и во градите. Но сепак, ако нозете би им биле скршени, циркулацијата веднаш би им била прекината, па поради тешкотиите во дишењето и престанокот на работата на бубрезите, тие многу побргу умирале.

По заповедта од Пилата, војниците им ги скршиле нозете на двата криминалца, кои што се наоѓале на двете страни од Исуса. Кога отишле до Исуса и виделе дека Тој веќе е починат, тие не Му ги скршиле нозете. Во сето ова постои уште едно духовно значење. Исус умрел на крстот како дел на Божјото провидение, а не затоа што имал направено гревови. Затоа и не можеле да Му бидат искршени нозете, исто како и кај обичните криминалци.

Како што е и запишано во Псалм 34:20, *„Тој ги зачува сите Свои коски, ниту една од нив не Му беше скршена,"* Бог направил Неговите коски да не бидат скршени. Поради истата причина Бог им кажал на Израелците да јадат јагнешко, но да не искршат ниту една од коските (Исход 12:46; Броеви 9:12). Јагнето е симбол за Исуса, кој што бил безгрешен и без вина.

Причината Поради Која Исус Бил Прободен Отстрана И Морал Да Ја Пролие Сета Негова Вода И Крв

„Но еден од војниците Го прободе отстрана со копјето, и веднаш потече крв и вода. Оној кој што го има видено ова посведочи, и неговото сведоштво е вистинито; и тој знае дека ја кажува вистината, за да и вие исто така можете да поверувате. Овие нешта се случиле за да се исполни напишаното во Писмото, 'Ниту една коска нема да Му биде искршена.' И повторно друго Писмо кажува, 'Ќе гледаат на Оној, кого што го прободеа.'" (19:34-37)

По потврдувањето дека Исус веќе бил мртов, еден од војниците земал копје и Му ја прободел едната страна. Па дури и да го направил тоа за да се осигура дека Исус навистина е мртов, преку овој чин можеме да видиме колку е злобна човечката природа. Од страната каде што бил прободен со остриот копје, потекол млаз на вода и крв. Ова бил доказот дека Исус дошол тука во форма на човек.

Иако Тој не бил зачнат од некоја крвна линија на човекот, Тој дошол на овој свет, во комплетната форма како и секој човек—во формата на созданието. Па сé до моментот кога го издишал Својот последен здив, Тој во целост ја исполнувал Својата мисија. Иако изворно Тој бил едно со Бога, Тој дошол на овој свет во телото на човек, со тоа потврдувајќи ја Својата љубов за нас, искажувајќи ја дури и спремноста да ја пролее сета Своја крв и вода, од

Своето тело.

Постои уште едно духовно значење во фактот што Исус ја пролеал сета Своја крв и вода. Крвта го симболизира животот (Левит 17:14), а водата го симболизира Божјото Слово. Па затоа Исусовото пролевање на целата Негова крв и вода го симболизира фактот дека Тој го откупил човештвото со Својот живот и преку Божјото Слово, со тоа кршејќи го ѕидот на гревот помеѓу Бога и луѓето. Поради оваа Своја жртва, ние не само да сме ослободени од гревот, туку и сите клетви коишто доаѓаат од гревот, како што се болестите, искушенијата и испитувањата, исто така се уништени.

На телесните очи можеби им изгледа дека една страшна и ужасна работа Му се има десено на младиот човек по име Исус, кој што бил распнат и прободен отстрана со остро копје. Но за духовните очи овој настан бил она што го донело целосниот плод на Божјата љубов. Зборовите во Библијата се вистинити и се вистината. Сето Писмо е инспирирано од страна на Бога (2 Тимотеј 3:16). Затоа сите зборови од Стариот Завет и од Новиот Завет можат совршено да се совпаднат во строфите, а сите пророштва или веќе се имаат исполнето, или ќе се исполнат во иднина (Исаија 34:16).

Во стихот 37 е запишано, „И повторно друго Писмо кажува, 'Ќе гледаат на Оној, кого што го прободеа.'" Во Откровението 1:7 е запишано, *„Ете, Тој доаѓа со облаците и сечие око ќе Го види, ќе го видат Оној кого што Го прободеа; и ќе Го оплакуваат сите племиња* на земјата. Нека биде така. Амин. " Понатаму, „Ќе Го видат Оној кого што го прободеа," го означува фактот, дека ќе Го видат воскреснатиот Господ уште еднаш, а и фактот дека Господ ќе се врати во последниот ден. Затоа планот и провидението за спасението преку Исуса Христа не било само совршено во времето во коешто се случило, туку и било конфигурирано и совршено изработено.

Јосиф Од Ариматеја, Човекот Кој Што Го Припремил Гробот За Исуса

„Потоа Јосиф од Ариматеја, тајниот Исусов ученик, поради стравот од Јудејците, го праша Пилата да му дозволи да Го превземе телото на Исуса; а Пилат му ја даде дозволата. Па така тој го зеде Неговото тело." (19:38)

Штом Исус бил осуден на распетие, не само Неговите ученици, туку и повеќето од оние кои што го следеле, почнале да се кријат во страв. Затоа, за да го сочува телото на Својот сакан Син, Бог го инспирирал човекот кој што веќе ја искусил Неговата благодет, да го припреми телото за погребот. Како прво, Тој му наложил на Јосифа од Ариматеја да припреми гробница каде што ќе биде положено телото на Исуса. Библијата го нарекува богатиот човек (Матеј 27:57), угледниот член на Советот и оној кој што го чекал кралството Божјо (Марко 15:43). Тој исто така бил и добар и праведен човек, кој што не се согласувал со

Санхедринот, кој што ја правел заверата да се фати и убие Исус (Лука 23:50-51).

Не било лесно за еден член на Санхедринот отворено да каже дека е ученик на Исуса. Јудејците веќе одлучиле секој кој што ќе се исповеда дека Исус е Христос, да биде истеран од синагогата (Јован 9:22). Затоа како што кажува Писмото, „Јосиф од Ариматеја, тајниот Исусов ученик, поради стравот од Јудејците," Јосиф не го покажувал отворено фактот дека бил Исусов ученик. Можеме да видиме колку непријателски настроена била атмосферата во тоа време, за било кого што верувал дека Исус е Спасителот.

Иако Јосиф од Ариматеја го сокрил фактот дека бил Исусов ученик, тој не можел туку така да ја игнорира Исусовата смрт. Поради тоа тој доброволно се пријавил да го спроведе Неговиот погреб. Па затоа тој дискретно отишол кај Пилата и го замолил за дозвола да го земе телото на Исуса (Марко 15:43). Пилат, кој што сеуште се чувствувал нелагодно во врска со Исусовата смрт, со задоволство му ја дал дозволата.

Никодим, Човекот Кој Што Ги Беше Припремил Мирисите За Погребот

„Никодим, кој што прво ноќе имаше дојдено при Него, исто така дојде, носејќи смеса од смирна и алој, околу сто фунти во тежина. Па го земаа телото на Исуса, виткајќи Го во платно со мирисите, како што и беше обичај кај Јудејците. На местото каде што беше распнат имаше градина, а во неа нов гроб во којшто никој не беше полаган. Па поради Јудејскиот ден на припремите, бидејќи гробот беше во близина, го положија телото на Исуса таму." (19:39-42)

Покрај Јосифа од Ариматеја, таму имаше уште еден човек кој што го припремал погребот на Исуса. Тоа бил Никодим, член на Јудејскиот владеачки Совет. Тој порано имал доаѓано кај Исуса и Го имал чуено како зборува за тоа да се биде 'повторно роден', по што почнал да го препознава Исуса како човекот кој што бил од Бога, па подоцна дури и застанувал во Негова одбрана (Јован 3:7). Тој со себе ја понел смесата на смирна и алој, во тежина околу сто фунти, па го завиткале Исусовото тело во платно натопено со мирисите. Виткањето на телото во платно натопено со мирисите и неговото положување во пештера или гробница, бил Јудејски погребен обичај.

Количината на мирисите коишто ги донел Никодим била еквивалентна на онаа што се употребувала во некој кралевски погреб. Тој од самиот центар на своето срце верувал дека Исус бил повреден од било кој крал на земјата. Една гробница којашто никогаш порано не била употребена, се наоѓала во близина на местото каде што се одиграло распнувањето. Преку овие настани можеме да ја видиме Божјата љубов и провизија кои што ги давал. Припремајќи ги однапред луѓето кои што требало да се погрижат за Исусовиот погреб, примајќи го Неговиот благослов за тоа, Бог се осигурал дека погребот ќе биде добро припремен и изведен.

Ние мораме да си погледнеме во себеси и да видиме дали сме спремни да го сториме истото што го направиле и Јосиф од Ариматеја и Никодим, членот на Јудејскиот владеачки Совет. Јосиф од Ариматеја и Никодим и двајцата биле членови на Советот; па затоа за нив би било навистина тешко отворено да го направат тоа што го направиле, поради позициите коишто ги имале. Ако само помислеле на негативните последици со коишто би можеле да се соочат, тие ништо не би направиле поради стравот којшто би ги обземал. Но благодарение на благодетта којашто ја имале примено од Исуса и благодарение на љубовта којашто ја имале за Него, тие успеале да бидат толку храбри. Служејќи му на Бога, и на Господа, тие не барале некоја своја корист, ниту пак ги инкорпорирале своите телесни мисли. Наместо тоа, тие единствено делувале поведени од вистинската вера и љубов.

Глава 20

Исус, Кој Што Воскреснал

1. Луѓето Кои Што Дошле Да Ја Посетат Празната Гробница
(20:1-10)

2. Луѓето Кои Што Се Сретнале Со Воскреснатиот Господ
(20:11-23)

3. „Дали Поверува Поради Тоа Што Ме Виде?"
(20:24-31)

Луѓето Кои Што Дошле Да Ја Посетат Празната Гробница

Секое од Четирите Евангелија го има забележано свештенствувањето на Исуса, но секое од нив си има свои одредени карактеристики. Единствената мала разлика којашто постои доаѓа од различната перспектива на писателот, кој што бил инспириран од страна на Светиот Дух. Освен овој факт, сите информации кои што биле запишани во Евангелијата, претставуваат апсолутна вистина. На пример, апостолот Јован, кој што го напишал Евангелието по Јована, запишал за воскресението, но централна фигура околу тоа била Марија Магдалена. Ова било затоа што тој многу добро знаел колку многу Марија Магдалена го сакала Господа, и колку многу и Господ неа ја сакал.

Во Евангелието по Матеја, запишано е дека „Марија

Магдалена и другата Марија" отишле да ја посетат гробницата (Матеј 28:1), а додека во Евангелието по Лука едноставно тие се наречени „жените" (Лука 23:55). Па кога ќе ги ставиме сите овие записи заедно, ќе можеме да добиеме една почиста слика за тоа што се имало случено.

Марија Магдалена Била Првата Која Што Открила Дека Гробницата Била Празна

„Рано, на првиот ден од неделата, додека сеуште беше мрачно, Марија Магдалена отиде до гробот и виде дека каменот којшто го покриваше влезот беше поместен. Па трчајќи отиде до Симона Петра и до другиот ученик кого што Исус многу го сакаше, и им рече, 'Го дигнале Господа од гробот и не знам каде Го имаат положено!'" (20:1-2)

Луѓето кои што верувале во Исуса и кои што го имаат следено, биле многу трауматизирани кога виделе како го распнуваат Исуса, па затоа и не можеле а да не се чувствуваат огорчено. Марија Магдалена, девицата Марија и неколку од другите жени биле во подножјето на крстот кога Исус го испуштил Својот последен здив. Совладани од тагата, тие не можеле да го напуштат местото каде што бил крстот. Па стоејќи таму тие виделе како Јосиф од Ариматеја го земал Исусовото тело, ги виделе припремите за Неговиот погреб и виделе како Тој бил положен во гробницата (Лука 23:50-55).

Бидејќи следниот ден бил Сабатот, Јосиф од Ариматеја, кој што бил член на Советот, одлучил да ги превземе нештата во свои раце. Кога Никодим дошол носејќи ги мирисите, тогаш двата човека го завиткале Исусовото тело во платно и во мириси и го положиле во една нова гробница којашто се наоѓала во близина. По погребот, Јосиф ставил еден голем камен на влезот од гробницата. Во тој момент жените се освестиле и набрзина отишле да купат мириси и парфеми коишто сакале да ги стават на Исусовото тело. Тие тоа го правеле набрзина, бидејќи се наближувал Сабатот, денот кога никој ништо не работел, што би значело дека никој ниту продавал, ниту купувал нешто.

Поради фактот што нивните срца биле во целост преокупирани со Исуса, кој што умрел, жените не знаеле дури ниту како им поминал Сабатот. Неколку од жените бргу се спремиле да отидат до гробницата пред да зазорат првите мугри на Сабатот. Но на жените кои што биле загрижени за тоа како ќе успеат да го помрднат големиот камен којшто стоел на влезот од гробницата, ги чекала една неверојатна сцена. Кој го помрднал каменот, никој не можел да знае, но гробницата веќе била отворена.

По шокот кој што го доживеала гледајќи ја празната отворена гробница, Марија Магдалена и другите жени се приближиле да погледнат внатре во гробот, но не го виделе Исусовото тело. Во тој момент, два ангела кои што биле покриени со светлината, сјајна и убава, им се појавиле пред нив. *„Зошто Го барате Живиот помеѓу мртвите? Тој не* *е таму, туку се подигна!"* (Лука 24:5-6).

Жените чуле од ангелите дека Исус се подигнал од мртвите, но тие биле толку многу шокирани, што дури и не сваќале во целост, што тоа ангелите им зборувале. Едноставно обземени од стравот поради гледањето на сјајните ангели и поради тоа што виделе дека Исусовото тело го снемало од гробницата, тие отрчале од местото, напола зашеметени. Марија Магдалена го пронашла Петра и Јована и им ги кажала новостите, „Го дигнале Господа од гробот и не знам каде Го имаат положено!"

Она што Марија го кажала било доволно да ги шокира и Петра и Јована. Да, Исус им кажал на Своите ученици дека ќе умре, и дека потоа ќе воскресне на третиот ден потоа (Матеј 17:22-23). Сепак, по сведочењето на Исусовата смрт, тие сите биле толку многу истрауматизирани што не можеле ниту да се сетат што Исус порано им има кажано. Тие навистина помислиле дека некој го има откраднато Исусовото тело.

Петар И Јован Го Проверуваат Празниот Гроб

„Петар и другиот ученик истрчаа одејќи кон гробот. Двајцата заедно трчаа; но едниот од нив стигна побргу до гробот; наведнувајќи се и погледнувајќи внатре, тој го виде платното како лежи таму; но не влезе во него. Потоа Симон Петар исто така пристигна, влезе во гробот; и го виде платното за завиткување како лежи таму, а крпата којашто му беше на главата Негова, не лежеше со платното за завиткување, туку беше свиткана на едно место. Тогаш и другиот ученик исто така влезе во гробот и виде и поверува." (20:3-8)

Откако ги слушнале новостите од Марија Магдалена, Петар и Јован отрчале до гробот. Јован, кој што бил побрз од Петра, стигнал прв до гробот. Тој се наведнал и погледнал во гробот. Не можел да го види телото, туку само платното за завиткување кое што лежело таму.

Петар, без здив, стигнал малку подоцна, и веднаш отишол во гробницата. Без разлика колку и да се напрегал да најде нешто, единственото нешто кое што можел да го види, било само платното за завиткување и крпата за лицето. Најчудното нешто било тоа што платното за завиткување и крпата за лицето не биле на истото место. Крпата за лицето била уредно здиплена и оставена на едно место. Потоа и Јован влегол во гробот и го посведочил истото нешто.

Фактот што крпата за лицето била уредно здиплена, јасно покажува дека Господ бил воскреснат. Ако некој всушност го имал украдено телото на Исуса, како што и официјалните лица на Јудејците се плашеле дека може да се случи, тогаш тие не би ја имале шансата да ја остават гробницата во една таква уредна состојба. Тие најверојатно само би го земале телото сеуште завиткано со платното; или пак ако ги имале отстрането платното и крпата, тогаш тие би замниале во таква една бркотница, што би го оставиле гробот во неуредна состојба, оставајќи ги лененитe обвивки насекаде по гробот. Но наместо тоа гробот којшто го виделе Петар и Јован, бил во една смирена и уредна состојба.

„Оти сеуште не го сваќаа Писмото, коешто кажува дека Тој мора да воскресне од мртвите. Така учениците си отидоа и се вратија дома." (20:9-10)

Псалм 16:10 кажува, „*Зошто Ти нема да ми ја оставиш душата во Шеол; ниту пак ќе дозволиш да Твојот Свет го види распаѓањето.*" Учениците не знаеле дека тоа било пророштво кое што се однесувало на Исусовото воскресение. Тие го сватиле ова само откако го сретнале воскреснатиот Господ, лице в лице. Господовото воскресение не е само проречено во Стариот Завет, туку и Самиот Исус им имал зборувано за него, исто така. Но учениците биле шокирани и загрижени, базирајќи ги размислувањата за ситуацијата, единствено на она што го гледале со своите физички очи.

Пилат му рапортирал на Римскиот Цар Цезар, давајќи му го деталниот опис на нештата во врска со овој настан.

„Дента по Неговиот закоп, еден од свештениците дојде во Преториумот и кажа дека се многу загрижени поради тоа што Неговите ученици можеби ќе се обидат да го откраднат Неговото тело и да го сокријат, правејќи со тоа да изгледа како да Тој самиот се воскреснал од мртвите, како што и имал проречено пред тоа, а тоа е нешто во што тие биле совршено убедени. Јас го испратив кај капетанот на кралската гарда (Малкус) за да му каже да поведе со себе Јудејски војници и да ги постави околу гробницата, онолку колку што смета дека се потребни; па ако нешто се случи, тогаш тие за тоа ќе можат само себеси да се обвинуваат, а не и Римјаните.

Кога се подигна големото возбудување во врска со празната гробница, јас се почувствував навистина загрижен, како никогаш до тогаш. Испратив по човекот Ислам, кој што ми е роднина, колку што можам да се присетам на околностите. Тие виделе мека и убава светлина над гробницата. Тој во прв момент помислил дека жените дошле да го балсамираат телото на Исуса, сходно на нивниот обичај, но не успеал да види како поминале преку стражарските места. Додека овие мисли му го преокупирале умот, ете целото место било осветлено и изгледало како да има толпа на мртви луѓе кои што биле облечени во своите погребни одежди.

Сие тие изгледале како да извикуваат нешто и како да биле исполнети со големо задоволство, додека сето наоколу и над нив било исполнето со толку убава музика, каква што никогаш дотогаш немал чуено, а целиот воздух изгледал како да е исполнет со гласови кои што го прославувале Бога. Сето тоа време изгледало како да тие се тетераваt и пливаат, што предизвикало болест и несвестица кај него, не дозволувајќи му да застане на своите нозе. Тој ми раскажа дека му изгледало како да земјата се помрднува под него и дека чувствата му ослабнале, па затоа и не можел да каже што точно му се случило.

Го запрашав во каква состојба се нашол кога си дошол на себе. Тој ми рече дека лежел на земјата, завртен со лицето надолу. Го запрашав дали можеби неговата несвестица и вртоглавица не дошле од ненадејното станување од место, што понекогаш го има сличниот ефект. Тој ми кажа дека не бил заспан, бидејќи казната за спиење за време на должноста била смрт. Тој кажа дека некои од војнициe заспале тогаш, а некои од нив потоа заспале. Го прашав колку долго тоа можело да трае. Тој ми кажа дека не би можел да каже, но мислел дека најверојатно било во текот на еден час. Го прашав дали отишол до гробницата, откако си дошол на себе. Тој ми рече дека не го сторил тоа; поради фактот дека бил исплашен очекувајќи да дојде нивната замена, и да си замине во своите одаи.

Го прашав дали бил испитуван од страна на свештениците. Тој ми рече дека тие го сториле тоа. Тие сакале тој да изјави дека тоа всушност бил земјотрес, и дека тие биле заспани, нудејќи му пари да го стори тоа, и да каже дека учениците дошле и го украле телото на Исуса, но тој немал видено ниту еден од нив, ниту пак знаел дека телото било откраднато, сѐ додека не му кажале за тоа."

Господовото воскресение не било приказна којашто учениците на Исуса или Христијаните ја имаат измислено. Тоа навистина било вистински, историски настан. По воскресението, Исус ѝ се појавил не само на Магдалена, туку и на Петра и на неколку други ученици, за да подоцна тоа го стори и пред пет стотините браќа во исто време (1 Коринтјани 15:6). Оние ученици коишто го посведочиле Господовото воскресение, станале цели во срцата и повеќе не го чувствувале стравот од смртта. Потоа тие без страв го проповедале и шириле Евангелието за Исуса Христа и за Неговото воскресение, каде и да стигнеле. Сето тоа се должело на фактот што самото воскресение на Господа, било самиот живот и самата сила по себе.

Луѓето Кои Што Се Сретнале Со Воскреснатиот Господ

Марија Магдалена ги следела Петра и Јована, кои што отрчале кон гробницата. Дури и по нивното враќање дома, не можејќи да најдат никакви знаци за тоа што се случило, Марија сеуште не можела да го напушти гробот. Било навистина тешко да се прифати Исусовата смрт. Но сега кога и Неговото тело исчезнало, како ли си мислите дека таа се чувствувала? Таа дошла рано наутро, за да стави балсам на Исусовото тело, но сега кога Неговото тело го немало, не постоел начин на којшто би можело да ѝ се утеши нејзиното празно и изгубено срце. Па затоа таа само стоела крај гробот, плачејќи и плачејќи цело време.

„А Марија стоеше надвор крај гробот плачејќи; па липајќи се наведна и погледна во гробот; и виде два ангела облечени во бело како седат таму, еден кајшто Му беше главата а друг кајшто Му беа нозете, додека Исусовото тело беше положено во гробот. Па тие ѝ рекоа, 'Жено, зошто плачеш?' Таа им одговори, 'Затоа што го кренале Господа мој и не знам каде Го положиле.'" (20:11-13)

По некое време проведено во липање, Марија се наведнала за да погледне во гробот, уште еднаш. За момент, таа не можела да им верува на своите очи. Видела два ангела, облечени во бело руво, како седат, едниот кајшто Му била главата, а другиот кајшто му биле нозете на Господа. Ангелите ја прашале: „Жено, зошто плачеш?" Потоа таа им кажала, „Затоа што го кренале Господа мој и не знам каде Го положиле."

На ова место можеме да ја видиме состојбата во којашто се наоѓал нејзиниот ум. Единствената надеж којашто во тој момент би можела да ја има, била во тоа да може да му ја оддаде честа на Исуса, со тоа што би ставила балсам на Неговото тело. Ништо друго не можела на направи за да му се оддолжи за милоста и благодетта којашто ја имала примено од Него. Но дури и оваа надеж сега пропаднала. Марија била толку многу вознемирена да не можела дури ниту да ги препознае двата ангела, а камоли да замисли дека Исус воскреснал.

Марија Магдалена Се Среќава Со Воскреснатиот Господ

„Кога го кажа ова, се заврте и Го виде Исуса како стои таму, не знаејќи дека тоа е Тој. Исус ѝ кажа, 'Жено, зошто плачеш? Кого го бараш?' Таа, мислејќи дека Тој е градинарот, Му рече, 'Господине, ако сте го однеле некаде, ве молам кажете ми каде сте Го положиле и јас ќе Го земам.' Исус ѝ рече, 'Марија!' Таа се заврте и Му кажа на еврејски, 'Равуни!' (што значи, Учителе)." (20:14-16)

Бргу гледајќи назад, Марија го видела воскреснатиот Господ, но не Го препознала. Тогаш Господ и кажал на Марија, „Жено, зошто плачеш? Кого го бараш?" Совладана од тага и жал, таа помислила дека тоа е градинарот, па Го прашала: „Господине, ако сте го однеле некаде, ве молам кажете ми каде сте Го положиле и јас ќе Го земам." Тогаш Господ ѝ рекол, „Марија!" дури тогаш Марија Го препознала. Таа ја примила честа да биде првата личност која што се сретнала со воскреснатиот Господ.

„Ѝ рече Исус, 'Не допирај се до Мене, бидејќи уште не сум се вознесол кај Отецот; туку оди кај браќата Мои и кажи им, "Се вознесувам кај Мојот Отец и вашиот Отец, и кај Мојот Бог и вашиот Бог."' Марија Магдалена отиде, кажувајќи им на учениците, 'Го видов Господа,' и ми кажа да ви го кажам ова." (20:17-18)

Марија Магдалена сеуште не верувајќи дека Господ воскреснал, не можела да ја искаже радоста што се сретнала со Него, кого што Го сакала повеќе од својот живот. Неконтролирано солзите ѝ течеле низ образите. Кога Марија, не можејќи да ја контролира својата радост и се обидела да Му се доближи на Исуса, Тој ја замолил: „Не допирај се до Мене, бидејќи уште не сум се вознесол кај Отецот; туку оди кај браќата Мои и кажи им, 'Се вознесувам кај Мојот Отец и вашиот Отец, и кај Мојот Бог и вашиот Бог.'"

По комплетирањето на Својот повик како Спасителот, Господ морал да се врати кај Бога. Бидејќи сѐ завршил, Тој морал да оди и да го види Својот Отец и да ја прими славата којашто била припремена за Него, што бил еден соодветен начин. Но бидејќи сеуште се немал вознесено кај Него, Тој ѝ кажал на Марија да не се допира до Него и да оди и да им каже на другите ученици за новоста во врска со Неговото воскресение.

Па што мислите зошто воскреснатиот Господ се сретнал со Марија, уште пред да се сретне со Отецот? Ова било така, бидејќи Мариината љубов за Господа и нејзиното добро срце биле посуериорни од оние на другите. Голем број на луѓе Го сретнале Господа, Го следеле и Го сакале, но внатрешните срца и дела кај сите биле различни. Бидејќи споредено со учениците кои што во страв се скриле, Марија не се уплашила дури и да го изгуби и својот живот, да ѝ кажеле да го понесе крстот наместо Господа, таа најверојатно би го сторила тоа. Примајќи ја славата да биде првата личност која што ќе се сретне со воскреснатиот

Господ, не било само некоја обична случајност.

Апостолот Јован запишал сé што Марија Магдалена му има кажано за нејзината средба со воскреснатиот Господ. Но сепак, таа му го нема кажано секој детал на нивната конверзација. Од нештата коишто Господ побарал да им ги каже, таа само му ги има кажано најбитните нешта коишто учениците требало да ги дознаат.

Господ ѝ кажал на Марија Магдалена да им каже на учениците дека Тој се воскреснал и ја охрабрил да живее како Негов сведок, сé до нејзиното одредено време. Тој ѝ ветил дека по некое време, ќе можат повторно да се сретнат. Марија не можела да го сокрие своето возбудување и каде и да одела, таа извикувала, „Го видов Господа! И ова е она што Тој ми го кажа!" Но дури и тогаш, учениците не можеле со цело срце да ѝ поверуваат.

Учениците Се Исполнети Со Радост По Средбата Со Воскреснатиот Господ

„Па кога падна вечерта тој ден, првиот ден од неделата, кога вратите беа затворени онаму каде што беа сместени учениците, кои што се плашеа од Јудејците, Исус дојде, застана насреде и им рече, 'Мир со вас.' Па откако го кажа ова, Тој им ги покажа и рацете Негови и Неговата страна. Учениците тогаш се зарадуваа кога Го видоа Господа." (20:19-20)

Бидејќи Исусовото тело било исчезнато, учениците се плашеле од реакцијата на Јудејците. Првосвештениците и толпата којашто ги следела го замолиле Пилата да стави војници коишто ќе го чуваат Исусовиот гроб, бидејќи биле загрижени од можноста учениците Негови да го украднат Неговото тело. Но телото исчезнало, па што требало да се случи, ќе се случело. Ситуацијата била таква да сите индиции покажувале кон учениците.

Некаде околу вечерта тој ден, учениците кои што биле загрижени поради ситуацијата во којашто се наоѓале, се собрале на едно место. Плашејќи се дека Јудејците може да ги бараат, тие ги затвориле сите врати и прозорци во куќата. Се случило да тогаш, кога вратите биле заклучени, Господ им се појави среде собата. Учениците си помислиле дека го гледаат духот на Господа (Лука 24:37). Потоа Исус им се обратил на учениците, кои што сеуште биле исполнети со страв и се треселе: „Мир со вас." Па продолжил: *„Погледнете Ми ги рацете и нозете, за да видите дека сум Јас; допрете Ме и видете, бидејќи духот нема тело и коски, какво што можете да видите дека имам Јас"* (Лука 24:39).

Учениците си дошле на себе и му се приближиле на Господа. Гледајќи ги лузните од клинците со коишто бил закован, по Неговите раце и нозе и лузната од боднувањето одстрана со копјето, учениците знаеле дека тоа мора да е Господ. Дури тогаш тие се увериле дека тоа навистина е Господ, па почнале да се радуваат. Постои причина поради која Библијата јасно забележува дека вратите биле добро затворени. Тоа било намерно направено за да може да не поучи во врска со воскреснатото тело, или телото кое што се трансформирало по воскресението.

Во 1 Коринтјани 15:51-53 се кажува, *„Еве, мистерија ви кажувам; сите нема да заспиеме, туку сите ќе се измениме, одеднаш во еден момент, во еден трепет на окото, за време на последната труба; бидејќи трубата ќе затруби, а мртвите ќе воскреснат нераспадливи, и ние ќе бидеме изменети. Зошто распадливото мора да се облече во нераспадливо, а смртното во бесмртно."*

Во времето на Второто Христово Доаѓање коешто ќе се случи во воздухот, наеднаш, сите луѓе кои што верувале во Господа, ќе се трансформираат и ќе бидат подигнати во воздухот. Тогаш нашите тела ќе се изменат во воскреснати тела, коишто нема да се распаѓаат, ниту да се уништуваат. И облечени во вакви те тела ќе славиме на Седум-годишната Свадбена Веселба, којашто ќе се одржи во воздухот, а по тие седум години, ќе се вратиме на земјата, каде што ќе поминеме уште илјада години.

Воскреснатото тело е всушност состојба на духот и на душата, коишто ќе бидат соединети со едно бесмртно тело, видливо за окото и допирливо за раката. Но тоа сепак многу ќе се разликува од оние тала коишто денеска ги имаме. Носејќи ги воскреснатите тела, ние сепак сеуште ќе можеме да дишеме и да јадеме, но бидејќи тоа ќе бидат бесмртни тела, нема да бидеме ограничени со просторот и материите од овој свет—ќе можеме слободно да се движиме, каде и да посакаме, без некои ограничувања. Затворените врати или бетонските sидови, нема да не ограничуваат во движењето.

Без разлика на полот и возраста на личноста, нејзиното воскреснато тело ќе биде на убавата возраст од 33 години, но ќе бидеме во можност секоја личност лесно да ја препознаеме. По поминувањето на илјада години тука на земјата и по поминувањето на Судот на Белиот Престол, секој од нас ќе си отиде на за него одреденото место на Небесата, трансформирајќи се во совршените небесни тела.

Најголемата разлика помеѓу воскреснатото тело и совршеното небесно тело е во тоа што небесното тело покажува колку точно слава и небесни награди таа личност има примено од страна на Бога, покажувајќи исто така и колку личноста се има осветено себеси за време на престојот на земјата. Ова е така, бидејќи за време на Судењето на Белиот Престол, секоја личност ќе си ги прими своите награди, својата слава и сила, во согласност со тоа како таа личност има живеено и делувано тука на земјата. Значи дека со самото погледнување на совршеното небесно тело на една личност, секој ќе биде во можност да види колку таа личност го има сакано Бога и колку многу живеела во согласност со Неговото Слово, ќе може да се види на кои од Небесните места им припаѓа и колку големи ѝ се наградите и славата.

Господ Ни Ја Дал Надежта За Воскресението

„Па Исус тогаш повторно им кажа, 'Мир со вас; бидејќи како што Отецот Ме има Мене испратено, Јас исто така ве испраќам вас.' Па кажувајќи го ова, Тој им дувна и им рече, 'Примете го Светиот Дух. Ако некому му ги простите гревовите, тогаш гревовите негови ќе му бидат простени;

а ако некому му ги задржите, тогаш ќе му бидат задржани."" (20:21-23)

Појавувајќи се пред учениците облечен во Неговото воскреснато тело, Тој планирал да им ја даде надежта за воскресението. Исто така им кажал, „Примете го Светиот Дух," давајќи им ја големата сила и авторитет. А силата била во тоа да тие тогаш можеле да проштеваат гревови: „Ако некому му ги простите гревовите, тогаш гревовите негови ќе му бидат простени, а ако некому му ги задржите, тогаш ќе му бидат задржани."

За да го спаси човештвото од гревовите, Исус бил закачен на крстот и ја пролеал Својата света крв. Бидејќи како безгрешен ја имал искусено смртта, Тој со тоа ја уништил силата на смртта, воскреснал и станал Спасителот. Па така луѓето кои што станале едно со Господа, низ верата се придвижуваат од смртта кон животот. Господ, во целост ни го отворил патот за спасението. Зтоа Господ ја има силата и авторитетот да проштева гревови. Но сепак, Господовите ученици исто така ја добиле оваа сила и авторитет, да можат да проштеваат гревови, во името на Исуса Христа.

Но тука постои еден услов. 1 Јован 1:7 кажува, *„Но ако чекориме во Светлината, како што Тој Самиот е во Светлината, тогаш ние ќе го имаме другарувањето едни со други, а крвта на Исуса Неговиот Син, ќе не исчисти од сите гревови."* За да може Исусовата крв да не очисти од нашите гревови, ние мораме да чекориме во Светлината—што значи дека мораме да живееме во согласност со Божјото Слово.

„Дали Поверува Поради Тоа Што Ме Виде?"

По средбата со воскреснатиот Господ, голем број од Исусовите следбеници, почнале да водат нови животи. Стравот којшто прано го чувствувале бил исчезнат и тие се исполниле со надежта за воскресението. Учениците и жените кои што го следеле Исуса, не можеле да го скријат своето возбудување, па зборувале за Господа каде и да отиделе. Но за жал, постоела една личност којашто сеуште го немала сретнато воскреснатиот Господ. Таа личност била Тома, кој што бил наречен Близнак.

Тома Се Сомнева Во Господовото Воскресение

„Но Тома, еден од дванаесетмината, наречен

Близнак, не беше со нив кога Исус дојде кај нив. Па така другите ученици му кажуваа, 'Го видовме Господа!' Но тој им кажа, 'Додека не ги видам раните на рацете Негови и не го ставам прстот свој во нив и во раната на страната Негова, нема да поверувам.'" (20:24-25)

Еден ден, Тома се сретнал со учениците и чул зошто тие биле возбудени и му кажувале, „Го видовме Господа!"

Иако оние кои што го сретнале Господа ревносно го споделувале она што го имале видено, Тома сепак сеуште не можел да поверува во тоа. Наместо тоа, тој наглас им кажал: „Додека не ги видам раните на рацете Негови и не го ставам прстот свој во нив и во раната на страната, нема да поверувам."

Иако Тома ги имал видено делата на Исуса и бил директно од Него поучуван, тој единствено го имал прифатено учењето, преку неговото знаење. Тој во себе ја немал духовната вера. Инаку би поверувал и не би го искажал таквиот недостаток на вера, преку еден така храбар начин. Иако можеби не можел навистина да поверува во зборовите искажани од страна на другите луѓе, тој сепак најверојатно би можел да изрази некој позитивни зборови на надеж, дека она што го кажувале, било сепак вистина. На тој начин, обидувајќи се да ги свати духовните зборови преку телесните мисли, природно е дека ќе постојат некои ограничувања до каде некој ќе може да восприема и разбира.

Томовото Каење И Исповест

„По осум дена учениците пак беа собрани внатре, а со нив беше и Тома. Исус повторно дојде, вратите беа затворени, а Тој застана среде нив и рече, 'Мир со вас.' Па му рече на Тома, 'Посегни наваму со прстот свој кон рацете Мои; дај ја раката своја и стави ја во ребрата Мои; и не биди неверлив, туку верлив.' Тома Му одговори и Му рече, 'Господе мој и мој Боже!' Исус му рече, 'Дали поверува поради тоа што Ме виде? Благословени се оние кои што не Ме видоа, а сепак поверуваа.'" (20:26-29)

Поминале осум дена. Учениците уште еднаш се собрале на едно место. Овој пат и Тома бил заедно со нив. Овој пат, Тома не можел да си поверува на своите очи. Иако вратата била добро затворена, Господ сепак се појавил среде нив. Се случило исто онака, како што другите ученици му беа кажувале дека им се случило пред неколку дена, „Мир со вас."

Господ му ја пружил на Тома, кој што имал многу двоумење, шансата да поверува. „Посегни наваму со прстот свој кон рацете Мои; дај ја раката своја и стави ја во ребрата Мои; и не биди неверлив, туку верлив."

Тука, уште еднаш можеме да ја почувствуваме љубовта на Господа. Без разлика колку многу една личност се сомнева и не верува, поради своите телесни мисли, Тој сепак не се откажува од него. Тој прави сé што е во Негова моќ, за да на таа личност ѝ помогне да се здобие со вистинската вера.

Ова е срцето на Господа и срцето на Бога. Затоа Тома во целост си ги отфрлил своите телесни мисли од минатото и се исповедал пред Господа: „Господе мој и мој Боже!"

Господ го охрабрил да се обиде да ја има поглемата вера. „Дали поверува поради тоа што Ме виде? Благословени се оние кои што не Ме видоа, а сепак поверуваа."

Конечно, како и другите ученици, Тома станал една друга личност и почнал да живее еден нов трансформиран живот. Преку вистинската вера, тој верно го прифатил повикот да биде апостол. Не плашејќи се од смртта, тој отишол во Индија, за да таму го рашири Евангелието, каде што подоцна станал маченик.

Што тогаш Господ мислел кога кажал, „Благословени се оние кои што не видоа, но сепак поверуваа"? Поминаа околу две илјади години од воскресението на Господа и Неговото вознесение на Небесата. Споредувајќи го бројот на луѓето кои што го посведочиле Неговото воскресение, денеска постојат безброј многу луѓе кои што го немаат посведочено воскресението. Иако тие го немаат видено со свои очи воскресението на Господа, сепак тие ги живеат своите животи, гледајќи кон Небесата и надевајќи се на воскресението!

Апостолот Павле бил исто така еден од нив кој што не посведочил на Господовото воскресение со своите очи; но сепак по среќавањето на Господа, тој го живеел својот живот за евангелието и му служел посветувајќи му го целиот свој живот. Тоа се таквите луѓе, за кои што Господ зборувал, кога кажал дека таквите луѓе се благословени, бидејќи поверувале а немале видено.

Целта На Запишувањето На Евангелието По Јована

„Затоа и многу други чудеса изврши Исус пред учениците Свои, коишто не се запишани во оваа книга; но овие биле запишани за да можете да поверувате дека Исус бил Христос, Синот Божји; и дека верувајќи можете да го имате животот во Неговото име." (20:30-31)

Поради тоа што Бог ги познава срцата на луѓето и нивните мисли, Тој им наложил на своите луѓе да ги запишат во Библијата само оние настани коишто можеле да им бидат водичи на луѓето со духовната вера, и настаните кои што можеле да им ја надоградат нивната вера. Ако Библијата го забележала секој збор којшто го изрекол Исус, поради ограничената човечка умствена рамка, наместо да тие се здобијат со повеќе вера, тие би се здобиле со повеќе препреки и дури би се оддалечиле од Библијата.

Дури и помеѓу денешните верници, постојат некои кои што мислат дека Библијата е само еден мит, или книга полна со измислени приказни. Така што ако во Библијата би биле запишани уште повеќе од чудесните настани, тогаш што би можело да се случи? Познавајќи го човечкото срце, Бог им наложил на Своите луѓе да ги запишат во Библијата само основните настани, коишто ја покажувале Исусовата божествена природа и коишто ја покажувале и човечката природа исто така. Она што сакал да се осигура било да луѓето прво поверуваат во фактот дека Исус е Синот Божји и дека бил Христос.

Сепак, кога една личност ќе го прими Светиот Дух, тогаш таа ќе може да ги разбира работите над нормалната граница за разбирање и да престојува подлабоко во духовниот свет. Таа дури ќе може да ги разбере длабоките нешта за духовниот свет, кои што не биле запишани во Библијата. Имајќи големо другарување со Светиот Дух, кој што го разбира дури и најдлабокиот дел од Божјото срце, еден човек тогаш може да Го чуе Неговиот глас и да Ги прими учењата од Него.Ова било причината поради која Господ им повторувал на Своите ученици, дека мораат да го примат Светиот Дух.

Глава 21

Господовата Љубов За Своите Ученици

1. Господ Се Појавува Кај Галилејското Море
(21:1-14)

2. „Ме Сакаш Ли?"
(21:15-25)

Господ Се Појавува Кај Галилејското Море

Учениците кои што се криеле во Ерусалим, за да ги избегнат Јудејците, се здобиле со нова сила по сретнувањето со воскреснатиот Господ. Бидејќи Господ им кажал дека ќе оди во Галилеја (Марко 16:7), тие бргу тргнале за Галилеја, кон регионот на Тиверија. Бидејќи многу од нив биле рибари од тој регион, Галилеја претставувала за нив едно познато место кое што им давало утеха.

„По овие нешта Исус повторно им се манифестирал Себеси на учениците кај морето Тиверијадско. А тоа се случи вака: Беа заедно Симон Петар и Тома наречен Близнак, како и Натанаил од Кана Галилејска, и Заведеевите синови, и двајца други учениците Негови. Симон Петар им кажа, 'Ќе одам да ловам риба.' Му рекоа, 'И ние ќе дојдеме со тебе.' Излегоа и влегоа во кораб; но таа ноќ ништо не уловија." (21:1-3)

Учениците пристигнале во Галилеја и почнале да Го бараат Господа, но не можеле да Го најдат. Тие веќе два пати Го имале сретнато во Ерусалим, но пред тоа немале примено некои специјални повици сѐ до тој момент. Учениците не знаеле што точно треба да направат и со каква работа треба да се занимаваат, па Петар кажал дека оди да лови риба. Тима, Натанаил, Јаков, Јован и други двајца тргнале по него.

Учениците ја помин але целата ноќ на коработ, но сепак не успеале ништо да уловат. Пред да стане ученик, Петар долго време работел како рибар, што значи дека тој навистина бил еден вешт рибар. Заведеевите синови исто така, како и Јаков и Јован порано им помагале на своите татковци во работата околу коработ, па природно, тие знаеле кога да ловат риба и каде би било најдоброто место за рибарење. Но чудно, таа ноќ не можеле ништо да уловат. Нивното знаење и искуство воопшто не им помогнале.

„Фрлете Ја Мрежата На Вашата Десна Страна"

„Рано утрото Исус затана на брегот; но учениците не Го познаа. Исус им рече, 'Деца, имате ли нешто риба за јадење?' Тие Му одговорија, 'Не.' Па Тој им рече, 'Фрлете ја мрежата на вашата десна страна од коработ и ќе најдете улов.' Ја фрлија, па потоа не можеа да ја извлечат поради големиот број на риби фатени во неа." (21:4-6)

Набргу потоа, небото станало посветло. Учениците кои што ја поминале ноќта на коработ, во морето, биле навистина уморни. Тогаш Господ се појавил пред нив по трет пат. Затоа што бил застанат на брегот, учениците не можеле да Го препознаат. Тој ги запрашал: „Деца, имате ли нешто риба за јадење?" „Не," одговориле тие. Не препознавајќи го гласот на Господа, учениците извикале еден едноставен одговор.

„Фрлете ја мрежата на вашата десна страна од коработ и ќе најдете улов." Иако учениците не го препознале гласот на Господа, тие едноставно се покориле на тоа. Потоа се случило нешто неочекувано. Иако не успеале да фатат ниту една риба во текот на целата ноќ, сега тие дури не можеле да ја повлечат мрежата поради големиот број на риби во неа!

Исто како во овој случај, во сето што го работиме или правиме, не би требало само да се потпираме на нашата сила и мудрост, туку би требале да ја стекнеме силата и јачината покорувајќи им се на зборовите на Господа. Па кога Исус го повикал Петра кажувајќи му, „Ќе направам рибар на луѓе од тебе," зборувајќи во врска со работата за спасувањето на душите, ова е навистина точно. Без разлика колку е големо знаењето и мудроста на човекот, тие сепак имаат свои ограничувања.

Понатаму што се однесува до фаќањето на душите, мораме да го отфрлиме нагонот да ги правиме нештата според нашето знаење и сила. Треба да имаме едно скромно однесување и треба единствено да се потпираме на Господа, и мораме да го замолиме Богот Отецот да ни ја даде Неговата благодет и сила.

Петар И Учениците Го Срекаваат Господа

„Тогаш ученикот кој што беше сакан од Исуса му кажа на Петра, 'Господ е.' Кога слушна дека тоа е Господ, Симон Петар ја облече облеката своја (бидејќи беше соблечен поради работата), и се фрли во морето. А другите ученици дојдоа со малото корабче, бидејќи не беа многу оддалечени од копното, околу сто јарди, влечејќи ја мрежата полна со риби. Па кога излегоа на копното, видоа накладен оган којшто веќе беше поставен и риби ставени на него, а имаше и леб." (21:7-9)

Во моментот кога секој од нив се трудел да ја извлече мрежата полна со риби, Јован, кој што е 'ученикот сакан од Исуса', прв го препознал Господа и му кажал на Петра, „Господ е!"

Штом го слушнал тоа што Јован го кажал, Петар си ја облекол облеката и се фрлил во морето. Ова делумно било поради тоа што по природа бил спонтана личност, но најбитно од сѐ тој го направил тоа бидејќи во себе ја имал големата желба да се сретне со Господа. Тој дури и заборавил дека со бродот имале отидено подалеку од брегот, за да се обидат да уловат риби. Коработ се наоѓал на едно стотина јарди раздалечина од брегот.

Ова е истиот Петар кој што три пати се беше откажал од Исуса, поради тоа што бил преплавен со своите телесни мисли, и поради тоа што не успеал да се избори портив стравот. Но по покајанието од сѐ срце, тој во целост ја уништил само-праведноста и своите телесни мисли. Фактот што тој без размислување скокнал во водата за да го следи Господа, ја покажува оваа трансформација во него. Тој станал таква личност која што се фокусира само на Господа, без да дозволи било што да и го одземе вниманието, под било какви ситуации или околности.

Другите ученици исто така побрзале кон брегот возејќи се во малото бротче, полно со риба. Кога пристигнале на брегот виделе накладен оган којшто веќе бил спремен и риба која била на него. Имало дури и леб со којшто ќе можеле да си ја згаснат гладта по напорната работа од претходната ноќ.

„Исус им кажа, 'Донесете од рибите што ги уловивте сега.' Симон Петар отиде и ја извлече мрежата на копното, полна со големи риби, сто педесет и три на број; и иако беа толку многу, мрежата сепак не се скина." (21:10-11)

Господ им кажал на учениците да донесат уште некоја од свежата риба која што штотуку ја беа уловиле. Без чекање, Петар ја повлекол мрежата на копното, а другите ученици тргнале да му помагаат. Тука можеме да ја видиме големата промена кај учениците, по среќавањето со воскреснатиот

Господ.

Се разбира, кога тие биле заедно со Исуса пред тоа, тие никогаш од ништо не се плашеле, бидејќи Исус ја поседувал неверојатната, вчудоневидувачка сила, но сето тоа не било поради нивната вера. Па кога Исус на крајот умрел на крстот, тие не можеле да ја надминат својата сопствена ограничена сила, па се вратиле и повторно станале обични, просечни луѓе.

Но по среќавањето на воскреснатиот Господ, тие се трансформирале. Се ослободиле од своите рамки на умот и се здобиле со верата и покорноста, коишто вистински доаѓале од нивните срца. Овој пат исто така, тие виделе дека има доволно риба и леб за сите тие да јадат, но кога Господ им кажал да донесат уште, тие ја имале верата дека зад сето тоа мора да стои некоја добра причина, за Господ да ги изрече тие зборови. Повлекувајќи ја мрежата, заедно со Петра, тие виделе дека во неа има сто педесет и три големи риби, но сепак мрежата не се искинала иако била доста тешка.

Постои едно духовно значење во фактот дека мрежата не се скинала, иако сите ја тегнеле полна со риби. Она што можеме да го научиме тука е дека благословот којшто доаѓа од Господа е поголем и поброен од сето она што ние самите можеме да си го замислиме, а таквиот благослов никогаш нема да истече и да исчезне.

3 Јован 1:2 кажува, *„Сакани, Јас се молам да вие имате напредок во сите нешта, да бидете со добро здравје, исто како што и вашите души ќе нааредуваат,"* а во многу други делови од Библијата, Бог ни ветува дека ако

живееме во согласност со Божјото Слово, тогаш Тој ќе ни ги подари сите видови на благослов. Садот каде што требад да ги примиме Неговите благослови се припрема кога ќе му се покоруваме на Божјото Слово. Значи дека припремата на садот значи целосно покорување на Божјото Слово, наместо да правиме нешта кои што ни ги налага нашиот ум.

Господ Поучува За Воскреснатите Тела

„Исус им кажа, 'Дојдете и земете појадок.' Никој не се осмели да Го праша нешто како, 'Кој си Ти?' знаејќи дека Тој беше Господ. Исус дојде и зема леб, којшто им го даде, а им даде и риба исто така. Тоа беше трет пат како Исус се манифестираше Себеси пред учениците, откако беше воскреснал од мртвите." (21:12-14)

Пред доаѓањето во Галилеја, учениците веќе го имале сретнато Господа два пати пред тоа. Ова е тешко за верување преку обичниот човечки ум, но по среќавањето на Господа, тие почнале во целост да веруваат во воскресението. Затоа кога Господ повторно им се појавил, тие не се осмелиле да го запрашаат кој е Тој.

Господ им дал риба и леб на учениците кои што цела ноќ страдале од напорната работа и гладта. На ова место можеме да го почувствуваме Господовото нежно и полно со љубов срце. Причината зошто го сторил ова била за да им покаже на учениците како изгледаат воскреснатите тела.

Кога ќе го има воскреснатото тело, кога личноста ќе изеде нешто, храната моментално се разлага и се ослободува од телото преку здивот.

Ова исто се однесува и на тоа, кога по Судењето на Белиот Престол, нашите воскреснати тела ќе се трансформираат во совршените небесни тела, и ние ќе живееме на Небесата, облечене во тие совршени небесни тела. Во Небесата луѓето ќе пијат од водата на животот, ќе јадат секакви видови на различни овоштија, ќе пијат разни мириси и ќе бидат среќни. Да се пијат мирисите значи да се помирисуваат прекрасните мириси коишто таму постојат. Се разбира дека еден човек може да живее и без јадење кога ќе биде на Небесата, но кога ќе се напие од мирисите, ќе доживее многу поголема радост и среќа, па неговиот дух ќе биде многу позадоволен и освежен. Исто како што луѓето тука на земјата стануваат среќни и радосни јадејќи некоја добра и вкусна храна, исто така и луѓето кои што ќе бидат на Небесата, ќе се чувствуваат на ист начин, кога ќе ги пијат мирисите од различните видови на цвеќе и на овоштие. Исто како и парфемот, мирисот на некое цвеќе ќе навлезе во телото и ќе почне да циркулира низ целото тело, така што луѓето ќе се почувствуваат многу исполнето и среќно.

Не само што им го покажал воскреснатото тело, за тие да се здобијат со верата, туку и им ја додал и надежта за Небесата, за да можат верно да си го исполнат својот повик, кој што требало да им биде одреден. Со покажувањето на Неговата божествена природа а воедно и својата човечка природа, Тој се осигурал дека тие ќе можат да ја почувствуваат Неговата љубов, Неговата милост и Неговата топлина, за да можат да уживаат во неговата прегратка.

„Ме Сакаш Ли?"

Проведувањето на утрото заедно со Господа, покрај морето Тиверијадско, за учениците претставувало нешто што им дало повеќе радост од било што друго. Средбата со Господа по трет пат, направила нивната вера да се зајакне и се зголеми, па тие тогаш во себе ја имале вистинската вера. Преку Петра, Господ им посочил на учениците што ќе треба да прават во иднина, а преку конверзацијата со него, можеме да го почувствуваме Господовото срце полно со љубов.

„Пази Ги Јагнињата Мои"

„А по завршувањето на појадокот, Исус му кажа

на Симона Петра, 'Симоне, сине Јонин, Ме сакаш ли повеќе од овие тука?' Тој Му одговори, 'Да, Господи; Знаеш дека Те сакам.' Тој му кажа, 'Пази ги јагнињата Мои.'" (21:15)

По појадокот, Господ го прашал Петра: „Симоне, сине Јонин, Ме сакаш ли повеќе од овие тука?" Иако времето за Петра било срамно, бидејќи тој веќе три пати се беше одрекол од Господа, сега тој ја имал совршената можност да ја искаже својата огромна љубов кон Господа. Петар кажал, „Да, Господи; Знаеш дека Те сакам." По слушањето на Петровата исповест, Господ му кажал: „Паси ги јагнињата Мои."

Во Исход, глава 12, има една сцена каде што Израелците јадат јагниња. Пред да ја испрати долу Својата последна клетва на смртта на првородените врз Египјаните, поради тоа што одделе против Божјите зборови, Тој им кажал на Израелците еден начин на којшто ќе можеле да ја избегнат клетвата. Ноќта кога ќе се случувал поморот, тие требале да заколат јагне, да го изедат месото, коешто претходно ќе го приготвеле на огнот, и ќе ја истуреле крвта на прагот од куќите и на надвратникот од влезните врати. Ова ќе бил знакот да Бог не ги убие луѓето кои што ќе бидат во таа куќа.

Јагнето тука го симболизира Исуса Христа (Јован 1:29; Откровение 5:6-8). А крвта на јагнето била знак за пророштвото дека светата крв на Исуса Христа ќе направи да им бидат простени гревовите на сите луѓе, па така да тие бидат во можност да ја избегнат смртта. Она што ова означува е дека исто како и во времињата на Стариот Завет, за време на Исходот, Израелците јаделе јагнешко месо и ја ставале крвта на праговите и на надвратниците од влезните врати, исто така луѓето во вемето на Новиот Завет мораат да го јадат Господовото тело и да ја пијат Неговата крв, за да можат да се здобијат со спасение и да го примат вечниот живот. Да се јаде Господовото тело и да се пие Неговата крв значи да се земе Божјото Слово како храна на срцето и да се одржува Неговото Слово, со тоа што ќе се живее во согласност со Него (Јован 6:53).

Па кога Господ му кажал на Петра, „Паси ги јагнињата Мои," Тој всушност му кажувал да ги поучува и да го шири Словото на Господа, кој што е Јагнето на Бога, кој што е патот, вистината и животот. Тоа значи дека Господ му кажал да поучува и да го шири Словото на Бога, кое што не води кон благословот. Причината поради која Господ не му кажал, „Нахрани ги со Божјото Слово, на кое што вас ве имав поучено," туку 'Паси ги јагнињата Мои' лежела во тоа да го поучи него и другите ученици, каде треба да го стават својот фокус кога ќе го шират Евангелието.

Кога го шириме Евангелието, најважниот дел од него е крстот на спасението на Јагнето, Исуса Христа. Мораме да го земеме во предвид фактот што Исус, кој што бил безгрешен, ја пролеал Својата света крв за да го спаси човештвото. Исто така мораме да ги земеме во предвид и тајните коишто се скриени во крстот, или со други зборови „пораката на крстот."

Значи верниците кои што добро го јадат 'Јагнето', сваќаат дека Исус е Спасителот и се здобиваат со верата и со вистинскиот живот, кој што им доаѓа во нивните срца. Дури и да се случи да таквите луѓе во животот се соочат со некои проблеми и потешкотии, тие не забораваат на Господовата љубов, ниту пак се оддалечуваат од својата вера. Затоа кога евангелизираат и пасат голем број на души, најбитното нешто е да ги нахранат со 'Јагнето' над сите други световни учења.

„Паси Ги Овците Мои"

„Повторно му кажа за втор пат, 'Симоне, сине Јонин, дали Ме сакаш?' Тој Му рече, 'Да, Господи; Знаеш дека Те сакам.' Тој му кажа, 'Паси ги овците Мои.'" (21:16)

Воскреснатиот Господ уште еднаш му го поставил истото прашање на Петра.
„Симоне, сине Јонин, дали Ме сакаш?"
„Да, Господи; Знаеш дека Те сакам."
„Паси ги овците Мои."

Многу често, Библијата ги споредува 'чедата Божји', или 'верниците' со 'овци'. Исаија 53:6 кажува, „*Сите ние како овци бевме избегани, секој од нас се беше свртел кон патот свој; но ГОСПОД направи да гревовите од сите нас паднат на Него,*" и во Марко 6:34 наведува, „*Кога Исус отиде на брегот, виде голема толпа и почувствува сочувство кон нив, бидејќи беа како овци без пастир, па почна да ги поучува на многу нешта.*"

Пастирот ќе ги пасе овците свои, водејќи ги на места со мирни води и на зелени пасишта со добра трева. Тој ги штити од опасностите и ги води по правите патишта, помагајќи им добро да растат и да созреат. Слугите на надзорниците Господови, кои што го имаат примено повикот од Господа, кој што е врвниот Пастир, се нешто како помали пастири. Овие луѓе мораат вредно да го хранат стадото свое со Божјото Слово, за да им се зголеми верата, а мораат и да си го заштитат стадото свое преку молитвата, да ниту едно искушение не им застане на патот и да овците можат на тој начин да ја постигнат победата, низ верата.

Па како што Господ кажал, „Паси ги јагнињата Мои," мораме да ги поучуваме на пораката на крстот, па кога ќе се здобијат со сигурноста во спасението, како што Господ кажува, „Паси ги овците Мои," следното нешто кое што мораме да го направиме е да ги поведеме верниците кон растот во верата, така што тие да станат зрното жито кое што Господ ќе си го собере.

„Пази ги овците Мои"

„По трет пат, Тој му кажа, 'Симоне, сине Јонин, дали Ме сакаш?' Петар беше нажален бидејќи Тој по трет пат го прашува, 'Дали Ме сакаш?' па Му кажа, 'Господи, Ти сѐ знаеш; Ти знаеш дека Те сакам.' Исус му рече, 'Пази ги овците Мои.'" (21:17)

Господ го прашувал Петра едно исто прашање, веќе три пати. „Дали Ме сакаш?" Не разбирајќи ја Господовата намера и духовното значење на ова Негово прашање, Петар малку се вознемирил. Се разбира дека не бил вознемирен поради некое зло во срцето или пак поради тоа што се почувствувал навреден. Тој бил вонземирен поради тоа што иако го сакал Господа од центарот на своето срце, тој сепак морал да си признае дека во себе имал сеуште многу слабости.

„Господи, Ти сѐ знаеш; Ти знаеш дека Те сакам."
„Пази ги овците Мои."

Одвреме навреме среќаваме луѓе кои што кажуваат дека можеби Господ го прашувал Петра три пати поради тоа што Петар пред тоа три пати се има одречено од Него. Но сепак, Господ на љубовта не ги прободува срцата на луѓето со нешта кои што се случиле во минатото, ако тие се покајат и се одвратат од погрешниот пат. Како што е запишано во Псалм 103:12, *„Колку што е далеку истокот од западот, толку Тој не оддалечи од нашите престапи,"* ако се покаеме за нашите гревови, Тој тогаш дури и не ги памети нив. Тогаш зошто Господ му кажал на Петра „Пази ги овците Мои"?

Кога една личност ќе го прими Исуса Христа, тогаш таа не само што почнува да води нов живот, туку и нејзината вера полека расте и созрева. Но секој од нас не е ист. Постојат некои души кои што многу бргу растат и созреваат, но постојат и некои други кои што се спори во менувањето, паѓаат во искушенијата, избледуваат или пак се чувствуваат навредени и полека венееат. Господовото последно барање било да му укаже на Петра да не ја изгуби силата или пак да се откаже, дури и да дојде во контакт со вакви видови на души и вредно да работи на нивното хранење со вистината.

Низ Господовото постојано повторувано прашање и силното охрабрување можеме да ги откриеме Господовите инструкции за тоа како учениците треба да ги превземат своите повици. Прво, учениците треба да ги поучуваат душите за Бога и за Исуса Христа, поведувајќи ги кон спасението. Потоа мораат да им помогнат да созреат во нивната вера, за да можат да станат избрано зрно на жито. Па дури и да се случи да некои души избледат или да станат овенати, тие не би требало да се откажуваат од нив, туку да продолжат вредно со нивното водство. Господ сакал да се осигура дека голем број на луѓе ќе станат Божји чеда; затоа и му кажувал на Петра 'Пази ги овците Мои' и тоа три пати—за да тој го свати ова и да го сочува во своето срце, знаејќи колку е вреден неговиот повик.

Овој момент бил многу посебен за Петра, бидејќи претставувал пресвртница во неговиот живот. Тој во своето срце ја испишал оваа конверзација, којашто ја имал со Господа тој ден и ја запазувал во годините што следеле. Како резултат на сето тоа, тој бил во состојба силно да го исполни својот повик. По сваќањето на срцето на Господа, Петар си го посветил животот на спасувањето на души и на крајот го завршил својот живот како маченик.

Господ не го прашувал Петра едно исто прашање три пати поради тоа што не му го познавал срцето. Тој знаел колку многу Петар Го сакал и знаел колку многу страст тој има во себе за своето свештенствување. Но барајќи од него да го искаже тоа со неговите усни, Тој направил да Петар си го запише својот повик целосно во своето срце. Иако Исус само Петра го прашувал поставувајќи му го ова прашање, истото прашање се однесувало и на сите други ученици. И не само на нив, туку се однесува и на сите други Господови слуги сé додека Тој повторно не се врати, и на сите чеда Божји, кои што го примиле благословот на спасението од Него.

„Следи Ме!"

„'Вистина, вистина ти велам, кога беше помлад, ти самиот се опашуваше себеси и одеше каде што ќе посакаш; но кога ќе остариш, ќе ги шириш рацете свои и друг ќе те опашува, носејќи те каде што не сакаш да одиш.' Тоа го рече, покажувајќи со каква смрт тој ќе го прослави Бога. И кога го изрече ова, му кажа, 'Следи Ме!'" (21:18-19)

Господовите учења тука не завршуваат. Тој дури и му кажал на Петра што го очекува во иднината. Му кажал дека кога бил помлад, тој самиот се опашувал себеси и дека одел каде што ќе посака, но кога ќе остари, други ќе го водат каде што тој нема да сака да оди.

Кога Господ ги употребил зборовите 'млад' и 'стар' на ова место, Тој не се освртувал едноставно само на возраста на една личност. Тој му илустрирал дека деновите кога Петар силно ќе го изведува својот повик како Господов сведок, е всушност времето кога тој е 'млад', а деновите кога Петровиот повик ќе се приближи кон својот крај, тогаш тоа е времето кога тој е 'стар'.

'Појасот' не е само нешто со коешто некоја личност се опашува себеси околу својата половина, туку исто така е и симбол којшто го претставува 'авторитетот'. Кога Господ зборувал за тоа како Петар 'се опашувал' себеси кога бил помлад, 'појасот' тука го симболизира 'авторитетот на Божјото Слово', или 'авторитетот за верувањето во Исуса Христа'. Па кажувајќи 'Петар сам се опашувал себеси кога бил помлад и одел каде што ќе посакал', значи дека Петар ќе го земе 'авторитетот на Бога', и 'авторитетот на Божјото Слово' одејќи насекаде сведочејќи за Господа. А кога Господ кажал дека 'Петар ќе биде опашуван од страна на некој друг и ќе биде носен на место каде што не сака да оди, кога ќе стане стар', тоа значи дека кога Петровиот повик ќе биде исполнет, 'појасот кој што некој друг ќе му го стави на Петра', или 'авторитетот на овој свет' ќе го поведе Петра кон неговото мачеништво.

Но Петровото мачеништво не било само едноставно предизвикано од страна на луѓето кои што го имаат авторитетот на овој свет, бидејќи ќе се случи среде Божјото провидение. Петар, знаејќи ја оваа Божја волја, можел со радост да ја прифати. „Ќе ги раширищ рацете свои" исто така означува дека Петар ќе го прифати своето маченииштво без никакво опирање.

Според уните преданија, во годините кои што следеле, Петар ќе го шири Евангелието во Рим, и ќе одлучи да замине од местото, знаејќи дека императорот Нерон го прогонувал. Но кога стигнал блиску до Римските граници, тој повторно го сретнал Господа. Петар бил шокиран па Го прашал: „Quo vadis, Domine (Каде одиш, Господе?"

Тогаш Господ го погледнал и му кажал, „Одам во Рим да бидам распнат уште еднаш за Моите луѓе." Петар бргу се освестил и сватил дека било Господова волја да тој стане маченик во Рим, па затоа се вратил назад. Па кога на крајот бил фатен, додека го ширел Евангелието, потоа бил распнат и станал маченик. Пред да го сретне Господа, Петар го живеел животот верувајќи и на својата мудрост и сила. Но откако станал трансформиран, тој го живеел животот којшто му бил угоден на Господа—животот со којшто се славел Бог.

Кога Господ му кажал на Петра, „Следи Ме," Тој му кажувал на Петра да го имитира животот којшто Тој самиот го имал водено. За да може да ја исполни Божјата волја, Господ ја оставил целата небесна слава за да дојде тука на овој свет и да биде понизен и ставен на мачна смрт. Господ им кажувал на Петра и на другите ученици да го следат и да чекорат по Неговите стапки, по патеката по којашто Тој одел.

Но Господ кажал, *„Ако некој сака да појде по Мене, тој мора да се одрече од себеси, да го земе својот дневен*

:: Јован го прима Откровението на островот Патмос

крст и да Ме следи" (Лука 9:23). Исто како што Господ се симнал од Своето славно место како Синот Божји и го презeмал телото на јадниот мал човек, секој кој што сакал да го следи Него, морал да се одрече од себеси. Апостолот Павле, како апостол на Незнабошците, повел голем број на луѓе кон патот на спасението. Тој исто така, во целост се одрекол од себеси, исповедајќи се, *„Јас секојдневно умирам"* (1 Коринтјаните 15:31).

Незамисливата слава им се ветува на луѓето кои што вистински се одрекуваат од себеси и кои што го следат Господа, на овој начин. Како што е запишано во Јован 12:26, *„Ако некој Мене Ми служи, мора да Ме следи; Па каде* што Сум Јас, таму ќе биде и Мојот слуга; кој што Мене Ми служи, ќе биде почитуван од Отецот," иако патот на крстот е тежок и суров,тоа е патот по кој што можеме да се здобиеме со славното место каде што е Господ. Богот Отецот ги почитува луѓето кои што го земаат патот на овој начин.

> „А Петар, завртувајќи се, го виде ученикот кој што беше сакан од Исуса како ги следи; истиот оној кој што се беше навалил на Неговите гради за време на вечерата, кажувајќи, 'Господи, кој е тој што ќе Те предаде?' Па Петар, гледајќи го Му рече на Исуса, 'Господи, а што во врска со овој човек?'" (21:20-21)

По слушањето на својот повик, тој го приметил ученикот кого што Исус го сакаше, како ги следи. Фактот што Јован ги 'следел', покажува колку многу го сакал и зависел од Господа, и колку многу сакал да му се покори на секое Негово слово.

За време на последната вечера, Јован се навалил на Исусовите гради, а кога Исус бил распнуван, тој бил под Неговите нозе, примајќи го барањето од Исуса да се грижи за Девицата Марија. Преку овие нешта можеме да видиме колку тој бил близок со Исуса. Наеднаш, Петар станал љубопитен во врска со Јовановиот повик. „Господи, а што во врска со овој човек?" Бидејќи Петар верувал дека Господ сé знае, тој сакал да дознае во детали, за повикот на Јована, исто така.

„Исус му рече, 'Ако сакам тој да остане додека Се вратам, што тоа тебе те засега? Ти следи Ме Мене!' Затоа овој исказ излезе помеѓу браќата, дека тој ученик нема да умре; но Исус не му кажал дека тој нема да умре, туку само рекол, 'Ако сакам тој да остане додека Се вратам, што тоа тебе те засега?'" (21:22-23)

Исто како што лицето кај секој човек се разликува, исто така и улогата на секој човек е различна, па затоа и повикот од Бога даден на некого се разликува. Некои луѓе можеби ќе станат маченици, како што бил случајот со Петар, а некои други пак, можеби нема да станат маченици, како што бил случајот со Јована. Но тоа сепак не значи дека една личност е поважна од друга. Токму тоа била причината што Исус кажал во врска со ова, „Што тоа тебе те засега?"

Повикот од Бога не може да биде класификуван ниту како голем, ниту како мал. Секој повик е значаен. Важното нешто тука е, без разлика каков и да е повикот, дека ние сите треба да го примиме повикот со непроменливото срце како кај Господа. За да стави акцент на ова однесување на срцето, Господ уште еднаш рекол, „Ти следи Ме Мене!"

Исто така, причината поради која Господ кажал за Јована, „Ако сакам тој да остане додека Се вратам," била во тоа, да покаже дека неговиот повик се разликува од оној на Петра. Но спротивно на намерата на Господа, овие зборови биле погрешно протолкувани од страна на учениците, „дека тој ученик нема да умре."

Да, апостолот Јован е еден од оние ученици кои што

нема да станат маченици. Но тогаш Исус не зборувал само за тоа дали тој ученик ќе стане маченик или не, туку за тоа дека повикот на секоја личност се разликува од повикот на другите. Но поради тоа што слушателот не ја разбрал Неговата намера на прав начин, тоа довело да Неговите зборови бидат пренесени со сосем различно значење.

Поради тоа, кога ја читаме Библијата, мораме да биеме многу внимателни во врска со сличните делови. Ако ја протолкуваме Библијата во согласност со нашите сопствени мисли, тогаш може да се случи да во себе изградиме голем број на заблуди. Затоа е многу важно да не ја сватиме Библијата, базирана на буквалното значење на зборовите кои што се искажани во неа, туку да се трудиме да ги разбереме Божјото срце и намера, коишто се фатени во зборовите од Библијата, низ водството на Светиот Дух.

Јован ја открил Господовата намера, па кога го запишал овој дел, тој напишал, „Но Исус не му кажал дека тој нема да умре, туку само рекол, 'Ако сакам тој да остане додека Се вратам, што тоа тебе те засега?'" Јован ја разбрал Исусовата намера, кога Тој му кажал на Петра, „Ти следи Ме Мене." Тој сакал да Петар не се грижи за повиците на другите луѓе, туку едноставно да се фокусира на тоа да Го следи Него.

„А Има И Многу Други Нешта Коишто Ги Извршил Исус"

„Тоа е ученикот кој што сведочи за овие нешта и кој што ги запишал, и знаеме дека неговото сведоштво е вистинито. А има и многу други нешта коишто Ги извршил Исус, коишто ако се запишат во детали, претпоставувам дека ниту во целиот свет не би можеле да се сместат сите книги коишто би биле запишани." (21:24-25)

Зборовите Божји коишто се запишани во Библијата, не претставуваат некои приказни коишто се измислени преку човечките мисли. Библијата забележува записи од страна на луѓе кои што ги примиле зборовите од Бога, водени од страна на Светиот Дух. Затоа секој збор којшто е запишан во Библијата е вистинит. Евангелието по Јована, исто така било запишано од страна на Јована, преку исполнетоста со Светиот Дух. Тука се запишани информациите во врска со настаните коишто се случиле во тоа време, точно онака како што се имаат случено. Но сепак, поради неможноста да го запише секој детал за тоа што Исус имал направено, тој ги земал само најбитните информации и ги запишал.

Ако Библијата би го запишувала секој детал од Божјата волја и провидение, и сите духовни тајни коишто се тука содржани, не би била во можност сѐ да запише—па дури и да самото небо е пергамент а океаните да бидат од мастило. Како врв на сето тоа, постојат многу тајни коишто не можат да бидат опишани или сватени преку јазикот од овој свет.

Затоа во секој временски период, Тој избира некои луѓе кои што му се угодни на Неговото срце, на кои што им го дава откровението во врска со длабокиот, духовен свет. Ефесјаните 1:17 кажува, *„Да Богот на нашиот Господ, Исус Христос, Отецот на славата, ви го даде духот на* мудроста и на откровението, во знаењето за Него." И во Матеј 11:27 е запишано, *"И никој не го познава Синот освен Отецот; ниту пак некој го познава Отецот освен Синот, и оној кому што Синот сака да му Се открие."*

Ние досега ги простудиравме стапките на Господа. Господ, кој што е едно со Бога, дошол на овој свет за да го отвори патот на спасението и Тој Самиот ѝ се покорувал на истата таа волја Божја, за да Неговото провидение може да биде исполнето. Филипјаните 2:6-8 изјавува, *"Иако има егзистирано во обличје Божјо, [Тој] не држеше многу до еднаквоста со Бога, нешто што треба да се свати, туку Самиот Се испразни, земајќи форма на обврзан слуга и беше направен по подобието човечко. Поради тоа што беше по изглед како човек, Тој Се понизи Себеси, станувајќи покорен сé до точката на смртта, па дури и смртта на крстот."*

Господ ни го дал спасението и вечниот живот, преку надминувањето на смртта и воскресението. Повеќе од 2,000 години подоцна, Неговиот возвишен живот сеуште трансформира безброј животи дури и денеска, и им помага да се здобијат со вистинскиот живот. Се молам во името на Исуса Христа да и вие, како читател на оваа книга, ги следите стапките на Господа, да станете Негов сведок на крајот на времето и да станете вреден слуга на Неговото кралство!

 Епилог

Вознесението И Другиот Помошник

На Елеонската Гора—како што и самото име сугерира, големите маслинови дрвја ја покриваат целата и обезбедуваат сенка насекаде околу неа. Сликата наликува како да времето запрело, замрзнало или умрело. Зелените лисја коишто се подигаат од врвовите на дрвјата создаваат едно чудно чувство на тензија во луѓето. Изгледа како да и смртта и животот заедно егзистираат на тоа место. По Неговото воскресение, Господ поминал 40 денови појавувајќи им се на учениците и поучувајќи ги во врска со работата за Божјото кралство. Кога дошло времето за Неговото вознесение, Тој отишол на Елеонската Гора, за да им ја предаде последната заповед на Своите сакани ученици.

Во Дела 1:4-5, Тој им заповедал, *„Собирајќи ги заедно, Тој им заповеда да не го напуштаат Ерусалим, туку да* *го чекаат она што Отецот им го има ветено,* ʼкое,ʻ *Тој рече,* ʼсте го чуле од Мене; бидејќи Јован крштеваше со водата, но вие ќе бидете крстени со Светиот Дух, не многу денови по ова.ʻʻʻ Повеќе од било кој друг, учениците од прва рака го имале видено Господовиот живот. Не само дека ги имале видено знаците и чудесата коишто само Бог можел да ги изведе, туку исто така го доживеале и страдањето на Господа на крстот, Неговат смрт и на крајот Неговото воскресение—присуствувајќи на сето тоа како директни сведоци. По исполнувањето на Својата мисија како Спасителот, Господ видел дека низ верата, безброј души ќе го примат спасението, преку Неговите сакани ученици.

„Па им рече: Одете по целиот свет и проповедајте го Евангелието на секое создание. Оној кој што ќе поверува и ќе се покрсти, ќе биде спасен; а оној кој што нема да поверува, ќе биде осуден. Ова се знаците коишто ќе ги следат оние кои што ќе поверуваат: Во Моето име ќе истеруваат демони, ќе зборуваат на нови јазици; ќе можат да фаќаат змии и ако испијат некој смртоносен отров, тој нема да им наштети; на болните ќе полагаат раце и тие ќе оздравуваат" (Марко 16:15-18).

„И ете, го испраќам врз вас ветувањето од Мојот Отец; а вие треба да останете во

градот сé додека не се облечете во силата одозгора" (Лука 24:49).

„Но ќе примите сила кога врз вас ќе слезе Светиот Дух; и ќе Ми бидете сведоци, како во Ерусалим, така и во целата Јудеја и Самарија, па дури и во најоддалечените делови на земјата" (Дела 1:8).

По давањето на Својата последна заповед, Господ ги повел учениците надвор од Витанија и Ги подигнал Своите раце благословувајќи ги; па потоа ги напуштил, вознесувајќи се на Небесата (Лука 24:50-51). Исполнети со страв поради величествената сцена којашто се одвивала пред нив, учениците не можеле да си ги затворат своите усни од запрепастеност. Покриен со облаците, Господ веќе не бил видлив. Додека учениците интензивно се напрегале и погледнувале во небото, два ангела облечена во бело, дошле пред нив: *„Луѓе од Галилеја, зошто така стоите гледајќи во небото? Овој Исус, кој што пред вас беше подигнат во Небесата, пак ќе се врати на истиот начин, на којшто Го видовте дека оди на Небесата"* (Дела 1:11).

Учениците кои што посведочиле на Господовото вознесение, радосни се вратиле во Ерусалим, станувајќи едно во срцето, заедно молејќи се и очекувајќи го ветениот Свет Дух. На денот Педесетница, Духови, тие биле собрани заедно и се молеле, како што тоа и претходно го имале правено, и тогаш силен и брз ветер се спуштил од Небесата, па Светиот Дух, слично на огнот, се спуштил врз секоја личност. Целите нивни тела станале врели и тие ја почувствувале исполнетоста, како никогаш до тогаш. Во исполнетоста со Светиот Дух, тие биле во состојба да зборуваат на различни јазици, што им било овозможено од страна на Светиот Дух. Затоа учениците кои што ја примиле силата на Светиот Дух тргнале сé до најодалечените краишта на земјата, за да можат и таму да бидат Господовите сведоци.

Преку една проповед, апостолот Петар бил во состојба да поведе три илјади души кон покајанието, а кога заповедал во името на Исуса Христа, се случувале некои чуда, како што било станувањето, чекорењето и скокањето на човекот кој што од раѓањето бил сакат. Луѓето дури и ги изнесувале своите болни блиски од фамилијата, оставајќи ги на улиците, ставајќи ги на креветчиња и на палети, за да може макар само Петровата сенка да падне на нив.

Во случајот со апостолот Павле, кој што подоцна се сретнал со Господа, по примањето на силата на Светиот Дух, тој можел да остане неповреден дури и по каснувањето на змиите отровници, па дури и успеал да подигне од мртвите една личност. Кога луѓето ќе ги земеле престилките и марамчињата кои што тој ги допрел, штом ќе ги ставеле на болните луѓе, тие станувале излекувани.

Ваквите дела на Светиот Дух продолжуваат да се

случуваат и денеска, преку Господовите сведоци кои што ја имаат примено силата на Светиот Дух. Како што се наближува крајот на времето, така се зголемува и бројот на чудесните настани. Она што мора да ни биде кристално јасно е фактот дека Господ, кој што се вознесол на Небесата, повторно ќе се врати на земјата, на истиот начин, на којшто отишол. Мораме постојано да бидеме будни и да го живееме животот како Негови сведоци, во согласност со Големото Послание, припремајќи се себеси да го примиме Господа, преку тоа што ќе ги следиме Неговите стапки—и ќе се одржуваме себеси чисти и свети.

„Господ нема да задоцни со Своето ветување, како што некои сметаат на бавноста, туку е стрплив кон вас, не сакајќи никој да загине, сакајќи сите да се обрнат кон покајанието" (2 Петар 3:9).

„Затоа одете и направете ученици од сите народи, крштевајќи ги во името на Отецот, Синот и на Светиот Дух, учејќи ги да го запазуваат сето она што Сум ви го заповедал; и ете, Јас секогаш сум со вас, сѐ до крајот на времето" (Матеј 28:19-20).

„Амин. Дојди, Господе Исусе" (Откровение 22:20).

Автор:
д-р Џерок Ли

Д-р Џерок Ли е роден во Муан, Покраина Јеоннам, Република Кореа, во 1943 година. Кога имал дваесет години, Д-р Ли почнал да страда од разни неизлечиви болести и седум години ја исчекувал смртта без надежта за оздравување. Еден ден во пролетта 1974 година сестра му го однела во црквата и кога клекнал долу да се помоли, Живиот Бог веднаш го излекувал од сите негови болести.

Од моментот кога Д-р Ли го запознал Живиот Бог преку тоа прекрасно искуство, тој го засакал Бога со сето негово срце и искреност, и во 1978 година бил повикан да стане слугата Божји. Тој предано се молел за да може јасно да ја разбере волјата Божја, во потполност да ја исполни и да ги почитува сите Слова Божји. Во 1982 година, ја основа Манмин Централната Црква во Сеул, Кореа и безбројните дела Божји, вклучувајќи ги чудотворните излекувања и чудесата почнаа да се случуваат во неговата црква.

Во 1986, Д-р Ли беше ракоположен за свештеник на Годишното Собрание на Исусовата Сунгкјул Црква во Кореа и четири години подоцна во 1990 година, неговите проповеди започнаа да се емитуваат во Австралија, Русија, Филипините и во многу други земји, преку Радиодифузното друштво на Далечниот Исток, Азиската Станица за Радиоемитување и Христијанскиот Радио Систем во Вашингтон.

Три години подоцна во 1993 година, Манмин Централната Црква беше избрана како една од „50 Надобри Цркви во Светот" од страна на магазинот *Христијански Свет* (САД), а тој се здоби со Почесен Докторат за Богословија од Колецот Христијанска Вера во Флорида, САД и во 1996 го добива Докторатот по Свештеничката Служба од Кингсвеј Теолошката Семинарија, Ајова, САД.

Од 1993 година, Д-р Ли го презеде водството на светската мисија на многу крстоносни походи во странство, вклучувајќи ги тука Танзанија, Аргентина, Л.А., Градот Балтимор, Хаваи, Градот Њујорк во САД, Уганда, Јапонија, Пакистан, Кенија, Филипините,

Хондурас, Индија, Русија, Германија, Перу, Демократска Република Конго и Израел. Неговиот крстоносен поход во Уганда беше емитуван на Си-Ен-Ен а на Израелскиот крстоносен поход одржан во Меѓународниот Конвенциски Центар во Ерусалим, тој го прогласи Исуса Христа за Месија. Во 2002 година беше наречен „свештеникот на светот" од главните Христијански весници во Кореа за неговата работа во различните Големи Обединети Крстоносни походи во странство.

Така во март 2017 година, Манмин Централната Црква има конгрегација од повеќе од 120,000 члена. Има 11,000 локални и подрачни цркви во странство на целата земјина топка вклучувајќи 56 домашни црковни филијали во поголемите градови на Кореа, а досега се воспоставени повеќе од 102 Мисии во 23 земји, вклучувајќи ги Соединетите Држави, Русија, Германија, Канада, Јапонија, Кина, Франција, Индија, Кенија, и многу други.

До денот на ова издание, Д-р Ли има напишано 107 книги, вклучувајќи ги и бестселерите *Вкусување на Вечниот Живот пред Смртта, Мојот Живот, Мојата Вера I & II, Пораката на Крстот, Мерката на Верата, Небеса I & II, Пекол,* и *Силата на Бога*. Неговите дела се преведени на повеќе од 76 јазици.

Неговите Христијански колумни се појавија во весниците *Ханкук Илбо, ЈоонгАнг Дејли, Донг-А Илбо, Сеул Шинмун, КјунгХуанг Шинмун, Кореја Економик Дејли, Кореја Хералд, Шиса Њуз* и *Христијан Прес*.

Д-р Ли во моментов е водач на многу мисионерски организации и здруженија: вклучувајќи го и тоа дека е Претседавач, Обединетите Свети Цркви на Исус Христос; Постојан Претседател, Здружение на Мисијата за Христијански препород во светот; Основач & Претседател на Одборот, Глобална Христијанска Мрежа (ГХМ); Основач & Претседател на Одборот, Светска Христијанска Мрежа на Доктори (СХМД); и Основач & Претседател на Одборот, Манмин Интернационалната Семинарија (МИС).

Други моќни книги од истиот автор

Небеса I & II

Детален нацрт на прекрасната животна средина во која живеат жителите на рајот и прекрасни описи на различните нивоа на небесните царства.

Пораката на Крстот

Моќна освестувачка порака за будење на сите луѓе кои што се духовно заспани! Во оваа книга ќе прочитате за причината зошто Исус е единствениот Спасител и за вистинската љубов на Бога.

Пекол

Искрена порака до целото човештво од Бога, Кој што посакува ниту една душа да не падне во длабочините на Пеколот! Ќе откриете никогаш порано –откриено прикажување на суровата реалност на Долниот Ад и Пеколот.

Дух, Душа и Тяло I & II

Преку духовното разбирање за духот, душата и телото, кои што се компонентите на луѓето, читателите ќе можат да погледнат во своето 'себе' и да се здобијат со увид за самиот живот.

Мерката на Верата

Какво живеалиште, круна и награди се подготвени за вас во Рајот? Оваа книга обилува со мудрост и водство за вас да ја измерите вашата вера и да ја култивирате најдобрата и зрела вера.

Разбудениот Израел

Зошто Бог внимана на Израел од почетокот на светот до денешен ден? Каков вид на Негово Провидение е подготвено за Израел во последните денови, кои што го исчекуваат Месијата?

Мојот Живот, Мојата Вера I & II

Најмирисна духовна арома извлечена од животот кој што цветал со една неспоредлива љубов за Бога, во средина на темните бранови, студеното ропство и најдлабокио очај.

Моќта на Бога

Четиво што мора да се прочита и што служи како основен прирачник со кој што некој може да ја стекне вистинска вера и да ја искуси прекрасната сила на Бога.

www.urimbooks.com

www.ingramcontent.com/pod-product-compliance
Lightning Source LLC
LaVergne TN
LVHW041739060526
838201LV00046B/861